Lara Lessing
Jenseits der Fronten

ÜBER DIE AUTORIN:

Lara Lessing ist ein Pseudonym, um der Autorin einen mög-
lichen weiteren Einsatz in Afghanistan zu gewährleisten. Die
Autorin ist 1989 im Allgäu geboren. Inzwischen wohnt sie in
Augsburg und arbeitet dort als Kinderkrankenschwester.

Lara Lessing

JENSEITS
DER FRONTEN

**Afghanistan abseits
der Schlagzeilen –**
Erfahrungen in einem schrecklich
schönen Land

INHALT

VORWORT

Liebe Leser, liebe Leserinnen,

was Sie hier in den Händen halten, ist keine hohe Literatur, es ist kein Actionroman und auch keine Horrorgeschichte. Es ist einfach ein Bericht über einen Abschnitt meines Lebens, der mich so stark geprägt hat wie kein anderer. Ich freue mich über Ihr Interesse daran und wünsche mir, dass dieses Buch Sie bereichert.

Mit meinem Bericht möchte ich Sie ein Stück weit hineinnehmen in das, was ich erlebt habe. Und ich möchte Sie am ständigen Auf und Ab des afghanischen Lebens teilhaben lassen. Da passiert manchmal sehr viel auf einmal, manchmal findet aber auch einfach der ganz normale Alltag statt, so wie überall auf der Welt.

Damit Sie meine Perspektive verstehen und auch den Weg nachvollziehen können, wie es dazu kam, dass ich überhaupt darüber nachgedacht habe, als junge Frau solch einen Einsatz zu machen, fange ich ganz von vorne an und lasse Sie auch zwischendrin immer wieder an meinen Gedanken zu den Erlebnissen teilhaben. Dazu muss man sagen, dass das immer nur meine eigenen, subjektiven Gedanken sind beziehungsweise waren. Jemand anderes nimmt dieses Land natürlich ganz anders wahr. Fast alles in diesem Buch ist deshalb eine subjektive Beschreibung, zusammengetragen aus dem, was ich selbst erlebt und gesehen habe, und aus dem, was mir berichtet wurde. Niemals würde ich behaupten, dass ich alles wüsste oder in allem recht hätte – das ist gar nicht mein Ziel.

Wenn das Lesen dieses Buches bei Ihnen dazu führt, dass Sie am Ende ein anderes Bild von diesem wunderschönen Land Afghanistan bekommen haben, wenn es für Sie zumindest ein Stück weit den Schrecken verloren hat und Ihr Bild davon ein wenig bunter geworden ist, dann hat es seinen Zweck erfüllt.

Um die Identität meiner Freunde und auch die meine zu schützen, sind alle Namen sowie die Ortsnamen und der Name des Projekts geändert. Aber es sind nur die Namen, die geändert wurden. Es gibt alles wirklich, und alles, was Sie lesen, ist auch wirklich so passiert.

Und nun wünsche ich Ihnen viel Spaß beim Lesen,
Ihre Lara Lessing

FERNWEH

Nun sitze ich also hier, im beschaulichen Allgäuer Alpenvorland, meine Nachbarn sind nur ein paar Rinder, die mich verstohlen durchs offene Fenster anschauen. Eine Zeit lang war es ein familieninterner Witz, dass mir meine Mutter zu jedem Anlass Dinge mit Kühen darauf geschenkt hat, damit ich nie vergesse, wo ich herkomme. Jetzt kann ich es allerdings noch gar nicht richtig fassen, wieder hier zu sein.

In meinen Gedanken schaue ich zum Fenster heraus und sehe noch etwas anderes: den afghanischen Garten, den unser Wachmann gerade in stundenlanger Handarbeit bewässert hat. Statt Kuhglocken höre ich den Ruf des Muezzin. Und wenn ich die Haustür aufmache, sehe ich neben dem Haus statt der parkenden Autos noch immer eine Nachbarsfrau am Brunnen Kleidung waschen oder Geschirr spülen. Beim ersten Schritt nach draußen höre ich es von links hinten „Lara!" rufen. Es sind Nachbarskinder, die mich immer erst rufen und sich dann doch vor mir verstecken.

Ja, im Kopf bin ich noch immer im Hinterland von Afghanistan. Es geht dort unkonventionell zu, aus westlicher Sicht vielleicht sogar chaotisch. Aber für mich ist es der ganz normale Wahnsinn, den ich über die Zeit hinweg lieben gelernt habe.

Fremde Menschen und Kulturen haben mich schon von klein auf fasziniert! Am meisten die ganz exotischen Kulturen, wo sich das Leben maximal von meinem eigenen unterscheidet. Indianer im Amazonas etwa oder Inuit im ewigen Eis, Nomaden in der Sahara oder ein wildes Reitervolk im Kaukasus. Weil meine Familie natürlich nie in solchen Gebieten Urlaub gemacht hat, habe ich mich anderweitig über diese Kulturen informiert: über Atlanten, Reportagen und Artikel. Tagelang saß ich vor einem Globus oder einem Weltatlas und stellte mir vor, wie die Menschen in der Region, auf der mein Finger gerade lag, wohl lebten.

Als dann später die Berufsentscheidung anstand, kamen meine zwei anderen Leidenschaften zum Zuge: mein großes Interesse für den menschlichen Körper und mein Herz für Kinder. Deshalb habe ich mich schließlich für eine Ausbildung zur Kinderkrankenschwester entschieden, da kamen beide zusammen.

Noch während der Ausbildung war für mich jedoch klar: Ich will so bald wie irgendwie möglich für längere Zeit ins Ausland, um dort meinen Traum vom Leben in einer fremden Kultur zu verwirklichen. Ein paar Jahre zuvor hatte mir ein Entwicklungshelfer von einem kleinen Fischerdorf auf einer kolumbianischen Insel berichtet. Da wollte ich hin! Und tatsächlich funktionierte dieser Plan. Ich durfte als Freiwillige ein Jahr lang die kleine Krankenstation der Insel betreuen. Es war eine schöne, herausfordernde und sehr gesegnete Zeit, die ich bis zum letzten Moment genoss – nicht nur während meiner Arbeitszeit, sondern auch davor, danach und dazwischen, wenn ich einfach Zeit mit den Landsleuten verbrachte.

Besonders geprägt hat mich die Freundschaft zu einer Familie, in der Drogen, Alkohol und Prostitution eine große Rolle spielten. Dort verbrachte ich viel Zeit und war einfach im Austausch mit ihnen.

Aus der Zeit in Kolumbien habe ich zwei Dinge gelernt. Erstens: Die eigentliche Veränderung, um die sich die Entwicklungshelfer oder Missionare oft bemühen, findet außerhalb der Arbeitszeit und außerhalb jener Dinge, die wir aktiv beeinflussen können, statt. Es sind Entscheidungen, die die Leute selbst treffen müssen, um ihr Leben nachhaltig zu verbessern. Man kann ihnen nur die Ideen dafür liefern. Und man kann da sein und dabei helfen, das auch umzusetzen, wofür sie sich entschieden haben.

Zweitens: Um Menschen zu helfen, muss man sie erst einmal lieben – egal in welchen Umständen sie leben. Wenn man Menschen annimmt, so wie sie sind, entsteht ein Raum von Vertrauen, in dem man sich begegnen und dann liebevoll auf die veränderungswürdigen Dinge hinweisen kann – ohne zu erwarten, dass sofort etwas passiert.

Nach Kolumbien ging es erst mal wieder zurück nach Deutschland. Meine nächste Station war München. Dort erlebte ich eine geniale Zeit mit vielen Freunden und allen Annehmlichkeiten des deutschen Großstadtlebens. Ich fand zum ersten Mal eine christliche Gemeinde, in der ich mich sehr wohlfühlte. Denn dort war es laut, modern und nicht so „typisch christlich". Das sprach mich sehr an! Ich ging oft dorthin und lernte den christlichen Glauben auf eine ganz andere Weise kennen.

Mein neuer Arbeitsplatz wurde eine große Intensivstation für Kinder. Die Klinik war hoch spezialisiert, deshalb kamen Kinder aus aller Welt zu uns, um sich behandeln zu lassen. Kurz gesagt: Ich habe mich pudelwohl gefühlt. Meine Liebe für das Ausland hatte ich nach vier Jahren in München fast schon vergessen, bis – ja, bis ich eines Tages aus dem Urlaub zurückkam und plötzlich alles anders war: Auf einmal erschien mir mein ganzes deutsches Leben so grau und langweilig. Erst dachte ich, das wäre nur eine Phase und es würde schon wieder besser werden. Doch das war nicht der Fall. Auch nach Monaten nicht. Es war der Anfang eines Abenteuers, von dem ich zu diesem Zeitpunkt noch keine Ahnung hatte, wohin es mich führen würde ...

Dass ich in meiner Arbeit als Krankenschwester auf der Intensivstation nicht alt werden würde, war mir von vornherein klar, denn die Arbeit dort war sehr kräftezehrend. Jetzt war der Zeitpunkt des Abschieds wohl gekommen! Nur, was sollte ich stattdessen tun?

Monatelang überlegte ich und kam dabei auf die kreativsten Ideen. Doch meistens brachte irgendjemand einleuchtende Argumente, um mir meine Idee wieder auszureden.

Eines Tages stieß ich im Internet auf eine Anzeige, die die „Incense", eine zehnmonatige Jüngerschaftsschule im Gebetshaus Augsburg, bewarb. Das Gebetshaus kannte ich schon, eine Zeit lang dort zu sein und in meinem Glauben zu wachsen, klang verlockend.

Jesus. Er war irgendwie schon immer ein Teil meines Lebens. Lange als stiller Begleiter, an dessen Existenz ich aber nie gezweifelt habe. Schon in der Grundschule fing ich an, die Bibel zu lesen, und fand höchst interessant, was dort stand. Und mich fesseln die Geschichten bis heute! Am meisten fasziniert mich, dass all das, was dort steht, so gut auf die Gesellschaft von heute und auf das eigene Leben zu übertragen ist. Anscheinend haben sich die Menschen im Grunde ihres Wesens nie wirklich verändert; uns beschäftigen immer noch die gleichen Themen wie die Menschen vor Tausenden von Jahren.

Wenn ich in der Bibel lese, empfinde ich das manchmal, als würde uns ein Spiegel vorgehalten. Allerdings ein sehr liebevoller und sehr gnädiger. Die Bibel ist für mich eine Stütze im Alltag, irgendetwas zwischen einer praktischen „Gebrauchsanweisung" vom Hersteller für das Objekt Mensch und einem Liebesbrief, den ein liebender Schöpfer einem geliebten Geschöpf schreibt, damit es sich geliebt und gesehen fühlt.

Genauso empfinde ich Gott. Er ist kein grausamer Lehrer, der nur darauf wartet, dass wir einen Fehler machen. Er hat uns geschaffen und er selbst sagt, dass alles, was er geschaffen hat, gut ist (vgl. 1. Mose 1,31). So gab er uns dieses Leben und unseren freien Willen und wartet nun darauf, dass wir ihm vertrauen und glauben, dass er es wirklich gut mit uns meint.

Über die Jahre hinweg habe ich mich auf unterschiedliche Art und Weise mit dem Glauben beschäftigt. Irgendwann war es für mich bewiesen: Gott existiert, und er nimmt aktiv Anteil an meinem Leben, wenn ich ihn darum bitte! So wuchs mein Vertrauen in ihn mit der Zeit immer mehr. Anfangs habe ich noch gemacht und er hat etwas dazu gesagt, später hat er gesagt und ich habe gemacht – und immer war es gut. Nicht immer einfach, aber immer gut!

Nun stand ich wieder einmal vor einer Entscheidung und überlegte, was nun das Beste sein könnte. Sollte es womöglich tatsächlich die „Incense" sein? Ich verwarf den Gedanken schnell wieder, schließlich war ich auf der Suche nach einer dauerhaften Arbeit. Als ich jedoch wenig später Freunden davon erzählte, reagierten sie ganz anders als erwartet: „Lara, mach das doch!" Das gab mir den letzten Anstoß, also bewarb ich mich einfach mal – und wurde tatsächlich angenommen! Am Ende freute ich mich dann richtig auf diese Zeit. Einfach mal raus aus dem Alltag und täglich Zeit im Gebetsraum verbringen.

„Vielleicht kommt man da ja auch mal auf ganz neue Gedanken", dachte ich mir noch. Und sollte recht behalten ...

Die „Incense" wurde eine der prägendsten Zeiten meines bisherigen Lebens. Ich lernte so viel über Gott und seine uneingeschränkte, reine und selbstlose Liebe. Über sein Wesen, seinen Humor, seine Sicht auf die Welt und auf all die großen und kleinen Dinge, die zum Leben gehören. Ich habe ihn noch einmal tiefer als guten Ratgeber für jede Lebenslage kennengelernt. Als einen Gott, der mir immer zuhört und der zu mir spricht. Der mir nah ist und mich erfüllt – auf eine Weise, wie ein Mensch es nie erreichen kann.

Gleichzeitig ist Gott groß und herrschend, und selbst wenn er nicht gut wäre, wäre es meiner Meinung nach unsere Pflicht, ihm zu gehorchen und seine Gebote zu halten, denn wir sind die wesentlich kleineren und schwächeren Wesen. Wir sind die Geschöpfe, und er ist der Schöpfer. Nun ist er aber gut und möchte als ebendieser herrschende und große Gott das Allerbeste für uns vergleichsweise kleinen und schwachen Geschöpfe! Und er überlässt es sogar uns, ob wir ihn überhaupt als Gott annehmen wollen oder nicht. Wahnsinn! Wir nehmen das so selbstverständlich hin in unserem Alltag, dabei ist genau das alles andere als selbstverständlich.

Ich bin immer wieder damit beschäftigt, zu staunen und zu überlegen, was das eigentlich für mein Leben bedeutet. Oder für das Leben der Menschen um mich herum. Wir sind alle Geschöpfe dieses Schöpfers und er macht keinen Unterschied zwischen arm und reich, hochintelligent oder durchschnittlich, schwarz oder weiß. Seine Zusagen und seine Liebe gelten uneingeschränkt für uns alle. Wir müssen sie uns nicht verdienen und wir müssen uns selbst nicht erst verändern, um diese Liebe zu erhalten. Wir dürfen einfach da sein. Das genügt. Wow.

Welch eine Botschaft! Und welch ein Gott! Was für eine Sicherheit! Und wie viel Ruhe das alles mit sich bringt. Zumindest für mich.

Die Zeit in Augsburg war in dieser Hinsicht erst der Anfang. Ich bin bis heute immer noch damit beschäftigt zu verstehen, wie es sein kann, dass diese Liebe tatsächlich real ist, und wie sie sich auf mein Leben auswirkt. Ich bin innerlich ruhiger geworden seither. Aber auch klarer und entschiedener denn je.

Eine Frage, die mich in Augsburg von Anfang an ebenfalls begleitete, war: Was mache ich danach? Diese Frage beantwortete sich eines Tages ganz unerwartet während eines Vortrags. Es ging um das Thema Berufung. Ein Punkt sprach mich besonders an: Der Sprecher meinte, dass es sich lohnt, die Leidenschaften, die man hat, einfach zu verfolgen. Dieser Satz hallte in mir nach. Danach stand für mich irgendwie fest: Ich gehe doch noch mal ins Ausland! Das ist das, was ich immer machen wollte, das ist das, was mich wirklich interessiert, das, wofür ich die größte Leidenschaft habe.

Auch wenn ich mich die letzten Jahre weniger damit beschäftigt hatte, der Gedanke war nie ganz weg gewesen. Außerdem hatte ich das passende „Nervenkostüm" und den passenden Beruf dafür. Und ich hatte das Gefühl, dass auch Gott sein Ja dazu gibt. Dafür sprach auch der Zeitpunkt, denn ich hatte schon einiges an Berufserfahrung gesammelt, war aber trotzdem noch jung und ungebunden. Argumente dagegen fand ich nicht. Also war die Sache beschlossen und ich freute mich total, obwohl ich noch gar nichts Konkretes geplant hatte.

AUS EINEM TRAUM WIRD EIN PLAN

Nachdem das nun für mich feststand, überlegte ich als Nächstes, welche Länder denn infrage kommen würden. Auf keinen Fall wollte ich in ein sogenanntes „Erste-Welt-Land" wie Amerika oder Australien, denn meine Intention war von Anfang an, Menschen zu helfen, denen sonst vielleicht keiner hilft. Ein „Schwellenland" kam deshalb auch nicht infrage, denn in diesen Ländern sind meistens schon relativ viele Hilfsorganisationen unterwegs. Also würde es ein Dritte-Welt-Land werden. Eines, in das sich vielleicht noch nicht sehr viele Helfer hineingetraut hatten oder das schwer zugänglich war.

Nach diesem Ausschlussprinzip kamen nur noch recht wenige Länder infrage. Der Südsudan zum Beispiel, Syrien, der Irak, Jemen – oder Afghanistan. Bei dem Gedanken an Afghanistan war ich von Anfang an fasziniert. Man hört so viel über dieses Land! Allerdings fast nur in Zusammenhang mit Krieg und den Taliban. Aber da musste doch noch mehr sein, oder?

Als ich Afghanistan hörte, dachte ich selten als Erstes an Krieg, sondern vielmehr an eine mir vollkommen fremde Welt. Eine Welt hinter Mauern oder mit Nomaden, die durchs Land zogen, an majestätische Berge und an Menschen, die ganz anders denken und leben als wir hier in Deutschland. Ich stellte es mir farbig vor, nicht so grau, wie die Medien es immer darstellten. Doch es war für mich eine verschlossene Welt, von der ich nicht wusste, ob ich je Zugang zu ihr erhalten würde. Gleichzeitig fragte ich mich, ob ich eigentlich verrückt geworden war, an eine Ausreise in solch ein Land überhaupt zu denken!? Konnte ich meinem Umfeld und meiner Familie so etwas überhaupt antun?

Mir war bewusst, dass in all den Ländern, über die ich gerade nachgedacht hatte, Krieg herrschte. Wie würde es sein, wenn ich mich auf einmal inmitten einer bewaffneten Auseinandersetzung wiederfände? Würde ich das nervlich überhaupt schaffen? War es überhaupt sinnvoll, dass gerade ich in so ein Land ging? Ich wollte auch nicht die tragische Heldin spielen. Und wie würde es mir als unverheiratete Frau in einem muslimischen Umfeld gehen? Würde mir überhaupt jemand zuhören? Ja, ich kann mich grundsätzlich schon gut durchsetzen, aber ich bin darauf angewiesen, dass mir mein Gegenüber überhaupt zuhört. Andererseits hörte man ja immer wieder von Frauen, die auch unter schwierigsten Umständen Erstaunliches erreichen. Mut muss man haben und Selbstbewusstsein! An beidem wollte ich in nächster Zeit noch arbeiten. Und ohne es zu wissen, halfen mir die Menschen in meinem Umfeld sogar dabei.

Viele von ihnen kamen in dieser Zeit auf mich zu und sprachen mit mir darüber, wie sie mich wahrnahmen. Ich denke, dass das von Gott bewirkt war, der auch andere Menschen dazu benutzt, um seine Pläne zu verwirklichen. Ich lernte immer mehr, ihn in allem zu suchen und zu finden. Nicht nur in Gebetszeiten, sondern auch im Alltag. All das machte mich mutig genug, um den Plan, ins Ausland zu gehen, trotz aller Fragezeichen weiterzuverfolgen.

In erster Linie ging es mir darum, dass in diesen Dritte-Welt-Ländern ganz normale Leute leben, die ganz normale Bedürfnisse haben wie wir auch und die einfach ein normales Leben leben wollen. Das können sie dort aber leider nicht, weil sie stattdessen mit Armut, Hunger, Krankheit, Vertreibungen,

Kriegen ... und deren Folgen kämpfen müssen. Das ist einfach nicht in Ordnung!

Wie andere damit umgehen, war mir egal, aber ich selbst wollte kein Mensch mehr sein, der einfach wegsieht oder sich ablenkt. Ich wollte hinsehen. Wenn ich etwas dafür tun konnte, dass es den Leuten in diesen Ländern irgendwie besser geht, dann wollte ich das mit Gottes Hilfe gerne tun!

Wie sollte diese Hilfe konkret aussehen? Das war der nächste Punkt auf meiner unsichtbaren Agenda. Zu diesem Zeitpunkt hatte ich das Gefühl, dass es sehr schwierig werden würde, eine gute Hilfsorganisation zu finden, der ich mich anschließen konnte. Ich kannte recht viele, die in Ostasien, Afrika oder Lateinamerika aktiv waren, aber in muslimischen Ländern? In Konfliktgebieten? Schwierig!

Mit einer Schweizer Organisation, die humanitäre Hilfe in genau den Gebieten leistete, die mir vorschwebten, liefen die anfänglichen Gespräche sehr gut. Doch nach einer sehr hilfreichen und extrem schönen „Bewerberwoche" endete die Zusammenarbeit mit dieser Organisation. Die für mich vorgeschlagene Stelle im Südsudan ging an einen der vielen Mitbewerber. Ich bin ihnen dennoch sehr dankbar, denn sie haben mir viel beigebracht.

Alles hatte sich etwas hingezogen und die Gebetshausschule war inzwischen zu Ende. Etwas ratlos blieb ich noch eine Weile im Gebetshaus und half dort aus, wo Arbeit anfiel.

Nur wenige Tage nach der Absage für die Stelle im Südsudan meldete sich eine Besuchergruppe im Gebetshaus an. Die Gruppe stellte sich als Leitungsteam eines theologischen Seminars und Mitarbeiter einer Missionsorganisation aus Nordrhein-Westfalen heraus. Ich führte sie im Gebetshaus herum und wir kamen unter anderem darauf zu sprechen, dass ich auf der Suche nach einer Organisation war, die mich ins Ausland vermitteln könnte. Daraufhin erzählten unsere Besucher etwas von sich, und als einer von ihnen erwähnte, dass sie auch Leute in Afghanistan hatten, wurde ich hellhörig.

Ich kam ins Nachdenken. Mission – warum eigentlich nicht? Schon während des Kontakts zu der Schweizer Organisation hatte ich mich manchmal gefragt, ob das Geistliche dort nicht zu kurz kommt. Immerhin haben wir als Christen etwas zu bieten, das den Menschen noch viel umfassender hilft als etwas Brot oder ein Dach über dem Kopf, oder? Ein rein missionarischer Gemeindedienst kam für mich jedoch nicht infrage. Aber die Arbeit am Patienten mit einem geistlichen Dienst zu verknüpfen – das klang gut! Ähnlich wie damals in Kolumbien. So meldete ich mich wenig später bei der Organisation in NRW.

Die Frau am Telefon war ganz euphorisch. Sie hatte wohl schon von mir gehört und wusste, welches Anliegen ich hatte. In ihrer Euphorie meinte sie, dass ich – wenn alles klappt – schon im Januar ausreisen könnte. Erst mal für einen Kurzeinsatz für ein bis zwei Jahre und dann, wenn es mir dort gefiele, könnte ich direkt in den Langzeiteinsatz übergehen. Was für ein Angebot! Aber darüber musste ich natürlich erst noch nachdenken. In unserer schnelllebigen Zeit tut man sich irgendwie schwer damit, sich für einen Zeitraum von mehr als zwei oder drei Jahren festzulegen. Andererseits: Echte Veränderung im Land und somit auch echte, langfristige Hilfe für die Menschen dort kommt meist nur über eine Verhaltensänderung oder das regelmäßige Praktizieren von etwas neu Gelerntem zustande. Und das braucht Zeit! Die Beziehung zu Menschen braucht Zeit.

Schon während meines Einsatzes in Kolumbien hatte ich festgestellt, dass ich eigentlich erst nach einem Jahr die Sprache und Kultur der Menschen so weit verstanden hatte, dass zum Zeitpunkt der Abreise meine eigentliche Arbeit erst hätte beginnen können. Denn Wunden nähen und Antibiotika verteilen kann jeder – aber dafür zu sorgen, dass das gar nicht erst nötig wird, das ist eine ganz andere Nummer! Man braucht das Vertrauen der Menschen – und um das aufzubauen, braucht es eben Zeit.

Es war inzwischen Ende Oktober geworden und ich hoffte, dass diese etwas unangenehme „Zwischenzeit" zwischen der „Incense" und meiner Ausreise bald ein Ende haben würde. Rückblickend muss ich jedoch sagen, dass genau diese „Zwischenzeit" extrem wertvoll für mich war! Sie half mir, eine klarere Vision zu bekommen von dem, was ich vorhatte. Anfangs war ich noch sehr unsicher, wie ich in der Öffentlichkeit mit meinen Plänen umgehen sollte. Zum einen hatte ich Angst davor, was andere dazu sagen würden, und außerdem war es mir selbst nicht ganz geheuer, dass ich bei dem Gedanken an Afghanistan kaum Angst hatte! Doch für all diese Gedanken kam Hilfe. Mir kam folgende Bibelstelle in den Sinn: „Furcht ist nicht in der Liebe, sondern die vollkommene Liebe treibt die Furcht aus" (1. Johannes 4,18; LU).

Über diese Stelle wurde während der „Zwischenzeit" einmal im Gebetsraum meditiert. Während die Sänger darüber sangen, wie die Liebe Gottes Ängste wie Selbstzweifel und Menschenfurcht vertreibt, dachte ich darüber nach, wie sehr Gott wohl Afghanistan liebt. Wie er jeden einzelnen Menschen dort kennt und wie liebenswert wertvoll dieses Land – trotz oder gerade wegen all des Krieges – doch ist. Ich hatte das Gefühl, dass Gott mir in diesem Moment zeigte, wie viel Liebenswertes und Schönes es dort immer noch gibt und wie wichtig es ihm ist, dieses zu bewahren und zu fördern. Und er zeigte mir, wie viel gewichtiger all die Schönheit dieses Landes gegenüber all dem Negativen ist. Vor meinem inneren Auge lief es wie ein kleiner Film ab. Es war, als würde der Herr mir „sein" Afghanistan zeigen: voller Farben, Individualität und Dynamik. Zwar gab es immer noch Dinge wie Krieg, Entbehrung und Armut, aber das Schöne überwog. Ich verstand: Gott liebt dieses Land. Und es ist ihm wichtig.

Und wenn man seinen Blick auf all das Liebenswerte, Schöne und Wertvolle, das bereits da ist, lenkt, dann wird die Furcht vor dem Negativen automatisch weniger. Nicht, dass man Sicherheitsrisiken ignorieren sollte, aber sich von Angst vollkommen vereinnahmen und kontrollieren zu lassen war, noch nie gut. Ich denke, es gibt manchmal einen schmalen Grat zwischen Mut und Wahnsinn, und diesen gilt es zu finden.

Sooft ich damals in der Bibel las, las ich etwas über Mut; darüber, wie Gott Menschen in den unterschiedlichsten Situationen leitete und ihnen immer wieder im richtigen Moment die nötige Kraft gab. Immer wieder stieß ich auf Josua 1,9: „Ja, ich sage dir noch einmal: Sei mutig und entschlossen! Lass dich nicht einschüchtern und hab keine Angst! Denn ich, der Herr, dein Gott, stehe bei dir, wohin du auch gehst."

Diese Sicht auf die Dinge wirkte noch lange in mir nach. Eigentlich sogar bis heute. Sie hat dazu geführt, dass aus einem recht kleinlauten, schüchternen „Ich möchte gerne nach Afghanistan gehen ..." ein sehr selbstbewusstes, aufrechtes „Ich gehe nach Afghanistan!" wurde. Und ich fand es super!

Eine Weile dachte ich noch darüber nach, was wäre, wenn tatsächlich etwas schiefginge und ich während des Einsatzes sterben würde. Dank meiner Arbeit auf der Intensivstation hatte ich mich schon viel mit dem Thema Tod und Sterben auseinandergesetzt. Schön ist der Gedanke zu sterben natürlich trotzdem nicht! Denn ich mag das Leben hier auf der Erde, und egal, was danach kommt: Ich lebe sehr gerne hier. Es gibt noch so vieles, was ich machen, erreichen und entdecken möchte. Aber irgendwie hatte ich trotz allem ein gutes Gefühl. Man kann nie wissen, was kommt, und es kann immer etwas passieren. Klar ist das Risiko zu sterben in solchen Ländern höher als anderswo. Aber bei einer Sache ums Leben zu kommen, hinter der ich voll stehen kann, die ich gerne mache und die mir (vermutlich) Spaß macht, wäre für mich wenigstens ein kleiner Trost.

Außerdem erfuhr ich, dass es in Afghanistan ein Monitoring für die Sicherheitslage gibt. Man kann mithilfe verschiedener Informationen einschätzen, ob es gerade gefährlich ist, aus dem Haus zu gehen, oder nicht. Bestimmte Gegenden werden dann entweder gesperrt oder freigegeben. An hohen Risikotagen gibt es eine Art Hausarrest. Wenn man sich an diese Regeln hält, ist das Risiko zumindest minimiert. Ein Restrisiko bleibt natürlich immer bestehen. Aber das war ich bereit in Kauf zu nehmen.

Als das alles in Ruhe durchdacht und für mich entschieden war, konnte ich beruhigt und entschlossen zum persönlichen Gespräch nach NRW zu fahren. Es war inzwischen wenige Tage vor Weihnachten. Alles hatte sich ziemlich gezogen und ich hoffte, dass es nun etwas dynamischer vorangehen würde, denn ich war so weit bereit. Das Gespräch lief gut. Mir wurde einiges über die Organisation erklärt, auch über den Ablauf von Aussendungen wurde gesprochen.

Ich erfuhr, dass Langzeit-Missionare in sogenannten Zyklen unterwegs sind. Ein Zyklus dauert zwei bis vier Jahre. Danach steht wieder ein längerer Heimataufenthalt an und auch die Entscheidung, ob man einen weiteren Zyklus im Ausland verbringen möchte oder nicht. Von einem Kurzzeiteinsatz war überhaupt nicht mehr die Rede, was mir jedoch recht war. Die Organisation in NRW hatte selbst keine Projekte in Afghanistan und würde deshalb von nun an nur als „Sendeorganisation" auftreten, sich von Deutschland aus um meine Verwaltungsangelegenheiten kümmern und mich quasi an eine lokale Organisation „ausleihen".

Ulf, der von nun an für mich zuständig war, erzählte mir von einem Visionstrip, den man normalerweise machte. Man reist ins Land, um sich vorweg einen Eindruck verschaffen zu können, ob man sich die vorgeschlagene Stelle tatsächlich vorstellen könnte. Ich willigte ein und später stellte sich dieser Visionstrip als eine wunderbare Sache heraus. Worüber Ulf allerdings kaum redete, waren Finanzen. Das war für mich schwierig, denn es war klar, dass ich alle entstehenden Kosten des Einsatzes durch Fundraising selbst decken musste – plus 7 % für den Verwaltungsaufwand der Organisation. Ich musste also dringend wissen, auf was ich mich einstellen musste, damit das alles funktionieren würde.

Auf mehrmalige Nachfrage meinte Ulf, dass es wahrscheinlich auf monatlich circa 2000 Euro hinauslaufen würde, Urlaub und Arbeitsmaterial nicht mit einberechnet. Wow, wie sollte das funktionieren? Und dabei durfte ich beim Fundraising die

Worte „Afghanistan" und „Mission" wegen der Sicherheitsauflagen nicht mal erwähnen. In Afghanistan herrscht eine starke Christenverfolgung, für Missionare gibt es daher auch keinerlei Toleranz. Ich musste von nun an also ein „Undercover-Dasein" lernen und meine Kommunikation kontrollieren, falls meine E-Mails, mein PC oder mein Handy gehackt werden würden. Für mich selbst war das kein Problem, für das Fundraising allerdings schon. Die Leute sollten ja wissen, was sie mit ihrem Geld unterstützten, und da ich nicht alle meine Bekannten und Freunde persönlich treffen konnte, musste ich es in einer E-Mail für sie irgendwie umschreiben. Ich nahm die Herausforderung an und setzte eine Rundmail auf, die ich an fast alle Freunde und Bekannte versandte. Alles in allem brauchte ich circa 40 Leute, die bereit wären, mich mit 50 Euro im Monat zu unterstützen, dann würden alle regelmäßigen Kosten gedeckt. Und die ersten zwei, drei Unterstützer waren recht schnell gefunden. „Wird schon werden", dachte ich. Die Ausreise war erst für Juli geplant, ich hatte also noch etwas Zeit.

Als Nächstes benötigte ich eine sendende Gemeinde. Was deren Aufgabe sein würde, hatte ich noch nicht richtig verstanden, denn ich hatte ja schon eine sendende Organisation, aber: „Das ist so üblich" war Ulfs Erklärung. Die sendende Gemeinde soll wohl der vertraute Bezugspunkt für den Missionar sein und unterstützend beten. „Alles klar", dachte ich und fragte das Gebetshaus an. Dieses lehnte leider ab. Also fragte ich meine Kirche in München. Diese stimmte zu, hatte allerdings auch keine Ahnung, was nun ihre konkrete Aufgabe war. Da mein Einsatz auch nicht als Projekt der Kirche, sondern als mein persönliches Projekt lief, durfte ich im Gottesdienst keine Flyer auslegen oder für Unterstützung werben. Das machte mein Leben beziehungsweise mein Fundraising nochmals schwerer.

Viele Prediger und christliche Sprecher beklagten zu diesem Zeitpunkt immer wieder, dass immer weniger Leute es wagen, in schwierige Länder zu gehen. Sie beklagten sich darüber, dass die Deutschen – einst Vorreiter darin, das Wort Gottes in allen Ländern zu verkündigen – heute bequem geworden seien. Und dann stand da ich. Ich wollte nicht bequem sein und gehen. Aber ich hätte etwas Unterstützung gut gebrauchen können, denn die praktische Umsetzung meines Plans wurde nun von Tag zu Tag komplexer: Formulare, Anträge und Genehmigungen mussten gestellt und eingeholt, Urkunden übersetzt und beglaubigt werden und so weiter.

Mein Zimmer verwandelte sich mehr und mehr in ein Verwaltungsbüro, in dem ich nur schwer den Überblick behielt. Ich fühlte mich ein wenig wie in einem Karussell, das sich immer schneller zu drehen begann. Telefonate, Formulare, Gespräche und immer wieder die Konfrontation mit der Frage: „Lara, warum machst du das?" Diese Frage fand ich sehr berechtigt. Also erklärte ich die Geschichte einfach noch mal. Und noch mal. Und noch mal.

Die Sendeorganisation in NRW hat sich in der Zeit nach unserem Gespräch relativ wenig gemeldet, und wenn, dann wollten sie mehrere Male die immer gleichen Dokumente noch einmal zugesandt haben. „Wir sind gerade in einer personellen Umstrukturierung" war die Entschuldigung. Auch dafür hatte ich Verständnis, denn für mich war es ja kein Problem, meine Unterlagen einfach noch einmal an eine E-Mail anzuhängen. Ich wartete auf Informationen für meinen Visionstrip. Schließlich wurden zwei passende Organisationen vor Ort für mich gefunden und mir vorgeschlagen. Bei beiden würde ich als Kinderkrankenschwester für Projekte arbeiten können, die die Mütter- und Kindersterblichkeit im Land verringern sollten.

Dann kam schließlich die ersehnte Mail mit den Daten und einem Flugticket! Meine Freude darüber konnte ich nicht in Worte fassen! Ich durfte mir ein Projekt in Kabul und noch eines in einem entlegeneren Teil Afghanistans ansehen und dann entscheiden, welches mir besser gefällt. Als besonderes „Zuckerl" wurde mir noch erzählt, dass ich mit einem Helikopter in die Provinz fliegen durfte. Wow, wie schön!

AFGHANISTAN ABSEITS DER SCHLAGZEILEN

Bevor ich das erste Mal meine Füße auf afghanischen Boden setzte, informierte ich mich natürlich genauer über das Land. Ich wollte mehr über Afghanistan wissen als das, was ich aus den Schlagzeilen kannte, und ich möchte deshalb auch hier erst einmal ein paar Hintergrundinformationen weitergeben, bevor ich mit meinem persönlichen Bericht beginne:

Afghanistan ist ein Binnenland und gehört nicht zum Mittleren Osten (wie viele denken), sondern zu Zentralasien. Das Land ist etwa doppelt so groß wie Deutschland, hat aber offiziell nur knapp halb so viele Einwohner. Die Ausläufer des Hindukusch-Gebirges ziehen sich quer durch das Land. Mit mehreren Gipfeln über 5000 m (zum Beispiel dem Koh-e Baba im Zentrum des Landes), einigen 7000ern im Nordwesten und einigen Hochebenen ist die Landschaft Afghanistans abwechslungsreicher und gebirgiger, als viele denken. Die tiefer liegenden Ebenen sind meist Steppen und Wüsten. Ein paar Arme der alten Seidenstraße ziehen sich noch heute quer durch das Land.

Einst war Afghanistan Teil des großen Perserreiches, das weit entwickelt, gut vernetzt und hochgebildet war. Später übernahm Alexander der Große das Gebiet. Das Land ist reich an Bodenschätzen wie Kohle, Edelsteinen und Edelgasen. Einige Edelsteine wie zum Beispiel der Lapislazuli werden fast ausschließlich in Afghanistan abgebaut. Andere Bodenschätze wurden bisher kaum genutzt.

Neben den Bodenschätzen gibt die Erde Afghanistans noch mehr her: Viele Regionen eignen sich sehr gut für den Getreide-, Obst- und Gemüseanbau. Vor Ausbruch des Krieges musste das Land keinerlei Lebensmittel importieren, sondern konnte sich selbst versorgen. Durch das warme, trockene Klima und die gut verzweigten Flüsse war alles vorhanden, was benötigt wurde.

Die Menschen Afghanistans teilen sich in verschiedene Ethnien auf. Jede Ethnie hat ihre eigenen Bräuche und Traditionen, oft sogar ihre eigene Sprache. Einige Volksgruppen leben sehr abgeschirmt und haben bis heute nur wenig Kontakt zur Außenwelt. Vor dem Krieg lebten viele Menschen noch nomadisch, inzwischen ist das aber leider kaum mehr möglich.

Ein großer Teil der Afghanen lebt auf dem Land und führt ein recht einfaches Leben von und mit der Landwirtschaft. Tiere und Land sind häufig die wichtigsten Besitztümer, nicht selten auch das Bezahlungsmittel Nummer eins.

In den Städten trifft Tradition auf Moderne. Viele Afghanen, vor allem die junge Generation, die immerhin die Hälfte der Bevölkerung ausmacht, streben ein eher westlicheres Leben an. Die jungen Afghanen wollen studieren und danach einen „richtigen Job" jenseits der Landwirtschaft bekommen – was oft schwierig ist, denn es gibt nicht viele Unternehmen, die sie einstellen könnten. So gibt es viele junge Akademiker, die oft ihre einzige Chance im Ausland sehen.

Die Religion spielt eine große Rolle im Leben der Menschen. Die meisten gehören dem sunnitischen Islam an, nur eine der großen Volksgruppen ist schiitisch und wird deshalb immer wieder heftig angegriffen. Toleranz für Religionen außerhalb des Islams gibt es nicht. Die Regeln des Islams werden von der Mehrheit der Afghanen mit großer Leidenschaft befolgt und praktiziert. Aus diesem Grund gibt es zum Beispiel im ganzen Land nur ein einziges Schwein. Es ist wegen seiner Einzigartigkeit berühmt und lebt im Zoo von Kabul.

Ansonsten ist das Land natürlich vom Krieg gezeichnet. Da Afghanistan strategisch sehr günstig liegt, ist das Gebiet seit jeher umkämpft. Zwischen 1839 und 1919 befand sich das Land immer wieder lange unter englischer Herrschaft, wobei die Afghanen die Kolonialisierung nie ganz hinnahmen und sich immer wieder wehrten. 1919, im dritten Anglo-Afghanischen Krieg, konnten die Afghanen endlich ihre Unabhängigkeit durchsetzen. Afghanistan wurde danach von einem König regiert. Doch der Friede währte nicht lange. Innerpolitische Unruhen machten das Land nur wenige Jahrzehnte später wieder instabil, was 1979 den Einmarsch der Sowjetunion ermöglichte. Der König wurde kurz zuvor gestürzt. Er konnte sich in letzter Sekunde noch aus dem Land retten. Seitdem ist Afghanistan nicht mehr zur Ruhe gekommen.

Ich habe verschiedene Informationen darüber, was genau nach 1979 alles passiert ist und wer was verursachte. Manchmal habe ich Zweifel daran, dass sich heute überhaupt noch irgendjemand wirklich auskennt und die Geschehnisse der Reihe nach und vor allem objektiv schildern kann. Fakt ist, dass in der Zeit der Sowjetherrschaft in Afghanistan mehrere fatale Dinge passiert sind: Zum einen wurden fast alle Wälder des Landes systematisch gerodet, um den Feind früher erkennen zu können (was fatal für die Umwelt und natürlichen Ressourcen des Landes ist, denn viele Afghanen heizen im Winter mit Holz), zum anderen gab es damals schon eine große Flüchtlingswelle.

Viele Afghanen suchten während der Sowjetzeit Schutz im Iran. Dieser gewährte ihnen den Aufenthalt, kümmerte sich aber (laut afghanischen Quellen) nicht besonders um die Flüchtlinge. Auf der Suche nach Beschäftigung, Schutz, Halt und vielleicht auch nach Möglichkeiten, um sich an den Sowjets zu rächen, landeten viele Männer in den Medresses. Medresses sind Schulen, in denen der Islam gelehrt wird. Zu dieser Zeit müssen einige sehr konservative Imame unterwegs gewesen sein, denn viele der Flüchtlinge wurden in diesen Islamschulen radikalisiert. Es entstand eine Gruppe, die sich einfach „Schüler" nannte. Auf Dari, der Landessprache Afghanistans, heißt das „Taliban".

Im Exil wurden sie über die Jahre hinweg sehr stark und nahmen sich schließlich vor, sich ihr Land zurückzuerobern. Zusammen mit den Mudschahedin – weiteren religiös motivierten Rebellengruppen – gelang ihnen das 1992 schließlich auch. 1995 übernahmen die Taliban die Alleinherrschaft im Land. Sie waren dabei, Afghanistan mehr und mehr in einen Gottesstaat nach ihren Vorstellungen zu verwandeln, und setzten dieses Vorhaben mit brutalsten Mitteln durch.

Die Afghanen mochten diese neue Unterdrückung durch die Taliban natürlich auch nicht, und so gab es immer wieder Bewegungen, die versuchten, die Gruppierung zu bremsen. Ahmad Schah Massoud, ein großer Anführer des Widerstands, unternahm mehrere Versuche, die Taliban zu stürzen. Er hatte die „Gotteskrieger" bereits aus Teilen im Nordwesten des Landes vertrieben und hatte das Ziel, ganz Afghanistan aus der Hand der Taliban zu befreien. Er wollte das Land in eine Demokratie der Vielfältigkeit verwandeln. Dies gelang ihm jedoch nicht aus eigener Kraft, weshalb er im Frühjahr 2001 die Vereinten Nationen um Hilfe bat. Wenige Monate später wurde er bei einem Anschlag ermordet. Ahmad Schah Massoud hinterließ dennoch tiefe Spuren im Land. Er hatte in den Afghanen die Hoffnung geweckt, dass dieser Krieg vielleicht doch irgendwann enden könnte.

Nach den Anschlägen vom 11. September 2001 in New York rückte die U.S. Army massiv nach Afghanistan ein. Sie brachten schon wenige Monate später Kabul unter ihre Kontrolle, was den Sturz des Taliban-Regimes zur Folge hatte.

Schließlich wurde eine neue Regierung einberufen, die seither an der Macht ist. Trotzdem ist das Land noch immer sehr instabil. Die Regierung ist auf Hilfe aus dem Ausland angewiesen, die Wirtschaft hat sich kaum erholt. Die Taliban wachsen im Untergrund wieder und nehmen immer wieder ganze Gegenden und Städte ein. Korruption ist an der Tagesordnung, genau wie der Drogenanbau und -handel.

Die meisten Menschen haben inzwischen den Überblick über die Lage ihres Landes verloren, ebenso wie die Hoffnung, dass sich jemals etwas an dieser Lage ändern wird. Wer es sich irgendwie leisten kann, verlässt das sinkende Schiff. Die anderen fügen sich ihrem Schicksal.

Eine Kultur des Leidens hat sich in den afghanischen Alltag eingeschlichen – vor allem bei den älteren Afghanen, die einfach schon zu viel gesehen und erlebt haben. Einer Statistik zufolge leiden zwei Drittel aller Afghanen an psychischen Krankheiten. Die Suizidrate ist hoch, besonders bei Frauen.

Die Liste der Mängel in diesem Land ist lang. Dies ist nur ein kurzer Überblick. Er zeigt längst nicht alle Details und bindet viele wichtige Faktoren nicht ein.

Doch es dürfte deutlich geworden sein: Dieses Land hat viele Probleme. Und man kann diese nicht schönreden! Aber ich wollte ja genau das: hinsehen. Sowohl auf die Probleme schauen, aber auch auf das Gute, das trotz allem noch da war – und ist. Und genau darum soll es in diesem Buch gehen.

ES GEHT LOS!
DER VISIONSTRIP WARTET ...

Es war inzwischen März 2017 geworden und plötzlich musste alles ganz schnell gehen: Visum beantragen, passende Kleidung besorgen, lernen, wie man ein Kopftuch trägt, viele Einzelheiten für die Abläufe vor Ort klären, auf die Behörde hechten, um das Visum gerade noch rechtzeitig abzuholen – und los ging es!

Dann saß ich in einem normalen Linienflug nach Kabul. Dass es so etwas überhaupt gibt, war mir neu. Doch schon beim Anflug auf die Stadt wurde mir klar: Das hier ist wirklich kein Land wie jedes andere. Auf dem Flughafen standen anstelle der sonst üblichen Ferienflieger aus aller Welt die Flieger von Vertretern von fast allen großen Hilfsorganisationen. Überall standen kleine Zelte, Hütten, Garagen, Hubschrauber, Militärfahrzeuge und kleine Transporter in Camouflage. Ich sah viele Mauern und viel Stacheldraht. Alles wirkte grau und provisorisch, aber funktional. Und etwas chaotisch insgesamt. Ein bisschen fühlte ich mich wie in einem futuristischen Film. Doch das hier war kein Film, das hier war die Realität.

Genauso real war leider auch die Tatsache, dass mein Gepäck nicht mitgekommen war. *Das werde ich wohl nie wiedersehen ...*, dachte ich. Aber falsch gedacht! Das afghanische Chaos ist in Wirklichkeit sehr organisiert! An einem provisorischen Infopoint konnte ich ein Formular ausfüllen und bekam einen Zettel mit. Mit diesem Zettel holte ein Mitarbeiter der Organisation vor Ort meine Tasche am nächsten Tag tatsächlich ab und schickte sie mir sogar auf dem Landweg hinterher. Das hätte ich nicht erwartet! Erst recht nicht, weil ich die Tasche ja nicht persönlich abholen konnte. Für mich ging es schon sehr früh am nächsten Morgen weiter in die Provinz, wo ich mir das erste Projekt ansehen sollte.

Aus dem geplanten Hubschrauberflug in die Provinz wurde wegen des schlechten Wetters leider nichts. Also flog ich mit einem sehr kleinen, sehr alten russischen Flugzeug von Kabul in die Provinzhauptstadt. Der Flug dauerte nur dreißig Minuten, trotzdem gab es etwas zu essen: einen kalten Hamburger mit zwei (!) Pommes! Am Flughafen angekommen, wurde ich von einer Mitarbeiterin abgeholt und wir fuhren von dort aus mit einem Geländewagen weiter zum Ziel.

Diese Fahrt wurde zu einer der beeindruckendsten und besten Fahrten meines Lebens! Unser Fahrer war bestens gelaunt und freute sich, dass ein neuer Ausländer in die Gegend kam. Er erzählte viel von seinem Leben und davon, wie er früher die Strecke, die wir heute mit dem Auto fuhren, zu Fuß ging. Meine potenzielle Kollegin Tara aus Kanada war auch mit dabei und übersetzte. Tara entpuppte sich als echter Schatz. Sie stand kurz vor der Rente und konnte auf gut dreißig Jahre Leben im Ausland zurückblicken – immer in der Dritten Welt und fast immer in Konfliktgebieten.

Sie hatte mich während dieser Fahrt schon ein bisschen auf das vorbereitet, was auf mich wartete. Ich wusste zu diesem Zeitpunkt nämlich noch so gut wie gar nichts über das konkrete Projekt oder den Volksstamm, der in dieser Gegend wohnte. Welche Ressourcen und Herausforderungen es dort gibt. All das interessierte mich natürlich brennend.

Ich war fasziniert von ihren Erzählungen und von dem, was ich sah, wenn ich aus dem Fenster schaute: hohe, tief verschneite Berge und steile Abhänge, quadratische Lehmhäuser, die fast in der Landschaft verschwanden. Die Landschaft wirkte karg und unwirtlich, gleichzeitig aber auch majestätisch, unerreichbar und wunderschön. Hie und da auch ein bisschen bedrohlich, denn es gab kaum Büsche oder Bäume, sodass gegen Ende des Winters große Lawinenfelder entstanden waren. Teilweise entdeckte ich am Ende der Lawinenspur kaputte Häuser ...

Schließlich bogen wir ab und fuhren auf einer Schotterpiste weiter, eine ganze Weile lang und immer höher hinauf. Irgendwann kamen wir in die Nähe eines Passes. Hier war alles noch tiefer verschneit, nur ein paar Felswände ragten aus der Schneemasse heraus. Ich fühlte mich ein bisschen wie zu Hause in den Allgäuer Alpen. Dann überquerten wir den Pass und erreichten dahinter einen Stau ... Dort standen wir. Über Stunden.

Es schickte sich für Frauen anscheinend nicht, aus dem Auto auszusteigen, also warteten Tara und ich einfach ab. Nach einer Weile erfuhren wir, dass der Vertrag für die Straßenräumung anscheinend ausgelaufen war und die Straße deshalb nicht mehr präpariert wurde. Es gab kein Weiterkommen. Nach einer Weile fingen die Männer an, mit vereinten Kräften die Wagen einen nach dem anderen mit Seilen aus den Matschlöchern zu ziehen. So konnten wir nach weiteren vergangenen Stunden wenigstens ein bisschen weiterfahren.

Weiter vorne sahen wir die Autos hinter einer steilen Kurve verschwinden. *Wenn wir es bis dorthin schaffen, dann haben wir es geschafft!*, dachte ich. An jener Kurve war bereits so etwas wie Volksfeststimmung entstanden. Viele junge Kerle waren vorausgerannt, hatten sich auf den hohen Schneehaufen am Straßenrand positioniert und fingen an zu schreien und zu klatschen, was das Zeug hielt, um die kleinen Busse, die sich durch den Schneematsch den steilen Buckel hochquälten, anzufeuern! Es war wirklich ein bisschen lustig. Andererseits:

Etwas anderes, als die Situation mit Humor zu nehmen, blieb uns auch nicht übrig.

Das Aussteigen war irgendwann anscheinend auch Frauen erlaubt, also stellten Tara und ich uns einfach auf der Frauenseite der spontanen Veranstaltung dazu und feuerten mit an. So ausgelassen und fröhlich hatte ich mir die Afghanen überhaupt nicht vorgestellt! Ich genoss den Augenblick. Das Wetter hatte sich inzwischen gebessert und die Fernsicht war gut. So weit das Auge reichte, waren überall verschneite Berggipfel und massive Felswände zu sehen. Die Sonne strahlte sie an und tauchte alles in ein rötlich-goldenes Licht, denn es war inzwischen später Nachmittag geworden.

Zusammen mit den anderen brüllten wir Wagen für Wagen den Hang hinauf und irgendwann hatte es auch unserer geschafft. Tara und ich rannten hinterher und stiegen frohen Mutes wieder ein. Aber die nächste Enttäuschung kam sofort: Nach der Kurve gab es überhaupt keine freie Fahrt, sondern alle Wagen standen erneut still! Nach weiteren drei (?) Stunden kam schließlich doch noch ein Räumfahrzeug und machte den Weg befahrbar. Die lokale Regierung hatte mit dem Räumarbeiter einen neuen Vertrag gemacht, so nahm dieser seine Arbeit wieder auf.

Durch diese Aktion habe ich schon bei meiner ersten Anreise einen Rekord gebrochen: den der längsten Anreise in der immerhin rund 30-jährigen Geschichte der Organisation. Statt der üblichen rund 6–8 Stunden waren wir an diesem Tag nämlich ganze 14 Stunden unterwegs! Schlussendlich waren wir in Sardsang, unserem Ziel, angekommen und ich fiel ins Bett.

Am nächsten Tag ging die Erkundung weiter. Ich sollte die Organisation, die Mitarbeiter und die Projektarbeit kennenlernen. Dafür durfte ich mit in die umliegenden Dörfer fahren und einfach bei dem, was die Mitarbeiter sowieso machten, dabei sein. Ich war fasziniert davon, wie die Menschen dort lebten. Einerseits wirkte alles extrem einfach und ich fragte mich, wie man unter solchen Bedingungen überhaupt leben kann – ohne Strom, ohne fließend Wasser. Die Gegend wirkte so karg. Ich sah Frauen am Fluss, die ihre Kleidung wuschen, und fragte mich, wie ihnen die Hände dabei nicht abfrieren konnten.

Andererseits wirkte alles auch sehr aufgeräumt und gut organisiert. Die Häuser waren ganz ohne Ziegelsteine und trotzdem solide gebaut. Innen war es warm, das Essen war einfach, schmeckte aber gut, wovon ich mich bei unserer ersten Einladung schon überzeugen konnte. Es fehlte an Regalen und Möbeln, dennoch hatte alles seinen Platz. Es war sogar wirklich gemütlich! Man saß auf Sitzkissen oder Filzmatten am Boden und immer gab es heißen Tee, das lernte ich schnell. Unter oder neben dem Wohnhaus fand sich meist ein Stall, in dem Ziegen und Schafe gehalten wurden. Alles schien hier sein System zu haben und ich war gespannt darauf, herauszufinden, wie genau es funktionierte. Es war fremd und gleichzeitig sehr vertraut. Vieles war so, wie mein Opa mir manchmal das Leben im Allgäu vor 200 Jahren beschrieben hatte.

Fasziniert war ich auch von dem Farbspiel in dieser Gegend. Denn in dieser so kargen Landschaft wirkten die Menschen mit ihren grellen, fast neonfarbenen Kopftüchern wie bunte Farbtupfer in einer beige überzogenen Landschaft fast ohne Bäume. Die Menschen waren überall und wirkten immer sehr beschäftigt, aber waren gleichzeitig sehr offen, neugierig und warmherzig. Tara übersetzte mir manchmal ihre Gespräche. Viele

Witze waren dabei – auch etwas, das ich nicht erwartet hätte. Manche Frauen erledigten nebenher Handarbeiten. Sie stickten zum Beispiel oder spannen Wolle. Das wollte ich unbedingt auch lernen!

Ich war fasziniert von all den neuen Eindrücken und vor allem auch von der abwechslungsreichen Landschaft. Das Beige veränderte sich hinter jedem Hügel, dort, wo der Schnee den Boden freigab. Mal war es fast rötlich, manchmal eher sandfarben, manchmal grau oder irgendetwas dazwischen. Ich kam aus dem Staunen nicht mehr heraus. Der Krieg war hier weit weg, so konnten wir uns frei bewegen und an freien Tagen sogar einen Spaziergang machen. Tara und die anderen erklärten mir geduldig eine Sache nach der anderen, aber immer wenn sie eine Frage beantwortet hatten, hatte ich zwei neue. Es war wirklich eine andere Welt, die mich von Anfang an fesselte.

Außer Tara und ihrem Mann gab es noch eine weitere kleine Familie in Sardsang. Sie alle hießen mich herzlich willkommen und verwöhnten mich sehr. Die Familie musste den Standort in wenigen Monaten verlassen, um ihre Tochter in die Schule schicken zu können. Somit waren neue Mitarbeiter dringend nötig. Das Projekt, das ich übernehmen könnte, war eines, das durch Kurse die Frauen und Männer der Region über eine gesunde Schwangerschaft aufklärte und sich gleichzeitig um unterernährte Kleinkinder und werdende Mütter kümmerte. Eine Wohnung war auch schon einzugsbereit für mich da. Jetzt musste ich quasi nur noch Ja sagen. Dafür taten die Leute hier alles. Ich war sehr gerührt von so viel Mühe und Einsatz!

Nach einer Woche flog ich zurück nach Kabul. Diese Stadt mochte ich auch sehr gerne. Eine Gruppe von anderen Ausländern verschiedener Organisationen nahm mich mit in eine Art Ferienanlage, um zu frühstücken. In Kabul war es aufgrund der tieferen Lage bereits Frühling und alles blühte. Es gab einen regen Austausch mit den anderen Mitarbeitern und ich erfuhr viel darüber, wie es ist, als Ausländer in Afghanistan zu leben.

Später besuchten wir die berühmte „Chicken Street", einen Kunsthandwerker-Markt, der in den 60er-Jahren ein sehr beliebtes Reiseziel für Hippies war. Heute wirkt der Markt eher verlassen. Und ich bekam natürlich das andere Projekt zu sehen, das mir vorgeschlagen wurde. Diese Organisation kümmerte sich vor allem um Binnenflüchtlinge, die durch Vertreibung aus ihren Heimatdörfern irgendwie in Kabul gestrandet waren. Die meisten Leute, mit denen sie arbeiteten, waren schon ein paar Jahre hier und hatten ihre provisorischen Zelte bereits durch feste Häuser ersetzen können. Ihre Tiere – in Afghanistan oft die einzige Wertanlage – haben einige mitgenommen. So weideten überall verteilt kleine und mittelgroße Schafherden in Begleitung ihrer Hirten.

Auch dieses Projekt war sehr schön und sehr nah am Menschen, denn sie kümmerten sich hier um jede Schwangere einzeln. Sie stellten sicher, dass die Frauen genügend Vitamine und eine ausreichende medizinische Vorsorge erhielten. Die Menschen hier in der Stadt waren allerdings deutlich reservierter als die, die ich in der Provinz kennengelernt hatte. Doch mich hatte die Provinz ohnehin schon so in ihren Bann gezogen, dass die Entscheidung eigentlich schon gefallen war. Das war auch gut so, denn die Organisation in Kabul brauchte zu diesem Zeitpunkt eigentlich gar keine neuen Mitarbeiter. Es war wohl einer Fehlkommunikation meiner Sendeorganisation geschuldet, dass ich überhaupt dort gelandet war. Trotzdem war es eine bereichernde Erfahrung, denn die Krankenschwester, die dort arbeitete, konnte mir sehr viel beibringen.

Eigentlich wollte ich am Ende dieses Visionstrips gar nicht noch einmal nach Deutschland zurück. Wenn es eine Möglichkeit gegeben hätte, gleich dortzubleiben, dann hätte ich es gemacht. Aber das ging natürlich nicht. Also ging es – dieses Mal sogar mitsamt Gepäck – zurück nach Deutschland.

Die ganze Zeit über hatte ich mir große Sorgen gemacht, ob das Geld wohl für alle Kosten der Reise reichen würde. Ich war darauf angewiesen, dass die Reise schon von meinen neu gewonnenen Unterstützern finanziert werden konnte. Wie hoch die Kosten waren und wie viele Unterstützer tatsächlich schon Geld überwiesen hatten – und wenn ja, welche Beträge –, das wusste ich aber leider nicht. Denn die Organisation in NRW, die alles von Deutschland aus für mich managte, meinte, dass ich nicht so viel Einblick haben sollte, damit ich mir keine Sorgen machte. Ich bekam keine Einsicht in meinen Kontostand. Eigentlich eine gute Sache – wenn man das Geld nicht selbst auftreiben müsste! Wie sich später herausstellte, war die Reise schon Monate zuvor sicher, denn es war bereits eine große Summe auf meinem Konto eingegangen. Danke an alle, die daran beteiligt waren, ihr seid die Besten!

Nun war ich also wieder zu Hause. Jetzt sollte alles für die „richtige" Ausreise vorbereitet werden. Für mich bedeutete das eine große Freude, aber auch eine große Anspannung. Würde tatsächlich alles funktionieren?

Es gab ein Treffen in NRW, bei dem ich von meinem Visionstrip und meiner Entscheidung erzählte. Diese wurde begrüßt. Man freute sich darüber, dass nun endlich wieder eine Deutsche nach Afghanistan ausreisen würde. Die Ausreise wurde für Ende Juli geplant – somit ein Jahr nach Ende der Gebetshausschule. Ich hatte also noch rund drei Monate Zeit, um alles fertig zu machen. Das kam mir machbar vor, schließlich hatte ich der Organisation in NRW bereits alle meine Unterlagen, Motivationsschreiben, Empfehlungen längst gegeben.

Kurz darauf erhielt ich den Vertrag für den Langzeiteinsatz. Darin stand eigentlich nur, dass die Organisation in Deutschland sämtliche Verantwortung an die Partnerorganisation vor Ort abgibt und dass sich der Unterschreibende verpflichtet, die folgenden Versicherungen zu akzeptieren. Es folgte eine Auflistung verschiedenster Versicherungen, unter anderem auch eine für meinen Mann und meine Kinder, die ich ja gar nicht hatte. Gerade mit Hinblick darauf, dass ich ja selbst für die Finanzierung zuständig war, fand ich das schwierig. Ich unterschrieb diesen Vertrag nicht.

Am nächsten Tag konfrontierte ich die Organisation mit meinen Bedenken und ihrem Umgang mit Finanzen und Kommunikation – auch mit der Frage, warum ich ihnen sieben Prozent meiner Spenden abgeben sollte, wenn ich dafür kaum Leistung erhalten würde, denn bisher hatte ich schließlich fast alles selbst gemacht. Auch was die Organisation und Kommunikation mit den Organisationen in Afghanistan vor dem Visionstrip betraf, kümmerte in erster Linie ich mich selbst. Genauso wie um die Übersetzung von Urkunden, Zeugnissen und anderen Dokumenten. Dafür fühlten sie sich auch nicht zuständig. Die weiteren Flugtickets buchte ich ebenfalls selbst. Als Antwort erhielt ich jedoch nur schwammige, unsichere Aussagen.

Ich überlegte, den Einsatz abzublasen. Denn mit einer Organisation, die nichts tut, in ein Land zu reisen, das seine ganz eigenen Tücken hat, erschien mir irgendwie riskant. Gut nur, dass sich die Partnerorganisation in Afghanistan stets korrekt, sehr freundlich und absolut professionell verhalten hatte. So einigten wir uns in Deutschland darauf, dass ich doch erst einmal als „Kurzzeitlerin" ausreisen sollte.

Ich unterschrieb einen sehr humanen Vertrag über den Zeitraum von einem Jahr und schloss nur die Versicherungen ab, die wirklich nötig waren. Meine Hoffnung war, dass ich vor Ort andere ausländische Mitarbeiter und ihre Sendeorganisationen kennenlernen würde und vielleicht dann einfach wechseln könnte.

Und ich habe in dieser Zeit sehr viel gebetet. War alles, was ich tat, wirklich in Gottes Sinn? Das Karussell, das sich vor dem Visionstrip schon angefangen hatte zu drehen, drehte sich nun immer schneller. Tausend Gedanken schossen mir durch den Kopf. Ich hatte Angst, war wütend, fühlte mich allein. Und ich kannte keinen, den ich um Rat fragen konnte. Doch immer, wenn ich zur Ruhe kam und mich auf Gott ausrichtete, kam ich wieder auf den gleichen Ausgangspunkt zurück: *Ich gehe nach Afghanistan! Das hier ist im Moment die einzige Möglichkeit und Gott ist mit mir und in allem. Durchatmen. Bisher hat auch immer alles irgendwie geklappt. Dann wird das hier jetzt auch klappen,* dachte ich und war wieder mutig genug, um weiterzumachen. Und Gott hat wirklich so toll für mich gesorgt! Allein die Familie, bei der ich die letzten Monate vor meiner Abreise wohnen durfte, war Gold wert!

Nachdem nun alles geregelt war, bekam ich schließlich doch noch Hilfe von meiner Sendegemeinde bei der Übersetzung meiner Papiere ins Englische. Ich absolvierte erfolgreich ein psychologisches Gutachten, verdiente mir mit einem Nebenjob als Kameraassistenz neues Geld, um mir ein Visum und afghanistantaugliche Reise-Utensilien (neue Bergschuhe, Stirnlampe und warme Kleidung) kaufen zu können.

Die Ausreise verzögerte sich noch um einen Monat, aber dann stand das Datum endlich fest. Ich bekam wieder erst kurz vor knapp mein Visum (im Konsulat kannte man mich inzwischen schon, ich war die verrückte Deutsche, die unbedingt nach Afghanistan wollte, während alle vernünftigen Afghanen dafür kämpften, in Deutschland bleiben zu können), dann ging es tatsächlich los: Ich wachte am 02. 09. 2017 auf und es war wirklich mein Ausreisetag!

ENDLICH IN AFGHANISTAN!

Nun war es endlich so weit! Ich war in meinem ganzen Leben noch nicht so aufgeregt wie an jenem Morgen. Obwohl ich schon fertig gepackt hatte, kontrollierte ich noch x-mal alles, immer in der festen Überzeugung, etwas vergessen oder verloren zu haben. Es wurde etwas besser, als meine Freunde eintrafen, um mich zum Flughafen zu begleiten. Wir lachen heute noch darüber, wie wir im Zug zu viert acht Plätze belegten wegen meines ganzen Gepäcks und der Dinge, die die anderen noch mit zu sich nahmen, um sie zwischenzulagern.

Dieses Mal flog ich nicht nach Kabul, denn dort hatte sich die Sicherheitslage inzwischen wieder etwas verschärft. Stattdessen ging es nach Taloq, eine kleinere Stadt, die etwas sicherer war. Hier sollte ich auf meine zwei neuen kanadischen Kollegen Sam und Brit treffen, die nur wenige Tage zuvor auch frisch angekommen waren. Zusammen würden wir den fünfmonatigen Sprachkurs absolvieren, der in der EAO, meiner Hilfsorganisation vor Ort, Voraussetzung für die Arbeit war. In meinem Zielort Sardsang konnte der Sprachkurs leider nicht stattfinden, denn es gab dort keine geeigneten Lehrer. Die EAO arbeitet im Gegensatz zu den meisten großen Hilfsorganisationen nicht mit Übersetzern, sondern direkt mit den Einheimischen zusammen. So ist es wichtig, die Landessprache zu lernen, denn die meisten Afghanen können kein Englisch.

Mein Flug ging über Nacht. Ich war immer noch sehr aufgeregt. An Schlaf war nicht zu denken, also überlegte ich mir, was ich im Land alles erreichen wollte. Einer meiner großen Wünsche war, wirklich in die afghanische Kultur einzutauchen. Ich wollte afghanische Freunde finden. Doch war das überhaupt möglich? Hatten afghanische Frauen überhaupt Zeit für Freundschaften? Ich hatte gehört, dass sie von früh bis spät arbeiten müssen und selten das Haus verlassen. Würde es mir möglich sein, mit den Afghaninnen außerhalb der Arbeitszeit in Kontakt zu treten? Wie würde ich als Ausländerin bei ihnen ankommen? Ich hatte gehört, dass die Afghanen ein tiefes Misstrauen uns Ausländern gegenüber pflegen. Würde ich dort wirklich arbeiten können? In meiner Arbeit als Krankenschwester würde ich schließlich ein gewisses Grundvertrauen benötigen, um überhaupt tätig werden zu können. Würde ich das vorfinden? Und würde ich die Sprache schnell lernen?

Ich war nervös und versuchte, meine Erwartungen, so gut es ging, herunterzuschrauben. Ich würde einfach versuchen, ich selbst zu sein – vielleicht nur eine etwas zurückhaltendere Version meiner selbst. Es würde einigermaßen sicher sein in Taloq, das wusste ich, und dass ich ein festes Dach über meinem Kopf haben und irgendetwas zu essen bekommen würde. Alles andere war Bonus. Schließlich war ich nicht auf dem Weg in einen Luxusurlaub, sondern in eines der schwierigsten Länder der Erde. Also lieber einmal weniger erwarten, damit man später noch positiv überrascht werden kann. Mit dieser Haltung saß ich also im Flieger. Und trotzdem freute ich mich auf die kommende Zeit – was auch immer sie bringen würde!

Wie abgemacht wurde ich am Flughafen von Fred, einem der internationalen Mitarbeiter der EAO, abgeholt. Er nahm mich mit zu sich nach Hause. Fred und seine Familie waren wie viele meiner neuen Kollegen sehr aufgeschlossene und liebenswürdige US-Amerikaner. Sie lebten schon seit vielen Jahren in Afghanistan und kannten sich bestens aus. Dementsprechend wurde ich sofort nach meiner Ankunft bei Pancakes und frischem Kaffee mit Insidertipps für einen reibungslosen Start im neuen Land versorgt. Außerdem mit einer neuen Sim-Card, etwas Bargeld und mit neuer Kleidung im afghanischen Stil. Besser hätte die Ankunft kaum sein können!

Anschließend musste ich noch ungefähr 300 Fragen beantworten, die die drei Söhne der Familie zum deutschen Fußball hatten. Als das dann auch geklärt war, durfte ich mich noch duschen und kam nach all der Aufregung endlich etwas zur Ruhe. Ich war tatsächlich hier! Mitten in Afghanistan! Ich schloss kurz die Augen und genoss den Augenblick.

Die Familie lebte wie alle anderen Mitarbeiter unserer Organisation nicht in einem abgeriegelten Sicherheitscamp wie viele andere Ausländer, sondern mitten in der Stadt in einer ganz normalen Seitenstraße zwischen afghanischen Familien und in einem Lehmhaus, so wie es hier üblich war. Das unterschied uns Missionare von den „weltlichen" Entwicklungshelfern. Um Haus und Garten herum war eine hohe Mauer, die nur eine Tür hatte, und diese wurde von einem Wachmann in einem kleinen Wachhäuschen bewacht.

Über diese Wachmänner hatte Fred mich schon auf der Fahrt vom Flughafen nach Hause aufgeklärt, denn ich würde hier auch Tag und Nacht welche bekommen. Die Wachmänner waren das Einzige, was uns äußerlich von einem afghanischen Haushalt unterschied. Sie waren ein riesiger Segen, denn durch sie konnten hin und wieder alle Familienmitglieder außer Haus

sein, ohne dass man sich Sorgen um Hab und Gut machen musste. Außerdem behielten sie das Straßengeschehen im Blick und
warnten, wenn Gefahr in Verzug war. Aber auch sonst waren
die „Tschaukidors" (zu Deutsch: Stuhlsitzer) für alles Mögliche
gut. Da sie meist nicht viel zu tun hatten, pflegten sie den Garten, erledigten kleine Botengänge oder halfen uns beim Dari-
lernen. Freds Wachmann hatte sogar eine Nähmaschine in seinem Wachhäuschen stehen und verdiente sich so als Schneider
etwas dazu. Es sind gute und vertrauenswürdige Männer.

Fred und seine Familie gaben mir neben der ausführlichen
Erklärung zu den Wachmännern noch weitere Sicherheitshin-
weise, die ich unbedingt einhalten sollte: Als Frau sollte ich niemandem in die Augen schauen, vor allem keinem Mann. Die
weiteren Regeln:

Nie allein das Haus verlassen, es sei denn, ich bekomme die
Genehmigung dazu. Nicht neben Männern sitzen. Das Handy immer anhaben und eine zusätzliche Prepaidkarte in die
Hülle stecken (es gab dort nur Handys mit Prepaidkarte, deren
Guthaben man immer wieder aufladen muss). Die Kleidungs-
regeln beachten (Kopftuch, langer Übermantel, langes Kleid
und eine locker sitzende Hose darunter). Ansonsten immer
auf das Bauchgefühl hören. Dieses würde hier sehr trainiert
werden, meinten sie. Wenn ich mich also irgendwo unwohl-
fühlen sollte, sollte ich auch entsprechend reagieren und Hilfe
holen.

Fred erklärte, dass alle Kollegen nach diesen Regeln lebten
und dass es bisher immer gut funktioniert hatte. Auf mich als
Anfängerin hätten sie zusätzlich noch ein Auge. Und Marina,
eine neuseeländische Kollegin, würde mich in den nächsten
Tagen weiter in die Einzelheiten einführen. Die Regeln seien
zwar streng, aber notwendig für unseren Lebensstil inmitten

der Stadt, zwischen der normalen Bevölkerung. Was für die Afghanen galt, galt auch für uns. Ich akzeptierte das und hoffte, keine allzu großen Fehler zu machen.

Es waren viele Informationen an diesem Morgen. Das meiste war noch komplett neu. Zwar hatte ich im Rahmen des Visionstrips schon einen Einblick in das afghanische Leben bekommen, doch jetzt befand ich mich in einer anderen Stadt, in einer anderen Region. Deshalb war alles eben wieder ein bisschen anders. Außerdem war ich jetzt keine Reisende mehr. Jetzt lebte ich hier.

All diese Regeln und Normen stellten mich zwar vor eine Herausforderung, aber wenn die anderen das schaffen, dann würde ich das auch schaffen. Und zumindest bei Freds Frau schienen die besonderen Regeln für uns Frauen keinen Schaden angerichtet zu haben. Sie war eine sehr selbstbewusste, witzige und liebevolle Frau, die ich mir sofort zum Vorbild nahm.

Der Sprachkurs sollte erst in einer Woche beginnen, also würde mir noch ein bisschen Zeit bleiben, um mich langsam an meine neue Umgebung zu gewöhnen. Und diese Zeit sollte gut genutzt werden: zum Feiern zum Beispiel! Das war schon das Erste, was meine ursprünglichen Erwartungen übertraf – auch in Afghanistan wird gerne gefeiert. Wie sich herausstellte, war der Tag meiner Ankunft gleichzeitig ein hoher Feiertag: das muslimische Opferfest. Darüber wusste ich noch kaum etwas, doch es wurde mir erklärt. Beim muslimischen Opferfest wird an eine Geschichte gedacht, die es auch im Christentum gibt: Gott fordert Abraham auf, zu einem Berg zu reisen, um ihm dort seinen Sohn zu opfern. Im Gegensatz zur jüdisch-christlichen

Überlieferung soll Abraham der muslimischen Überlieferung nach allerdings Ismael opfern, nicht Isaak. Doch auch hier zeigt Allah Gnade, als er die Opferbereitschaft Abrahams sieht, und stellt anstelle des Jungen einen Widder als Opfer zur Verfügung. So bleibt der Junge am Leben und Allah weiß um die Bereitschaft Abrahams, alles zu geben.

Muslimische Familien nehmen sich diese Bereitschaft Abrahams, für Gott alles in Kauf zu nehmen, als Vorbild und schlachten am Tag vor dem Opferfest ein Tier, so wie Abraham es tat. Hier ist es jedoch meist kein Widder, sondern eine Ziege oder ein Schaf.

Als Fred und seine Frau mir das erklärt hatten, ging es direkt los. Das ganze internationale Team der EAO kam, um uns abzuholen. Wir stiegen alle in einen Bus und fuhren zum ersten Ziel. Ein Teamkollege hatte sich eine Route ausgedacht, auf der alle möglichen Haushalte lagen, die wir besuchen wollten. So wurde das Fest zu einem lustigen Roadtrip durch die Stadt. Wir besuchten eine afghanische Familie nach der anderen und beglückwünschten alle Haushalte mit „Eid Mubarak" – Glückwunsch zum Feiertag!

Überall blieben wir kurz, stiegen dann wieder ein und fuhren zur nächsten Familie. Es war wohl üblich, Festtage so zu begehen. So wurde ich quasi schon in den ersten Stunden mitten in die Kultur hineingeworfen. Das war sehr schön, aber auch gleichzeitig ein bisschen überfordernd. So viele Eindrücke und Informationen prasselten auf mich ein, dass ich sie kaum alle fassen konnte. Also ließ ich mich einfach treiben.

In jedem Haus wurde man in ein festlich dekoriertes Zimmer gelotst und aufgefordert, auf den „Toshaks", den Sitzkissen, am Rand des Raumes Platz zu nehmen. In der Mitte war ein schönes großes Tischtuch ausgebreitet, auf dem viele kleine

Schüsselchen mit allen möglichen Knabbereien liebevoll platziert waren.

Zusätzlich zu den vielen Süßigkeiten und Knabbereien wurde ein großer Teller voller Fleisch gereicht und Fladenbrot, das aussah wie eine dicke Frisbee-Scheibe. Das Fleisch war vom Opfertier, das tags zuvor geschlachtet worden war. Es war nun zu einer Art Eintopf gekocht worden und schmeckte richtig gut. Allerdings war die Portion riesig. Zu meiner großen Erleichterung erklärten mir meine neuen Kollegen, dass wir nicht überall den ganzen Teller leer essen mussten. *Puh, sehr gut!* Ich war ohnehin viel zu aufgeregt, um viel essen zu können. So nahm ich überall nur ein paar Bissen und erfüllte so die Höflichkeitsregeln einigermaßen gut.

Wir besuchten ungefähr sechs oder sieben verschiedene Familien innerhalb von drei Stunden. Bei der letzten mussten wir zum Mittagessen bleiben, denn es war schon relativ spät geworden und es gehört zur großzügigen afghanischen Gastgeberkultur, dass man zur Mittagszeit niemanden ohne ein anständiges Mittagessen gehen lässt.

„Mittagessen? Jetzt?" Ich blickte panisch zu meiner asiatischen Kollegin und fragte mich, wie ich nach all dem Essen vormittags noch eine ganze Mahlzeit essen könnte?! Diese blickte genauso entsetzt zurück. Sie hatte wohl gedacht, dass wir noch rechtzeitig davonkommen könnten. Gott sei Dank dauerte die Zubereitung aber eine ganze Weile, so hatte der Magen die Möglichkeit, wieder etwas Platz zu schaffen.

Wie selbstverständlich saßen Frauen und Männer in getrennten Räumen. Das einzige Bindeglied waren die fröhlich bunt gekleideten Kinder. Von ihnen gab es reichlich und sie wurden immer wieder mit verschiedensten Botschaften hin- und hergeschickt. Bei uns im Frauenraum ging es eigentlich ganz lustig zu. Da ich den Gesprächen noch nicht folgen konnte, sah ich mich einfach etwas genauer um: Das mit Teppichen und Sitzkissen ausgelegte Zimmer wirkte auf den ersten Blick recht kahl. Doch bei genauerem Hinsehen konnte man vieles entdecken: Überall waren kleine gehäkelte Deckchen ausgelegt, Fotos hingen ganz oben an der Wand, kurz unter der Decke. Künstliche Blumen zierten die großen Fensterbänke. Die Decke war mit einem Stoff abgehangen, auf dem sich abenteuerliche Muster befanden. Alles wirkte sehr einladend. Die Sonne schien herein und mir war heiß, es mussten mindestens um die 35 Grad Außentemperatur gewesen sein!

Beim Hereinlaufen hatte ich im Garten Sonnenblumen, Rosen und andere Blumen gesehen. Traubenranken und ein Gewächshaus waren Teil des ummauerten Grundstücks sowie ein Brunnen. *Das muss bei der Hitze hier alles sehr gut gedeihen*, dachte ich. Der große Raum hier drinnen war recht voll und es kamen immer mehr Frauen dazu. Manchmal wurde in kleinen Gruppen geredet, manchmal redeten auch alle zusammen – vor allem dann, wenn eine ältere Frau etwas zu sagen hatte oder die Gastgeberin. Alle machten einen sehr entspannten Eindruck, tratschten, tranken Tee und fächerten sich Luft zu. Die Entspannung gipfelte darin, dass eine ältere Dame sich einfach auf dem Sitzkissen ausstreckte, das Kopftuch übers Gesicht zog und ein Mittagsschläfchen hielt. Ja, das kann man mal machen!

Natürlich wurde auch ausgiebig gefragt, wer ich sei, woher ich komme und warum ich in ein so schreckliches Land wie Afghanistan komme? Meine asiatische Kollegin übersetzte mir einige der Fragen ins Englische. Nun, ehrlich gesagt war mein erster Eindruck von Afghanistan bei all dem guten Essen und den freundlichen Menschen gar nicht so schrecklich. Anstrengend war höchstens, dass ich andauernd in irgendein Fettnäpfchen trat. Eines davon war, als ich nach einem ganzen Vormittag auf Knien oder im Schneidersitz sitzend meine lahm gewordenen Beine ausstreckte.

Die Frauen mir gegenüber sahen mich etwas verwundert an, dabei dachte ich mir aber nichts – bis mir die Kollegin vorsichtig zuflüsterte, dass es unhöflich sei, mit ausgestreckten Beinen dazusitzen. So etwas mache man nur zu Hause, wenn keine Gäste da waren. Ups ... Ich zog meine Beine schnell wieder an und verschränkte sie zu einem höflichen Schneidersitz. Die schmerzenden Knie versuchte ich zu ignorieren, sicher war das nur Übungssache! Als Belohnung dafür gab es ein wohlwollendes Lächeln der Damen mir gegenüber. „Sie lernt schnell!", meinte sie zu meiner Kollegin. Für mich als junge, unverheiratete Frau galten alle Verhaltensregeln besonders streng, denn junge Frauen werden in diesem Land als Trägerinnen der Familienehre angesehen.

Als das Mittagessen vorbei war, war auch unser Besuchsmarathon beendet. Ich wurde von Fred zu meiner neuen Unterkunft gebracht. Es war ein recht weitläufiges Apartment mit drei Zimmern, einer Küche und eigenem Bad. Alles voll eingerichtet mit Überbleibseln einer Mitarbeiterin, die wegen einer schweren Krankheit leider verfrüht abreisen musste. Ich erfuhr, dass die meisten unserer internationalen Haushalte auf diese Weise eingerichtet worden waren – irgendjemand ließ irgendetwas da, für das dann wieder irgendwer anderes eine Verwendung hatte!

Außerdem lernte ich noch Margrit, meine amerikanische Nachbarin, kennen. Ich war todmüde von der Reise und der ganzen Aufregung und völlig überladen von all den neuen Eindrücken und Informationen. Doch es war ein schönes Gefühl! Ich konnte immer noch nicht ganz glauben, dass ich es wirklich geschafft hatte. Ich fühlte mich von Anfang an wohl in Afghanistan. Alles war natürlich noch fremd und neu und doch fühlte ich mich irgendwie angekommen. Ich war am richtigen Ort. Etwas in mir wurde auf eine tiefe Art und Weise ruhig. Glücklich und dankbar fiel ich in einen circa 13-stündigen Schlaf.

HOW TO DO AFGHANISTAN

In den nächsten Tagen durfte ich meine nähere Umgebung kennenlernen und bekam Antworten auf meine Fragen, wie ich meinen neuen Alltag bestreiten konnte. Und da gab es viel zu klären: Wo waren Läden, in denen ich Lebensmittel kaufen konnte? Wie kaufte man hier überhaupt ein? Wo war das Büro der EAO? Wie sollte ich mich richtig anziehen? Wann musste ich ein Kopftuch tragen und wo nicht? Wie verhielt man sich in der Öffentlichkeit?

Alles nicht so einfach in einer Welt, die ganz anders funktioniert als die eigene. Oft hatte ich das Gefühl, dass ich wie ein Kind alles ganz neu lernen musste. Gott sei Dank wich Marina mir nie von der Seite. Sie war wie die Mami, die mir das Laufen beibrachte.

Die paar Meter von meiner Unterkunft zum Büro durfte ich aber schon bald allein, ohne Begleitung, gehen. Aber es gab dabei viel zu beachten: Ich versuchte, mich dabei immer so unauffällig wie möglich zu verhalten, und bedeckte mich immer einen kleinen Tick mehr, als die jungen Einheimischen es taten. Diesen Rat hatte Freds Frau mir gegeben und ich wollte ihn gerne beherzigen. Wir wollten den Afghanen zwar helfen, aber nicht direkt in deren Kultur eingreifen. Wenn die Kultur sich ändert, dann sollte das von den Afghanen selbst kommen, nicht, weil wir Westler es ihnen vorgemacht hatten. Das galt auch für den Kleidungsstil. Außerdem wollten wir unter den Afghanen ja als ehrbare Leute gelten. Das würde auch den Erfolg unserer Projekte erhöhen, denn wer als unehrenhaft galt, dem hört keiner zu.

Na ja, das war jedenfalls der Grund, warum ich dann bei circa 35 Grad mindestens drei, vier Schichten lange Kleidung anhatte plus Kopftuch. „Nur nicht auffallen!", sagte ich mir immer wieder. Doch das war nicht einfach. Dieses blöde Kopftuch verabschiedete sich ständig und ich selbst sah mich überall so neugierig um, dass „nicht auffallen" kaum möglich war. Mit all der Kleidung, den offenen Abwasserkanälen und so viel Neuem und Fremdem um mich herum wurde der kurze Weg von A nach B in diesen ersten Tagen zu meiner größten Herausforderung. Dennoch war es schön, sich etwas Freiheit zurückerobert zu haben. Es gab so viel zu entdecken! Ich mochte die vielen kleinen Läden entlang der Straßen, allen voran den riesigen Secondhand-Stoffladen an der Ecke. So viel Stoff auf einem Haufen hatte ich in meinem Leben noch nicht gesehen!

Ich mochte auch die bunt bemalten Schulmauern. Die Bilder dort hatten meistens gesellschaftsrelevante Botschaften, wie zum Beispiel: „Mehr Rechte für Frauen!", oder: „Frieden für Afghanistan!", oder: „Geh zur Vorsorgeuntersuchung zum Arzt!" Es waren gemalte, aber gut verständliche Botschaften, die analphabetengerecht und kunstvoll an die einzelnen Mauerteile der Schule gemalt waren. Da ich in diesem fremden Land ja irgendwie auch zur Analphabetin geworden war, kamen mir die gemalten Botschaften gerade recht.

Weiter unten in der staubigen Straße waren viele fliegende Händler, die Obst, Gemüse, Schuhe, Gewürze oder auch Popcorn anboten. Die Straße schien auch einfach der Ort zu sein, an dem die Männer sich trafen, um gemütlich miteinander zu reden. Sie saßen in oder vor den Läden im Schatten zusammen und tranken Tee.

Man sah viele Kinder. Manche spielend, andere auf dem Schulweg und solche, die im Müll am Straßenrand nach etwas

Verwertbarem suchten. Frauen sah man auch, meistens waren sie jedoch hastig unterwegs oder erledigten Einkäufe. Die meisten Frauen verbargen ihr Gesicht oder trugen gleich eine Burka. Im Hintergrund hörte man entweder einen Eisverkäufer, der über eine kleine Lautsprecherbox die Melodie von „Happy Birthday" laufen ließ, um auf sich aufmerksam zu machen, oder einen Mullah, der zum Gebet rief.

Ich war echt gerne unterwegs! Angst hatte ich nie. Höchstens davor, dass das Kopftuch wieder verrutschte und die Leute meine Haare zu sehen bekamen (damit gilt man in Afghanistan bereits als nackt) oder aber vor einem Hitzschlag. Weiter als die paar Blocks innerhalb meines Viertels sollte und wollte ich aber nicht gehen. Es war für mich allein als Frau dann doch zu gefährlich. Längere Strecken ging ich daher stets in männlicher Begleitung. Das war eine der Tatsachen, an die es sich von nun an zu gewöhnen galt. Aber es fiel mir nicht schwer, denn es war eigentlich immer jemand da, der sich anbot, mitzukommen. Außerdem reichte mir mein Viertel für den Anfang auch völlig aus. Es gab so viel zu entdecken! Und je öfter ich unterwegs war, je genauer ich hinsah, desto mehr entdeckte ich.

Manches, das anfangs völlig unscheinbar aussah – der Drogerieladen zum Beispiel –, entpuppte sich später als wahre Schatztruhe. Genauso war es bei dem Süßwarenladen. Man musste nur neugierig sein! Die Verkäufer waren dabei immer freundlich und sehr hilfsbereit, denn sie wussten offenbar, wer ich war und wo ich hingehörte. Das schien wichtig zu sein.

Ich kam auch immer öfter in Berührung mit der afghanischen Art, sich zu begrüßen. Denn sobald mir jemand begegnete, der mich schon etwas kannte, zum Beispiel ein Mitarbeiter des Büros oder ein Ladenverkäufer, bei dem ich schon öfter eingekauft hatte, schwallte mir eine ungefähr 20 Sekunden lange Begrüßung entgegen. Ich verstand nur den Anfang: „Salam" – „Hallo". Danach kam ein Redeschwall, der nicht enden wollte. Marina hatte mir erklärt, dass das ganz normal sei. Man begrüßt sich, danach fragt man, wie es einem selbst geht, ob es der Familie gut geht, ob alle gesund sind, ob die Frau/der Mann gesund ist, ob es den Kindern gut geht, wie die Geschäfte laufen und was gerade ansteht. Dabei wartet man aber nicht auf die Antwort des anderen, sondern beide Personen fragen gleichzeitig nach allem, bis schließlich eine Schlussformel kommt. Diese kann dann lauten: „Möge der Segen mit dir sein!", oder: „Möge es dir gut gehen!"

Ich war damit natürlich vollkommen überfordert, fand aber eine Lösung für dieses Problem. Denn ich sagte einfach nur „Salam" und dann 20 Sekunden lang „Gut, gut, gut, gut, gut" und irgendwann „Boschen". Was „Boschen" hieß, wusste ich nicht, aber die Begrüßung hörte immer damit auf. Nachdem ich das das erste Mal ausprobiert hatte, fühlte ich mich wie ein wahrer Afghanistanmeister! Endlich konnte ich auch ein bisschen höflich sein!

Ich fing an, diese Begrüßungen zu lieben, irgendwie hatten sie so etwas Sympathisch-Herzliches. Und ich fand sie zugegebenermaßen auch ein bisschen lustig – zumindest so lang, bis sie irgendwann normal für mich geworden waren.

Nach und nach durfte ich auch die Sightseeing-Orte der Stadt sehen. Marina und ihr Mann Marcus wollten offenbar keinen Aspekt auslassen. Das war schön, denn Marcus war als „Missionarskind" hier aufgewachsen und kannte sich wirklich gut aus. Er konnte sogar die Geschichte des Landes samt Jahreszahlen und Fakten zu jedem Punkt haargenau aufzählen! Schade nur, dass mein Englisch dafür noch nicht gut genug war und ich nicht alles verstand ...

Wenn man an Afghanistan denkt, denkt man selten an Stadtbummel und Sightseeing. Doch wenn man genauer hinsieht, kann man überall Überbleibsel einer langen, reichen und sehr bewegten Geschichte erkennen. Es gibt im ganzen Land verteilt Fundorte historischer Bauten aller Art und aus fast allen Epochen der Geschichte. Einiges wird sogar restauriert, so wie eine sehr schöne Ruine mit vielen Verzierungen und Säulen in der Nähe unserer Stadt. Der Überlieferung nach stammt die Ruine aus vormuslimischer Zeit und war einst eine der ersten Kirchen der Region. Die Afghanen sind da allerdings anderer Meinung. Für sie ist es ganz klar eine sehr alte und bedeutsame Moschee.

Was es wirklich ist, werde ich wohl nie erfahren, aber die Ruine war wirklich einen Ausflug wert! Auf dem Weg dorthin hatte ich sogar meine erste kleine Kamelherde gesehen.

Es gab auch Naturreservate mit Blumengärten, prachtvolle Moscheen, den Park nur für Frauen und natürlich den Vergnügungspark zu bestaunen. Ja, richtig, einen Vergnügungspark mit Riesenrad, Autoscooter, Schiffschaukel und allem, was dazugehört. Auch dort war ich schon in der ersten Woche und war ganz entzückt! Die Einheimischen schienen den Park mindestens genauso zu genießen.

Im Alltag auf der Straße wirkten sie oft eher ernst und gehetzt – hier waren sie entspannt und überall hörte man es lachen und johlen. Ganze Familien waren da und fotografierten ihre Kinder im Autoscooter oder im Karussell oder aber sie fuhren selbst eine Runde mit. Die Karussells drehten sich meistens nicht durch Elektronik, sondern wurden von Hand angeschubst. Alles war ein bisschen einfacher und kleiner als bei uns, doch der Park hatte wirklich Charme! Es kam mir vor wie auf einer kleinen Zeitreise.

Nebenan gab es eine große Rasenfläche, auf der alle in großen Clans oder kleinen Familien zusammensaßen und picknickten. Ich wunderte mich über die großen Töpfe, die die Afghanen mit in den Park schleppten, doch mit dem afghanischen Hunger sollte ich später noch Bekanntschaft machen ...

Im Vergnügungspark gab es außer den verschiedenen Attraktionen noch zwei Moscheen. Ich erkannte sie erst auf den zweiten Blick, denn ein religiöses Gebäude hätte ich dort niemals erwartet. Mir wurde erklärt, dass die Gebete im Islam mehr gelten, wenn die Männer sie in Moscheen beten. Und damit hier niemand auf diesen Segen verzichten musste, gab es eben auch hier Moscheen.

Mir war schon vorher aufgefallen, dass Religion in Afghanistan anders und viel leidenschaftlicher gelebt wurde als bei uns. In der Stadt stand an jeder Ecke eine kleine Moschee, deshalb riefen jeweils Dutzende Muezzine gleichzeitig aus allen Richtungen zum Gebet. Auch nachts! Die Religion schien hier fest im Alltag der Menschen integriert zu sein. Sie war immer da, wo die Menschen auch waren, und die Menschen schienen ihr wie selbstverständlich nachzugehen. Religion und Alltag verschmolzen zu einer Sache im Leben der Afghanen. Auf der Straße hatte ich häufig Männer beobachtet, die mit ihrer Gebetskette dasaßen und (vermutlich) Verse rezitierten oder beteten. Auch das größte Sightseeing-Highlight der Region war eine Moschee. Alles hier schien sich um dieses Thema zu drehen oder es wenigstens immer wieder zu streifen. Ich war gespannt, noch mehr darüber zu erfahren.

Als die Zeit reif war, nahm Marina mich mit zum Basar. Ich brauchte dringend einen Übermantel und ein bisschen Stoff für lokal gefertigte Kleidung. In meiner Vorstellung war der Basar in etwa so wie der Wochenmarkt. Ich dachte, dass auf einer freien Fläche alle möglichen Händler halbwegs ordentlich stehen und darauf warten würden, dass jemand vorbeikommt. Die Wirklichkeit war jedoch anders: Es handelte sich um einen riesigen Basar, der sich mitten in der Stadt beziehungsweise deren engen Straßen befand. Man bekam dort von lebenden Tieren über Schmuck, Stoff, Gemüse und Spielsachen bis hin zu Baumaterialien eigentlich alles. Die einzelnen Händler standen dicht an dicht, überall funkelte und glitzerte es und der Durchgang zwischen den Ständen war so schmal, dass eigentlich immer nur eine einzige Person angenehm hindurchgehen konnte. Aber stattdessen zwängten sich immer mindestens drei oder vier Personen gleichzeitig aneinander vorbei. Rempelte man dabei versehentlich einen Stand an, sah der Händler die Person sofort als potenziellen Käufer und fing lautstark an, seine Ware anzupreisen. Ein System war nicht zwingend erkennbar.

Oft war (zumindest für mich) auch nicht klar definierbar, was die angebotene Ware eigentlich sein sollte. Alles war laut, bunt, eng und voller fremder Gerüche, aber irgendwie auch sehr sympathisch und lebensfroh. Man blickte in kein einziges missmutiges Gesicht. Jeder schien Spaß zu haben!

Als wir zwischendurch wieder etwas mehr Luft zum Atmen bekamen, erklärte Marina mir, dass dies der größte Basar weit und breit war, deshalb zog er Menschen aus allen Regionen an. Für viele Leute, die in den Dörfern fernab wohnten, war es eine riesige Sache, auf den Basar zu gehen, und mit großem Aufwand verbunden. Dementsprechend ging es dort dann auch zu – wenn man schon mal da war …

Die Verkäufer versuchten sich gegenseitig zu übertrumpfen, obwohl viele die exakt gleichen Dinge anboten. Die Kunden nutzten das aus. Sie sprangen von einem Stand zum nächsten, um zu sehen, welcher das Teil am billigsten verkaufte, und verhandelten dann so lange, bis irgendjemand den niedrigsten Preis noch einmal unterbot. Wenn ich mich an die afghanische Kultur anpassen wollte, würde ich die Kunst des Handelns wohl auch lernen müssen.

Wir liefen immer weiter. Ich stellte fest, welche riesigen Ausmaße das Ganze hatte! Der Basar zog sich über mehrere Häuserblocks und war teilweise sehr verwinkelt. Ich kam aus dem Staunen nicht mehr heraus. Gott sei Dank hatte Marina ein Auge auf mich und sammelte mich immer mal wieder ein.

Im Inneren der Häuserblocks befanden sich kleine Kaufhäuser, hier wurden meist die etwas qualitativeren Produkte angeboten. Irgendwann kamen wir an unserem Ziel, einem Stoffwaren-Einkaufszentrum, an. Dort drinnen war es ebenfalls sehr voll und ging chaotisch zu, aber wenigstens nicht ganz so verrückt wie draußen. Auch hier klebte ein Laden neben dem anderen und überall schauten sich die Leute eifrig alles an und diskutierten murmelnd. Wenn wir Ausländer allerdings an den Menschen vorbeiliefen, wurden alle Gespräche erst einmal unterbrochen: Waren da wirklich gerade Ausländer an ihnen vorbeigelaufen? Manche folgten uns heimlich ein paar Schritte, bis sie überzeugt waren: Ja, das waren wirklich Ausländer. Aus dem Westen. Und sie waren nicht im Sicherheitscompound, sondern mitten auf dem Basar in der Stoffwarenabteilung! Das war scheinbar eine Attraktion. Immer, wenn wir an einem Stand stehen blieben, bildeten sich kleine Menschentrauben um uns herum, vor allem bestehend aus Frauen. Einige schauten uns nur scheu nach, andere berührten uns ungläubig und wieder andere fragten uns, wo wir herkämen, was wir hier machten und so weiter. Manche berieten uns sogar, welcher Stoff die beste Qualität hatte oder was gerade in Mode war. Auch diese Dynamik hätte ich nicht erwartet.

Wir waren ja eigentlich gekommen, um Stoff für ein Kleid und einen schwarzen langen Übermantel zu kaufen. Beides ist ein „Must-have" in Afghanistan und fehlte mir noch. Allerdings war ich mit dieser Aufgabe völlig überfordert, denn solch ein Level an Glitzer, Farben, Formen und Mustern auf Stoffen hatte ich in meinem Leben noch nicht gesehen! Von grellen Blumen über neonfarbene Punkte bis hin zu Biene-Maja-Motiven war eigentlich alles dabei. Wie sollte daraus ein vernünftiges Kleidungsstück werden? Und was war hier überhaupt Mode? Auf jeden Fall würde das Ergebnis deutlich anders werden als alles, was ich in Deutschland je tragen würde. Außerdem wurde jeder meiner Handgriffe von meinem teils Burka tragenden Publikum aufmerksam verfolgt und kommentiert. Hätte ich sie nur verstanden, aber über ein „Danke" und „Guten Tag" reichten meine Sprachkenntnisse zu diesem Zeitpunkt leider noch nicht hinaus – und das Wort für „danke" vergaß ich auch noch dauernd.

Schließlich hatte ich es dann aber doch noch geschafft, mir den passenden Stoff und einen schönen, leichten schwarzen Mantel herauszusuchen. Ich war relativ stolz auf meine Auswahl und auch mein Publikum schien zufrieden. Das wäre also geschafft. Danach fuhren wir nach Hause. Dieser Basarbesuch hatte mich völlig fertiggemacht, aber auch sehr glücklich! Afghanistan ist so viel mehr als Krieg. Afghanistan ist auch ein herrlich bunter Basar! Und obwohl dort so viele Menschen aus allen Ethnien und Regionen aufeinandertrafen, blieb es immer ruhig. Die Leute waren entspannt und ließen sich treiben, berieten sich gegenseitig und gingen einfach ihrer Tätigkeit nach, so wie überall auf der Welt. Nein, es ist wirklich nicht alles schrecklich hier!

So wie nach dem Basarbesuch fiel ich eigentlich jeden Abend völlig geplättet auf meine Sitzpolster im Wohnzimmer und versuchte, die Erlebnisse des Tages irgendwie zu verarbeiten. Es war jeden Tag so viel Neues. Ich hatte tausend Fragen und es wurden immer mehr. Einerseits wirkte alles so vertraut, denn es war einfach ein Großstadtleben wie überall auf der Welt, doch auf der anderen Seite war hier nichts so, wie ich es kannte. Die Gerüche waren fremd, die Kleidung so unterschiedlich, der Tagesablauf, die Art, Dinge zu erledigen oder zu erleben. Ich war sehr dankbar, dass ich die meisten Abende für mich hatte, sodass ich die Möglichkeit hatte, all das etwas sacken zu lassen.

Es war zwar anstrengend, in diese Kultur einzutauchen, aber auch eines der schönsten Erlebnisse, die ich in meinem bisherigen Leben hatte! Ich fühlte mich sehr geehrt, dass ausgerechnet ich diese fremde und verschlossene Kultur kennenlernen durfte.

Jeden Abend widmete ich mich wieder meinem Gott und versuchte, seine Gedanken zu dem einen oder anderen Thema zu erkennen. So viele Informationen und ich verstand nicht halb so viel davon, wie ich mir gewünscht hätte. Was würde dieses Jahr hier bringen? Noch war ich eine Außenstehende, würde ich je Zugang zum Leben der Menschen hier erhalten? Sie wirkten einerseits sehr freundlich, offen und herzlich. Andererseits lagen Welten zwischen uns und irgendwie konnte ich es mir ehrlich gesagt auch gar nicht vorstellen. Ich kam mir vor wie ein Exot.

In dieser Anfangszeit hörte ich fast jeden Tag eine gesungene Andacht von Misty Edwards. Die Kernaussage dieser Botschaft war: „Love loves to love and the reward of love is love" (zu Deutsch: Die Liebe liebt es, zu lieben, und die Belohnung der Liebe ist Liebe). Diese Zeile hallte lange in mir nach. Ich empfand sie wie eine Art Schlüssel. Es ging nicht darum, viel zu tun oder um die Aufmerksamkeit der Afghanen zu werben oder sich durch tolle Programme in den Mittelpunkt zu stellen. Mein Auftrag als Missionarin war es zu lieben, einfach um des Landes und der Menschen selbst willen.

Ich bin selbst geliebt und Gott liebt dieses Land und seine Menschen mit genau derselben Liebe. Diese Liebe ist selbstlos, ohne Druck, ohne Manipulation. Annehmend und nicht aufdrängend. Ich wusste, dass das das Größte war, das ich hier geben konnte – nicht aus mir selbst heraus, sondern durch den, der in mir wohnt.

Dieser Gedanke entspannte mich sehr. Auch wenn ich noch nicht wusste, was das für meine Situation konkret bedeutete, konnte ich mich doch etwas zurücklehnen. Was passieren sollte, sollte passieren. Ich musste mich nicht selbst darum kümmern, afghanische Freunde zu finden, sondern konnte einfach den Moment genießen – auf den Rest hatte ich sowieso nur bedingt Einfluss. Vielleicht war es ja auch mein Auftrag, hier einfach nur zu beten? Ich wusste es wirklich nicht. Ich überließ es Gott, an die richtigen Türen anzuklopfen. Wenn sich eine öffnen würde, würde ich gerne eintreten! Den Zeitpunkt überließ ich ebenfalls Gott. Und ich hoffte, dass ich den Menschen, denen ich begegnen würde, auch wirklich mit der Liebe begegnen könnte, mit der Jesus ihnen begegnen möchte.

ANGEKOMMEN IM GANZ NORMALEN CHAOS

Mit der Zeit gewöhnte ich mich selbst an das Chaos auf dem Basar. Häufig zogen wir zu dritt los: meine beiden kanadischen Kollegen und ich. Die beiden waren am Tag meiner Ankunft in Taloq gerade in Sardsang gewesen, um sich das Projekt dort aus der Nähe anzusehen, denn sie hatten vorher keinen Visionstrip gemacht. Nur wenige Tage später waren sie nach Taloq zurückgekommen und wir stießen das erste Mal aufeinander. Sam und Brit waren ein amerikanisch-kanadisches Pärchen, beide Anfang 20, gut aussehend und hoch motiviert und sie brachten trotz ihres jungen Alters schon einiges an Erfahrung mit. Außerdem waren es sehr lebensfrohe und unkomplizierte Menschen. Sofort war klar: Wir würden gut miteinander auskommen!

Was für eine Erleichterung, schließlich würden wir fünf Monate lang zusammen die Schulbank drücken und anschließend zusammen nach Sardsang ziehen, wo außer uns dreien nur noch zwei andere Mitarbeiter sein würden. Deshalb waren wir mehr oder weniger darauf angewiesen, dass wir uns gut verstanden.

Wir fanden schon zu Beginn viele Gemeinsamkeiten, nicht zuletzt unsere gemeinsame Begeisterung für Sardsang, das die beiden als „Hipsters Paradise" bezeichneten, weil man dort gezwungenermaßen ganz hipstermäßig ökologisch wertvoll lebt: Man zieht sich sein Gemüse selbst, nutzt ausschließlich Solarstrom und verwendet so vieles wie irgend möglich wieder. „Dass das nicht mehr Leute anzieht?", wunderten wir uns.

Wir jedenfalls freuten uns schon jetzt total auf den Umzug und den Beginn unserer „richtigen" Arbeit. Und wir nahmen uns vor, im Laufe der Zeit ordentlich die Werbetrommel für Sardsang zu rühren, schließlich war es dort doch so toll und das Projekt brauchte dringend mehr Leute.

Nach anderthalb Wochen wurde es ernst: Die imaginären Schulglocken läuteten (oder soll ich sagen, der Schulmullah rief?) und der Dari-Unterricht begann!

Tags zuvor hatten wir durch einen Linguisten eine kleine Einführung in das System bekommen. Das war sehr wertvoll, denn es war ein Sprachkurs ohne jedes Aufgabenbuch oder Vokabelheft. Alles sollte über das gesprochene Wort und die präsentierten Bilder aufgenommen werden. Außerdem erhielten wir noch die Information, dass die Sprache Dari ungefähr auf demselben Schwierigkeitslevel liegt wie Spanisch. Das machte mir Mut, denn Spanisch hatte ich in Kolumbien ja auch ohne Wörterbuch (und ohne Unterricht) verhältnismäßig schnell gelernt.

Nun saß Fatima, unsere Lehrerin, uns gegenüber. Sie war eine zierliche afghanische Frau um die 50, die seit vielen Jahren Ausländern Dari beibrachte. Sie war sehr freundlich, aber auch sehr bestimmt. Bei ihr fühlten wir uns alle drei von Anfang an in sehr guten Händen. Wie viele Afghanen sprach Fatima nicht nur Dari, sondern noch zwei weitere landesübliche Sprachen fließend. Wir hatten mit ihr eine sehr gute und professionelle Lehrerin, die wirklich wusste, was sie tat.

Ab sofort saßen wir täglich vier Stunden zusammen, Fatima zeigte uns verschiedene Dinge und benannte sie. Anfangs war das etwas gewöhnungsbedürftig, denn sie hielt zum Beispiel einen Plastikapfel hoch und sagte mit ernster Miene: „Seb, Seb, Seb." Anschließend kam ein anderes Obst dran, das sie wieder dreimal benannte. Nach circa zehn Dingen sollten wir wieder das erste benennen. Das war echt schwierig!

Schlimmer wurde es dann noch, als nach ein paar Tagen die Verben dazukamen. Fatima zeigte uns Kärtchen, auf denen Strichmännchen verschiedene Dinge taten. Diese wurden benannt, zum Beispiel „aufstehen" oder „hüpfen", und wir sollten die Verben sofort durchkonjungieren. Das war der Moment, als ich mental ausstieg. *Das lerne ich niemals,* dachte ich. Nach jedem Unterrichtstag waren wir alle drei total müde. Es war so viel neuer Input und der Klang der Sprache war noch so neu, dazu der Druck, dass wir in fünf Monaten ohne Übersetzer in dieser Sprache professionell arbeiten sollten. Das war mal eine Herausforderung!

Eigentlich sollten wir uns keine Notizen machen, aber weil wir uns das alles partout nicht merken konnten, machten wir trotzdem welche – erst heimlich, dann ganz offen. Zusätzlich nahmen wir in jeder Unterrichtsstunde Sprachaufnahmen auf, damit wir uns die richtige Aussprache aneignen konnten. So ausgestattet und mit etwas Lerndisziplin zu Hause kamen wir schließlich doch irgendwie voran. Außerdem war im Unterricht auch immer etwas Platz für Spaß. So brachte uns Fatima zusammen mit der Putzfrau der Schule in den Pausen zum Beispiel etwas Tanzen und Tamburinspielen bei.

Für mich als Deutsche kam erschwerend hinzu, dass ich quasi zwei Sprachen gleichzeitig lernte. Denn während alle anderen Ausländer englische Muttersprachler waren, musste ich immer wieder etwas Englisch dazulernen, um ihren Gesprächen folgen zu können. Bei so vielen neuen Wörtern drehte sich mir abends oft der Kopf. Zur Entspannung hätte ich mich gerne ein bisschen auf Deutsch unterhalten, aber das ging leider nur selten, denn das Internet war sehr schlecht und das Datenvolumen sehr teuer. Aber ich war froh, dass ich Hörbücher und Podcasts dabeihatte. Damit ließ ich mich ab und zu einfach berieseln, nur um eine Sprache zu hören, die ich, ohne mich anzustrengen, verstand. Mir war bisher nicht klar, welch entspannenden Effekt das hat!

Zu Beginn des Sprachkurses war es noch unfassbar heiß in Taloq. Im Haus und im Büro gab es für den Unterricht glücklicherweise die afghanische Variante einer Klimaanlage. Sie bestand aus einer Art Gebläse, das die warme Luft im Durchlauf kühlte und dann ins Zimmer hineinblies. Anfangs kannten Sam, Brit und ich uns damit noch nicht aus und wir schlossen, wie bei einer Klimaanlage, in unserem Klassenzimmer sorgfältig alle Fenster und Türen, damit die angenehme Kühle im Zimmer bleiben würde.

Ein Fehler, wie wir bald herausfinden sollten. Denn die Luft wurde vom Kühler quasi in das Zimmer hineingedrückt. Mit der Zeit baute sich deshalb bei geschlossenen Türen und Fenstern ein Überdruck auf, der erst die stoffbehangene Decke nach oben drückte, später ein seltsames Gefühl im Raum entstehen und die Ohren zugehen ließ. Das haben wir nur einmal so gemacht! Fatima hatte ihren Spaß! „So was muss man selbst erleben, da lernt man das am besten", meinte sie, als wir sie tadelnd fragten, warum sie uns nicht gewarnt hatte. Außerdem hätte sie die Türe ja vorher schon mindestens dreimal wieder geöffnet – und das stimmte leider …

Abgesehen von der Dauermüdigkeit, die anscheinend normal ist, wenn man so schnell so viel Neues lernt, ging es uns dreien aber gut. Gegen die Müdigkeit stellte uns unsere Mental-Health-Mitarbeiterin, die ihr Büro direkt neben unserem Klassenzimmer hatte, an drei Tagen die Woche starken Kaffee bereit. Ich mochte Seelsorge noch nie so sehr wie an diesen Tagen. So gut ausgerüstet nahmen wir die Herausforderung dann immer wieder an. Dari, wir kommen!

Eine Woche nach Beginn des Sprachkurses – wir konnten immerhin schon die Begrüßungsformeln, bis 20 zählen und ungefähr 20 verschiedene Obst- und Gemüsesorten benennen – fühlte Sam sich so sicher, dass er sich allein aufmachen wollte, um sich auf dem Basar lebende Hühner zu kaufen. Die Idee an sich war legitim, denn es war nichts Ungewöhnliches, sich mitten in der Stadt ein paar Tiere im Garten zu halten. Alles, was man selbst produzierte, musste man nicht kaufen.

Wir waren alle sehr gespannt, ob Sam es wirklich schaffen würde, jetzt schon auf dem Basar (!) allein zu verhandeln. Aber tatsächlich, wenig später kam er sichtlich gestresst, aber mit neun Hennen und zwei Hähnen, zurück. Glückwunsch, Sam! Manchmal muss man die Dinge einfach angehen. Wenn es nicht funktioniert, merkt man das ja noch früh genug.

Diese Tiere sollten uns später noch viel Freude bereiten, denn wie sich herausstellte, hatte Sam fast nur B-Ware erhalten: Alle seine Hühner waren etwas dünn, eines konnte nicht geradeaus laufen, und die Stimme des zweiten Hahns war – na ja – außergewöhnlich hoch. Eier legten die Tiere höchstens einmal die Woche, aber nie mehr als eins oder zwei. Alle zusammen.

Fatima lachte sich scheckig, als sie von dem Missgeschick hörte. „Hättest du mal was gesagt, ich wäre doch mit dir gegangen und hätte dir gute Hühner ausgehandelt!" war ihr Kommentar. Sams Wachmann war wenig begeistert von seinen neuen Schützlingen. Als kurz nach ihrer Anschaffung einige von ihnen etwas kränklich wirkten, band er das kränkste Huhn auf den Ast eines Baumes im Garten. Quarantäne nannte er das. So wollte er außerdem feststellen, wann es keine Hoffnung mehr für das Huhn gäbe.

Als Sam später am Tag heimkam, verstand er, was der Wachmann gemeint hatte: Das arme Huhn war nun nicht mehr auf dem Ast, sondern hing tot an der Schnur vom Ast hinunter. Der Wachmann wollte es mitnehmen, um es für seine Familie zu kochen, aber Sam war das nicht recht. „Man braucht in diesem Land starke Nerven", stellten wir gemeinsam fest, als Sam und Brit von dem Vorfall erzählten.

Langsam, aber sicher lernten wir alle drei durch solche und andere Erlebnisse unsere neue Umgebung und die afghanische Kultur besser kennen. Wir bewegten uns jeden Tag etwas sicherer durch die Straßen, sprangen irgendwann wie selbstverständlich über die offenen, stinkenden und manchmal sogar blubbernden Abwasserkanäle und fanden Wege, mit der großen Hitze in Taloq zurechtzukommen. Was anfangs noch völlig überfordernd wirkte, wurde schon bald zum neuen Alltag. Wobei dieser Alltag nie langweilig wurde.

Wenige Wochen nach unserer Ankunft gerieten wir auf dem Nachhauseweg von der Schule in einen „Chog Bot", einen Sandsturm. Wie aus dem Nichts kam ohne Vorwarnung eine beige Wand auf uns zugerast und hüllte uns binnen Sekunden völlig ein. Innerhalb kürzester Zeit wurde aus dem schönen, sonnigen Tag finstere Nacht, und ich konnte die Hand vor meinen Augen nicht mehr sehen, geschweige denn meine zwei Freunde. Es toste und windete und die Sandkörner waren überall, sodass ich schließlich kaum noch die Augen öffnen oder geradeaus laufen konnte. Das Vorankommen überhaupt wurde schwierig. Um uns herum schrien Leute, man hörte Gegenstände durch die Luft wirbeln. Es war eine echte Weltuntergangsstimmung!

Wir riefen uns gegenseitig, fanden uns schließlich wieder, hielten uns dann aneinander und an dem Laternenmast fest, den wir fanden. Um die Augen wieder öffnen zu können, zog ich mein Kopftuch tief ins Gesicht, was leider kaum half. Zunächst herrschte Ratlosigkeit am Laternenmast. Doch irgendwie schafften wir es fest aneinandergeklammert dann nach einer Weile doch, weiterzulaufen und heil nach Hause zu kommen, ohne in einen Abwasserkanal gefallen oder von einem der herumfliegenden Gegenstände getroffen worden zu sein. Dass wir es geschafft hatten, grenzte für mich an ein Wunder. Wieder war Gott da!

Zu Hause entdeckte ich dann die nächste Katastrophe: Die Fenster waren während des Sturms offen gewesen und aus gemütlichen und aufgeräumten Zimmern war ein riesiger Sandkasten geworden ... Doch das war jetzt auch schon egal. Ich war einfach nur froh, wieder sicher in meinen vier Wänden zu sein.

Brit und ich lernten immer mehr, wie man sich als Frau in der afghanischen Öffentlichkeit zu bewegen hatte. Anfangs schauten wir noch neugierig herum, um ja nichts von dem bunten

Treiben auf den Straßen zu verpassen, nach einer Weile hielten wir unseren Blick brav gesenkt und vermieden Blickkontakt. In den ersten Tagen fiel mir das noch sehr schwer, später ging es so in Fleisch und Blut über, dass ich tatsächlich so etwas wie einen Tunnelblick entwickelte. Brit ging es offensichtlich genauso.

Wir waren oft zusammen unterwegs. Auf dem Weg von A nach B hielten wir unseren Blick auf den Asphalt gerichtet oder höchstens auf etwas, das unseren Blick nicht erwidern konnte wie Bäume, Autos, Türen oder Ähnliches. Als wir an ruhigen Tagen unsere Köpfe dann doch einmal hoben, wunderten wir uns sehr, wo dieses und jenes Haus auf der anderen Straßenseite denn plötzlich herkam? „Die Afghanen müssen superfleißig sein, um so schnell ein dreistöckiges Gebäude hochziehen zu können ...", bemerkte ich verwundert. Bis Sam, der meist ein paar Schritte vor uns lief, uns erklärte, dass dieses Haus dort schon immer gestanden hatte. Die Situation wiederholte sich einige Male an verschiedenen Stellen, die wir täglich passierten. Und jedes Mal konnten wir herzlich darüber lachen! Wir hätten nie gedacht, dass uns durch diese Höflichkeit so viel entging!

Obwohl es seine Tücken hatte, seine Blicke zu kontrollieren, hatte es auch etwas Positives: Ich lernte viel über mich selbst! Wohin schaute ich im Alltag? Was interessierte mich? Ich folgte fortan meinen eigenen Blicken bewusst und stellte fest, wie oft ich jemandem automatisch in die Augen sah.

Aber auch andere Dinge wurden mir bewusst: Mir fiel auf, wie sehr ich mich für Lebensmittel interessierte, auch wenn ich gerade gar nicht hungrig war. Oder ich dachte plötzlich darüber nach: Wie lange sah ich Bettler am Straßenrand an? Wie oft versuchte ich, die immer gleichen Buchstaben zu entziffern, obwohl ich keinen einzigen Buchstaben des arabischen Alphabets kannte? Warum schaute ich eigentlich im Vorbeilaufen in jeden Innenhof? Warum beobachtete ich Verkaufsszenen genauso intensiv wie Gruppen, die zusammen herumliefen?

Es war wirklich interessant! Spannend war vor allem auch eine andere Frage, die ich mir stellte: Was macht mein Blick eigentlich mit anderen? Die Auswirkung meines Blickes war mir noch nie so bewusst geworden wie in Afghanistan. Sah ich auf Kinder, war es meist kein Problem. Sie schauten neugierig zurück, lächelten oder fingen an, mit mir zu reden. Bei Frauen war es auch sehr unkompliziert. Die einen lächelten zurück, die anderen ließen sich in ihrer Sache nicht beirren. Unter Frauen war es wohl normal, sich gegenseitig anzusehen.

Es waren oft sehr vertraute, beinahe schwesterliche Begegnungen. Begegnete man sich beispielsweise in einem Laden, so kam die andere Frau oft direkt zu mir und unterhielt sich mit mir – beziehungsweise sie versuchte es, denn sie musste schnell feststellen, dass ich noch nicht wirklich gut Dari konnte. (Viele hielten mich im ersten Moment für eine Usbekin oder Tadschikin. Wäre ich eine gewesen, hätten wir uns tatsächlich gut unterhalten können.)

So redeten wir einfach mit Händen und Füßen. Scheu oder Berührungsängste gab es dabei nicht. Nach einer Weile kam es sogar vor, dass ich auf der Straße anderen Frauen begegnet bin, die dann einfach ein Stück des Weges mit mir gelaufen sind.

Ganz anders war es dagegen, wenn ich Männern oder männlichen Teenagern auf der Straße begegnete. Sie nur anzusehen galt scheinbar schon als Einladung. Das lernte ich relativ schnell und unterließ es.

Es war interessant zu sehen, was Blicke in Menschen aus-
lösen können. Ich denke, dass das auch bei uns im Westen passiert, nur nicht so offensichtlich. Dadurch, dass es so normal
ist, dass jeder jeden ansieht, merkt man gar nicht mehr, was ein
Blick mit dem anderen macht – ich zumindest nicht.

Ich fing an, in meiner Erinnerung zu kramen, und holte so
manche Situation aus der Münchner U-Bahn hervor. Dort len-
ken sich viele mit dem Handy oder einem Buch ab, um die Zeit
zu überbrücken. Aber letztendlich ist es doch auch ein Ausweichen oder Sichschützen vor dem (Blick-)Kontakt mit anderen,
oder? Man vergräbt sich hinter seinem Buch oder schirmt sich
ab hinter seinem Bildschirm.

Die Leute, die sich in meiner Erinnerung in der U-Bahn nicht
ablenkten, schauten in der Gegend herum, lasen im Handy des
Vordermanns mit oder beobachteten wiederum andere Mitrei-
sende. Trafen sich zwei Blicke, schauten beide Personen entweder schnell beschämt weg oder aber sie hielten den Kontakt, lächelten oder grüßten das fremde Gegenüber schüchtern. Auch
wenn das alles natürlich in den seltensten Fällen irgendeine
Konsequenz hatte: Der Blick eines Menschen macht scheinbar
etwas mit dem anderen. Das wurde mir hier und jetzt mehr als
bewusst.

Dann fiel mir auf, dass Blicke auch im geistlichen Leben eine
große Rolle spielen. Eine Bibelstelle, in der es um Blicke geht,
kam mir in den Kopf: „Du hast mir das Herz geraubt (...) du hast
mir das Herz geraubt mit einem einzigen deiner Blicke" (Hohe-
lied 4,9; ELB). So beschreibt die Bibel in einer sinnbildlichen
Geschichte eines Liebespaares die Beziehung von Gott zu seiner Kirche. Die Braut (Kirche) wird beschrieben als das schönste Geschöpf, das dem Bräutigam (Gott) am laufenden Band den
Kopf verdreht (so wie er ihr übrigens auch). Sie ist ihm aber

anfangs nur selten treu. Doch anstatt sie aufzugeben, wartet der Bräutigam immer wieder, bis seine Braut freiwillig zu ihm zurückkommt. Langsam reift die Braut in der Geschichte heran, sie wendet sich von ihm ab und wieder zu und versteht ihn immer wieder falsch, bis sie irgendwann anfängt, sich selbst zu reflektieren.

Immer wieder spielen Blicke dabei eine große Rolle. Jeder Christ kann diesen Text auf sich selbst beziehen und feststellen, wie leidenschaftlich Gott wird, wenn es darum geht, seine Braut (also uns und unsere Aufmerksamkeit) für sich zu gewinnen. Scheinbar machen meine Blicke selbst mit Gott etwas! Diese Erkenntnis machte mich sprachlos. So denkt man oft gar nicht von Gott. Diesem starken, großen, mächtigen Unsichtbaren. Er gibt etwas auf Blicke von mir? Nicht auf das, was ich sage? Nicht auf das, was ich tue? Das Gebet bekommt eine neue Bedeutung, es ist im Grunde ja einfach eine Hinwendung zu ihm. Und das genügt schon. Wow.

Dieses Thema sollte mich fortan begleiten. Und im Laufe der Zeit fand ich noch viele andere Bibelstellen, in denen es um Blicke geht. Häufig geht es um Perspektiven, aus denen man das Leben sieht beziehungsweise sehen soll. Mein Blick auf Gott macht etwas mit ihm, aber er macht auch etwas mit mir selbst. Es verändert mich, wenn ich meinen Blick auf Gott gerichtet halte! Ich stieß auf einen Satz, der mir meinen richtigen Blickwinkel für den Alltag aufzeigte – und zwar in einem Lied von Anton Swoboda: „Ich hebe meine Augen, blicke zu den Bergen, wo kommt meine Hilfe her?" Es ist eine vertonte Version des Psalms 121: „Ich hebe meine Augen auf zu den Bergen: Woher kommt mir Hilfe? Meine Hilfe kommt von dem Herrn, der Himmel und Erde gemacht hat! Er wird deinen Fuß nicht wanken lassen, und der dich behütet, schläft nicht. Siehe, der Hüter

Israels schläft noch schlummert nicht. Der Herr behütet dich; der Herr ist dein Schatten über deiner rechten Hand, dass dich am Tage die Sonne nicht steche noch der Mond des Nachts. Der Herr behüte dich vor allem Übel, er behüte deine Seele; der Herr behüte deinen Ausgang und Eingang von nun an bis in Ewigkeit!"

Ich mag die Ruhe und die Sicherheit, die mir Bibelworte wie diese geben. Wenn ich meinen Blick auf Gott gerichtet halte, habe ich permanent etwas vor Augen, das mich trägt. Ich weiß, dass ich nicht allein bin, und staune über die Größe meines Retters, anstatt über Sorgen und Ängste zu meditieren. Denn das, worauf ich schaue, das prägt mich.

Im Nachtrag zu diesem Abschnitt muss ich die afghanischen Männer allerdings noch etwas verteidigen. Alle afghanischen Männer, die in meinem direkten Umfeld waren – als Wachmänner, Kollegen, Vorgesetzte, Lehrer, Bekannte –, verhielten sich so höflich und respektvoll, wie ich es sonst selten erlebt hatte. Ich musste nie eine Türe selbst öffnen, musste niemals schwer tragen, alles, was irgendwie in einen männlichen Verantwortungsbereich fiel, wurde nie diskutiert, und ich wurde häufig sogar davon abgehalten, etwas zu tragen oder zu reparieren.

Auch wenn die Männerwelt strikt von der Frauenwelt getrennt ist: Dort, wo man sich traf, gab es einen sehr normalen, freundschaftlichen Umgang miteinander – solange die Begegnung hinter Mauern stattfand. Dann entstanden normale Gespräche, man erkundigte sich nach dem jeweiligen Befinden, machte Witze und verhielt sich ganz normal. Dabei war mir natürlich absolut bewusst, dass ich als Ausländerin auch einen Vorteil genoss! Wäre ich Afghanin gewesen, wären manche Dinge anders gelaufen. Aber auch die Afghaninnen werden von ihrer direkten Familie, also ihren Brüdern und oft auch von ihren Vätern, meist sehr gut behandelt und beschützt. Erst mit der Heirat fängt für sie dann häufig eine andere Zeit an ...

DIE ROLLE DER AFGHANISCHEN FRAU

Die Rolle der Frau in Afghanistan ist eines der traurigsten Themen überhaupt, deshalb muss ich es gleich vorwegnehmen, so verstehen Sie als Leser die kommenden Berichte vielleicht etwas besser. Auf dem Papier haben Frauen einige Rechte. Sie dürften arbeiten, wählen und zur Schule gehen. Doch die Realität ist für die meisten Frauen eine andere. Während sie als kleine Kinder noch verwöhnt werden und der kleine Sonnenschein der Familie sind, ändert sich ihre Rolle mit zunehmendem Alter rapide.

Wenn ein Mädchen etwas älter ist, wird es zur Gehilfin der Mutter. Schulbildung wird meist als nicht nötig erachtet (wobei sich das je nach Region schon ganz langsam verändert!). Das Mädchen putzt, wäscht, kocht, hütet seine kleinen Geschwister und arbeitet häufig auf dem Feld. Doch solange es in der eigenen Familie ist, genießt es immer noch viel Schutz. Meist darf es sogar kleine Wünsche äußern oder sich mit Freundinnen treffen. Heranwachsende Mädchen werden als Trägerinnen der Familienehre angesehen. Mit zunehmendem Alter wird deshalb immer mehr darauf geachtet, wie sich das Mädchen verhält, was sie äußert und, vor allem, mit wem sie sich trifft. Eine Heranwachsende hätte niemals die Erlaubnis, allein das Haus zu verlassen. Wenn sie allein mit einem Mann erwischt werden würde, wäre die Familienehre zerstört – egal, ob die Situation so gewollt war oder nicht.

In Taloq gab es vor meiner Zeit einmal einen Vorfall, der den Ernst dieser Lage deutlich machte: Ein bisher sehr treuer und respektvoller Wachmann begleitete eine unverheiratete ausländische Mitarbeiterin abends vom Haus ihrer Freunde zu ihrem eigenen Haus. Das ist aus Sicherheitsgründen nötig. Doch währenddessen legte er plötzlich den Arm um sie. Daraufhin wurde der Wachmann sofort entlassen. Die Geschichte machte im Büro die Runde und einer unserer anderen Wachmänner sah rot. Er galt und gilt immer als einer der liebenswürdigsten Menschen überhaupt, doch in dieser Situation kannte er kein Halten mehr: „Wenn das meine Schwester oder meine Tochter gewesen wäre, dann wäre dieser Mann jetzt tot!", erklärte er in einer Art und Weise, die keinen Zweifel daran ließ, dass er es auch genau so meinte.

Eine andere Geschichte hatte uns Fatima, die Sprachlehrerin, erzählt: Sie lebte zu der Zeit in einer relativ ruhigen Straße und neben ihr wohnte eine Familie mit einem kleinen Mädchen von vielleicht vier oder fünf Jahren. Eines Tages hörte ein anderer Nachbar Rufe aus der Ruine nur wenige Häuser weiter. Er fand einen Mann, der gerade versuchte, das Mädchen zu vergewaltigen. Die Situation wurde sofort aufgelöst, der Mann floh und das Mädchen wurde zurück zu seiner Familie gebracht. Doch damit war es nicht getan. In den kommenden Wochen wurde in der Gemeinschaft intensiv darüber diskutiert, ob man das Mädchen töten sollte, denn die Ehre des Mädchens war nun beschmutzt und die der Familie gleich mit. Nach einigen Beratungssitzungen wurde wohl entschieden, dass das Mädchen weiterleben darf, denn es war letztendlich ja nicht zur Vergewaltigung gekommen. Nur aus diesem Grund. Wäre es tatsächlich geschehen, hätte sie wohl sterben müssen.

Ich denke, diese beiden Geschichten veranschaulichen den Druck, dem Frauen und Mädchen ausgesetzt sind. Sie müssen wahnsinnig aufpassen, nicht in Verruf zu geraten. Und das in einem Alter, in dem man eigentlich gerne einfach sein Leben lebt und meint, die Welt läge einem zu Füßen.

Je nach Region wird das Mädchen dann irgendwann verheiratet. In manchen Regionen ist das noch vor der Pubertät, weil die Mädchen dann noch „rein" sind. In anderen Regionen passiert es erst mit Anfang 20. Häufig ist der Ehemann ein Verwandter, denn dann ist die Chance am höchsten, dass die Familie noch ein wenig Respekt vor der Frau hat und sie gut behandelt. Manchmal ist der Ehemann auch ein Fremder, der beim Vater des Mädchens um ihre Hand anhält. In einigen Fällen werden Mädchen auch als Bezahlung für etwas hergegeben oder eine Heirat findet statt, um zwei zerstrittene Familien wieder zueinanderzuführen. Egal wie, um Liebe geht es jedenfalls sehr selten. Eher um Strategie und um Geld.

Nach der Hochzeit geht die Braut dann buchstäblich in den Besitz der Schwiegerfamilie über. Der Ehemann, die Schwiegermutter und viele andere bestimmen von nun an, was die Frau machen soll, wohin sie gehen darf, wann und mit wem sie sich trifft. Sie braucht für alles das Einverständnis ihres Ehemannes, doch der ist häufig nicht daran interessiert, dass seine Ehefrau glücklich ist. Es ist – von einigen Ausnahmen abgesehen – nicht das Ziel. Eine junge Frau soll stattdessen beinahe den gesamten Haushalt führen und dabei immer perfekt, fleißig und flink sein. Eine einheimische Kollegin erzählte mir einmal, dass viele Frauen für Nichtigkeiten geschlagen werden. Zum Beispiel, wenn der Tee nicht schnell genug serviert wird. Außerdem sollen sie natürlich Kinder zur Welt bringen. Am liebsten mindestens zwei Jungen. Jungen zählen mehr als Mädchen.

Das Ausmaß und die Heftigkeit, mit der die Frauen unterdrückt werden, ist von Region zu Region verschieden. Ich selbst war Gott sei Dank nur in Gebieten unterwegs, in denen es nicht ganz so schlimm war. Es war für die Mädchen und Frauen, die ich kennengelernt hatte, zwar ungleich schwerer, als ich es aus Deutschland gewohnt war, aber sie hatten immer noch vergleichsweise viele Freiheiten.

In anderen Teilen des Landes ist die Selbstmordrate von Frauen extrem hoch, weil sie dem Druck und den Drangsalierungen ihrer Schwiegerfamilie nicht mehr standhalten konnten. Es gibt eine Spezialklinik für Verbrennungen, in der liegen fast nur Frauen, die sich selbst angezündet haben und noch rechtzeitig gefunden wurden. Ich denke, das sagt alles.

Es ist schwer, in solch einem männerdominierten und kriegsgebeutelten Land eine Frau zu sein. Doch irgendwie muss man damit umgehen. Eine Art, die Situation zu bewältigen, ist, dass afghanische Frauen alle anderen und sich selbst ständig bemitleiden. Und zwar immer und überall. Auch wenn sie sich gar nicht kennen. In der Stadt hörte ich öfter Sätze wie: „Ach, in diesem Taxi, da saß eine Frau mit ihren drei Kindern. Die Arme ...", oder: „Ach, die sieht aus wie frisch verheiratet, arme Frau ..."

Die Frauen haben sich eine Haltung von „Alles ist furchtbar" zu eigen gemacht und verharren oft darin. Doch es gibt kleine Lichtblicke. Es gibt Frauen, die die Gelegenheit ergreifen. Manche kämpfen dafür, dass ihre Töchter zur Schule gehen dürfen. Andere, sehr mutige Frauen, treten für ihre Rechte ein. Manche schreiben sich ihren Frust von der Seele und posten das, was sie bewegt, auf sozialen Medien. Und ich habe sogar von ein paar wenigen Liebesheiraten erfahren.

Es tut sich etwas und das ist gut, auch wenn der Weg wohl noch sehr weit ist.

ERSTE FREUNDSCHAFTEN

Auf dem Weg nach Hause erledigte ich meistens meine Einkäufe in den zahlreichen kleinen Läden am Straßenrand. Die hatten deutlich mehr zu bieten, als ich auf den ersten Blick gedacht hatte. Sehr hilfreich war mir dabei ein Verkäufer an der Ecke. Sein Traum war es, eines Tages nach Deutschland auszuwandern, um dort „etwas Vernünftiges" zu lernen und zu arbeiten. Deshalb half er mir, der Deutschen, beim Einkaufen und Dari-lernen, indem er mir alle Produktnamen auf Dari nannte. Im Gegenzug erzählte ich ihm, wie das Leben in Deutschland ist. Auch erzählte ich ihm davon, dass Deutschland Afghanistan als sicheres Herkunftsland einstuft und er deshalb vermutlich Schwierigkeiten haben wird, bleiben zu dürfen.

Wenn ich größere Einkäufe zu erledigen hatte oder etwas Besonderes benötigte, gab es einen kleinen Supermarkt weiter unten an der großen Kreuzung. Auf dem Weg dorthin begegnete ich meistens vielen Bettlern, denen die blanke Not ins Gesicht geschrieben war – so extrem, dass es mich immer wieder neu schockierte. Häufig waren es klapperdünne, völlig schmutzige Kinder, die auf der Straße lebten. Wie sollte ich damit umgehen?

Grundsätzlich wollte ich ihnen allen gerne irgendetwas zu essen kaufen, doch es waren schlichtweg zu viele! Sollte ich etwa auswählen – du bekommst etwas und du nicht? Oder angesichts des übergroßen Bedarfs lieber gar nichts tun und schnell weglaufen? Diese Optionen waren irgendwie alle blöd. Mein Vorteil war, dass mich alle Leute für eine Usbekin oder

Tadschikin hielten, deshalb bettelten sie mich nicht so sehr an wie meine amerikanischen Freunde. Doch das flaue Gefühl im Bauch blieb.

Irgendwann fand ich eine Lösung, indem ich Obst und Gemüse immer an einem der Stände vor dem Supermarkt einkaufte. Dem Jungen, der sich dann einfach neben mich stellte und wartete, dem steckte ich so unauffällig wie möglich eine Tüte Äpfel zu. Ob das das Richtige war oder nicht, weiß ich nicht, aber zumindest war es für mich ein guter Weg, mit der Situation umzugehen.

Eines Tages, als ich auch gerade auf dem Heimweg war, lernte ich, ohne es zu wissen, meine direkten Nachbarn kennen. Meine Sprachkenntnisse hielten sich zu diesem Zeitpunkt noch in Grenzen, aber sie machten sich nichts daraus, liefen einfach neben mir her, redeten wie ein Wasserfall auf mich ein und zogen mich schließlich liebevoll in ihr Auli (so nennt man die Häuser mit Mauer drum herum). Ich zögerte etwas und überlegte, ob ich überhaupt mitkommen sollte. Schließlich war es eigentlich verboten, mit jemand Unbekanntem mitzugehen – selbst wenn es die Nachbarin war.

Diese zwei ließen mir allerdings keine andere Wahl und außerdem hatte man mir erzählt, dass die Frau, die vor mir in meiner Wohnung gewohnt hatte, mit der ganzen Nachbarschaft befreundet gewesen war. Es hatte damals auch keine Bedenken und Vorfälle gegeben. Also betete ich ein stilles Stoßgebet und ging das kleine Risiko ein.

Es war ein sehr kleines Auli, ohne Garten und direkt neben einem Hochhaus. Kaum waren wir drinnen, flogen die Burkas weg und zwei junge Frauen Anfang 20 kamen zum Vorschein. Eine von ihnen war Lehrerin an der Mädchenschule in der Nähe unseres Büros. Sie hatte mich wohl schon ein paar Tage lang beobachtet und wusste, wer ich war. So etwas in der Art hatte ich fast schon erwartet, aber ich fühlte mich beinahe geehrt. Anscheinend hatte ich irgendeinen Test bestanden, dass sie mir nun ihre Türen öffneten!

Das kleine Zimmer – das einzige des Hauses – war offensichtlich nicht nur Wohn-, Schlaf- und Esszimmer der Familie, sondern gleichzeitig auch eine Nähstube. Überall lagen verschiedenste Stoffe herum, zwei weitere junge Frauen saßen an Nähmaschinen am hinteren Ende des Zimmers. Als ich hereinkam, unterbrachen sie ihre Arbeit.

Wir setzten uns alle in die noch freie Ecke des Zimmers und versuchten, sehr begeistert davon, dass wir uns nun endlich kennenlernten, uns auszutauschen. Das war allerdings gar nicht so einfach, denn keiner im Raum konnte Englisch und ich nur sehr gebrochen Dari. Aber irgendwie kamen wir dennoch ans Ziel. Ich erfuhr, dass in diesem kleinen Haus vier Schwestern und ihre Eltern lebten, eine der Anwesenden gehörte nicht zur Familie, sondern war in der Nähstube angestellt, und allen gemein war, dass sie Pizza liebten! Ich fühlte mich mehr als willkommen in dieser Runde. Es dauerte nicht lange, da wurden Tee und Bonbons serviert, später noch ein paar Trauben.

Es gibt kontroverse Diskussionen darüber, ob man die angebotenen Speisen von Einheimischen essen sollte oder nicht. Oft sind sie nicht besonders hygienisch zubereitet, das Teewasser wird nicht vernünftig abgekocht, die Zutaten sind gar nicht oder nur mit schmutzigem Wasser gewaschen und so weiter. Manche Hilfsorganisationen stellen zum Schutz ihrer Mitarbeiter deshalb klare Regeln auf. Die EAO überließ diese Entscheidung jedem selbst. Ich wusste aus meiner Zeit in Kolumbien, dass ich sehr viel essen konnte, ohne krank zu werden, deshalb nahm ich einfach alles an.

Es wurde ein schöner Nachmittag. Die kleine Nähstube wurde mit der Zeit recht voll, nach und nach kamen immer mehr Kundinnen herein, die entweder Stoff abgeben oder fertige Kleidung abholen wollten. Und alle wollten wissen, wer ich bin. Als ich nach ungefähr einer Stunde aufbrechen wollte, lud mich noch eine andere Nachbarin zu sich nach Hause ein. Ich solle gleich kommen und ihre Familie treffen! Erst wusste ich nicht recht, was ich davon halten sollte, aber irgendwie hatte ich wieder ein gutes Gefühl und beschloss, auch diesmal mitzukommen. Und ich sollte es nicht bereuen, denn dieses Auli war das Gegenteil von dem, das ich gerade gesehen hatte. Es war wirklich interessant zu sehen, was hinter diesen ganzen Mauern steckte!

Es war ein großes Auli mit einem Garten voller bunter Blumen. Die Sonne schien herein und alles wirkte sehr einladend. Im Haus wartete ein großer Raum, in dem ich „platziert" wurde, während die junge Frau verschwand, um Tee zuzubereiten.

In der Zwischenzeit lernte ich die liebste Omi der Welt kennen. Sie begrüßte mich mit einem riesengroßen, zahnlosen Lächeln und redete ohne Punkt und Komma auf mich ein. Ich versuchte, irgendetwas davon zu verstehen, hatte aber überhaupt keine Chance. So entschied ich mich einfach dazu, freundlich zurückzulächeln und immer mal wieder zu nicken. Als sie nach einer Weile sah, dass ich nichts verstand, fing sie an, mit Händen und Füßen zu deuten: „Du, Ich, Familie", sagte sie auf Dari und deutete auf mich und sich selbst. „Familie" ist in beiden Sprachen dasselbe Wort. „Du, hier, Haus", deutete sie weiter und meinte wohl, dass ich mich hier zuhause fühlen sollte. „Ich, waschen, für dich", fuhr sie fort, und machte dabei die Bewegung, die man macht, wenn man sich etwas von Hand wäscht.

Ich konnte mir nichts Süßeres vorstellen als diese Omi, die einfach nicht aufhörte, mich, eine völlig Fremde, anzulachen! Für mich war es, als würde das Land Afghanistan mich durch dieses alte Mütterchen noch einmal willkommen heißen. Ab sofort war ich also nicht nur da, sondern auch angekommen!

Als die junge Frau mit Tee in der Hand wieder hereinkam, wurde mir auch hier die ganze weibliche Familie vorgestellt. Wir saßen eine Weile zusammen, tranken Tee und versuchten, uns weiterzuunterhalten. Viel war nicht möglich, aber es reichte, um das Wichtigste auszutauschen. Es war sehr schön, mit diesen Nachbarn in Kontakt zu kommen – und so viel einfacher als gedacht! Als ich nach einer Weile auch hier wieder aufbrach, hoffte ich, noch viele solcher Nachmittage erleben zu dürfen. Dieser Wunsch sollte sich erfüllen. Denn aus der neuen Bekanntschaft wurde Freundschaft.

Bald darauf besuchte ich die kleine Nähstube wieder, wir tranken wieder Tee und polierten unser Englisch beziehungsweise Dari auf. Außerdem erhielt ich immer mehr Einblick in das afghanische Familienleben und in die afghanische Art, Freundschaften zu pflegen. Es ist im Grunde nicht viel anders als bei uns Deutschen: Man sitzt zusammen und beschäftigt sich mit dem, was einen gerade interessiert, diskutiert Neuigkeiten, überlegt, wer als Nächstes heiratet oder wegzieht, und so weiter. Und doch ist es anders. Es gibt nicht diese Exklusivität wie in Deutschland. Man trifft sich nie nur mit einer speziellen Person, sondern immer mit jedem, der auch gerade da ist. Und jeder, der da ist, beteiligt sich an allen Gesprächen. Gemeinschaft ist inklusiver als bei uns – und es gibt dabei mehr Tee und mehr Bonbons.

Bald kamen die Mädels aus der Nähstube auch mich besuchen. Alles in meinem Haus wurde aufmerksam begutachtet und anscheinend für gut befunden. Mich überkam ein seltsames Gefühl, als meine neuen Freunde aus der kleinen Nähstube meine verhältnismäßig große Wohnung ansahen. Sie hatten zu siebt nur einen kleinen Raum zur Verfügung, der noch dazu als Nähstube dienen musste. Ich hatte für mich allein ganze drei Zimmer. Doch deshalb jetzt in Scham zu versinken, würde ihnen auch nicht helfen. Ich beschloss, es einfach zu genießen, zu teilen, was ich hatte, und mit meinen neuen Freunden einen schönen Nachmittag zu verbringen. Genau für solche Anlässe hatte ich noch etwas deutsche Schokolade aufgehoben. Die packte ich nun aus!

An dem Tag kam irgendwer auf die Idee, dass ich unbedingt lernen müsste, wie man eine Burka trägt. Die Mädels setzten den Plan sofort in die Tat um und zogen mir kurzerhand eine ihrer Burkas an (sie trugen sie sogar, wenn sie nur einmal kurz über die Straße mussten).

Es war ein komisches Gefühl, solch einen „Ganzkörperschleier" zu tragen. Die Burka war noch viel heißer als mein schwarzer Übermantel. Aber immerhin durfte ich feststellen, dass man durch das Sichtgitter wesentlich mehr sieht als erwartet. Auch der Blickwinkel ist deutlich weiter als gedacht. Nur sieht man eben immer auch das Gitter. Deshalb nennen manche Frauen die Burka auch das „Frauengefängnis", erfuhr ich später. Auch wenn die Kommunikation nach wie vor ihre Tücken hatte, besuchten wir uns, sooft wir konnten, gegenseitig. Mal in großer, mal in kleiner Runde.

Als es wenig später von einem Tag auf den anderen Winter wurde, veränderten sich diese Treffen etwas. Ich wurde im Haus meiner Nachbarn mit dem afghanischen Heizsystem der kleinen Leute bekannt: dem „Sandali"! Es ist ein kleiner Tisch, unter den ein Metallgestell mit heißen Kohlen gestellt wird. Über den Tisch kommen dann mehrere Decken. Und unter die Decken kann man selbst schlüpfen und wird durch die Wärme der Kohlen schön gewärmt. So wurde es trotz der Kälte sehr kuschelig. In unserem Fall war obendrauf immer die Decke mit Prinzessin Elsa, denn diese Decke war besonders dick und warm.

Auf dem Tisch des Sandalis standen immer der obligatorische Tee, Süßigkeiten und manchmal etwas Obst. Hier saßen wir immer wieder mit allen weiblichen Familienmitgliedern, Nachbarn, Freunden, Kunden und Bekannten zusammen. Meistens war es eine sehr bunte Mischung aller Altersklassen und Charaktertypen und alle Plätze rund um das Sandali waren voll besetzt.

Es fiel kaum Schnee diesen Winter, darüber machten sich alle große Sorgen. Denn im Winter werden alle Wasservorräte des Landes wieder aufgefüllt, da es im Sommer so gut wie nie regnet. Fast jeden Tag wurde darüber geredet, wann es wohl endlich anfangen würde zu schneien. Aber kalt war es trotzdem. Es waren schöne Stunden, in denen wir uns drinnen gemeinsam wärmten. Häufig bekam ich ein Henna-Tattoo auf die Handfläche gemalt, wir tauschten uns über Neuigkeiten aus oder erzählten einfach aus unserem Leben. Eine Frau um die 40 kam öfter dazu, setzte sich in eine Ecke etwas abseits, um in Ruhe das Alphabet zu lernen. Eine der Schwestern war ja Lehrerin und half ihr hier und da.

Meistens wurde viel gelacht. Afghanen sind große Geschichtenerzähler. Sie können aus einer Kleinigkeit eine ganz große Show machen, erzählen sehr lebendig und gestikulieren dabei wild herum. Zu der einzelnen Geschichte, die auch ein Erlebnisbericht oder eine Diskussion über aktuelle Geschehnisse sein kann, gibt dann jeder noch seinen Senf dazu und man überlegt gemeinsam, wie man dieses oder jenes finden soll. Oder wenn es sich um ein Problem handelt, diskutiert man gemeinsam, was die beste Lösung wäre.

Das galt auch für die Kleidungsstücke, die nebenher genäht wurden. Kunden, die etwas bestellten oder abholten, zeigten das Kleidungsstück der Gruppe und zusammen wurde darüber diskutiert, wie man es am besten tragen könnte.

Afghanen nehmen sich (denke ich zumindest) eher als Teil einer Gruppe wahr und nicht nur als Einzelperson. Wer in einer Diskussion recht hat, spielt keine Rolle, denn die Gruppe als Ganzes hat eigentlich immer recht! Wenn jemand eine andere Meinung hat, wird das akzeptiert, aber insgesamt gilt immer das, was die Mehrheit denkt. Bei ihren Gesprächen dabei zu sein, hat immer Spaß gemacht, denn trotz allem kam jeder zu Wort.

Solch entspannte Nachmittage hätte ich vor meiner Ausreise ehrlich gesagt auch irgendwie nicht erwartet. Wenn man an Afghanistan denkt, denkt man meistens an Ausnahmesituationen, Krieg und Armut – weniger an Mode oder grünen Tee.

Eines Tages holte die Schneiderfamilie alte Fotos heraus. „Schau mal, Lara, das war ich, als ich noch klein war", erzählte mir eine der Töchter. Ich sah auf das Foto und legte Protest ein: „Nein, Basira, das auf dem Foto ist doch ein Junge", lachte ich. Sie lachte auch, als sie sah, dass ich offensichtlich nicht verstand. „Nein, Lara, das bin wirklich ich. Als wir klein waren, haben wir unsere Haare ganz kurz geschnitten, Sachen von unserem Bruder angezogen und so auf der Straße gespielt!" Sie schien das ernst zu meinen. Basiras Mutter saß daneben und nickte.

In der Vorbereitung auf meinen Einsatz hatte ich schon vom „Bacha Posh"-Brauch gelesen: Wenn eine Familie nicht genug Jungen hatte, dafür aber viele Mädchen, oder wenn ein Mädchen einen großen Freiheitsdrang hatte und im Haus nicht mehr aushaltbar war, verkleidete man die Mädchen einfach als Jungen. Auf diese Weise kamen die Mädchen zu Rechten und Freiheiten, die ihnen sonst verwehrt geblieben wären. Draußen spielen, rennen und laut sein zum Beispiel. Oder aber dem Vater bei der Arbeit helfen und Müll sammeln (das trägt auch zum Familieneinkommen bei), ohne belästigt zu werden.

In diesem Land hat es sehr viele Vorteile, ein Junge zu sein. Außerdem gehört es zum guten Ton, mindestens zwei Söhne zu haben. Hat eine Familie nur einen oder gar keinen Sohn, wird viel über die Familie geredet, und auch die Versorgung der Eltern im Alter steht auf wackeligen Beinen, denn die Mädchen werden ja alle in andere Familien hineinverheiratet. Nur die Jungs bleiben – wenn sie wollen – und kümmern sich um die Eltern.

Bei Erreichen der Pubertät wird aus dem „Bacha Posh" (zu Deutsch: übergezogener Junge) wieder ein normales Mädchen, das sich an alle Normen und kulturellen Verpflichtungen, die man als junge Frau in diesem Land hat, halten muss. Berichten zufolge fällt dieser Wechsel den meisten jungen Frauen nicht leicht. Meiner jungen Freundin aus der Nachbarschaft, sie muss ungefähr 14 oder 16 Jahre alt gewesen sein, schien es jedoch nichts auszumachen. Sie war sehr selbstbewusst, so wie alle ihre Schwestern.

Es war interessant, von diesem Brauch einmal aus erster

Hand zu erfahren, allerdings auch etwas schräg. Und es machte mich traurig, dass es hier so einen großen Unterschied macht, ob man ein Mädchen oder ein Junge ist.

Am selben Nachmittag erzählte mir die Familie auch von ihrem Wochenendausflug in ihr altes Heimatdorf. Wie viele andere hier waren sie als Binnenflüchtlinge vor Jahren aus ihrer Heimat in die Stadt geflohen. An diesem Wochenende waren sie für eine Hochzeit wieder einmal zurückgefahren. Das ist an sich keine Besonderheit, denn Hochzeiten sind in Afghanistan noch größere Feiern als bei uns, zu denen sämtliche Nachbarn, nahe und entfernte Verwandte, Freunde und Freunde von Freunden eingeladen werden.

Ich beglückwünschte sie zu diesem schönen Ereignis und sie berichteten mir freudig, was sie in der alten Heimat alles gemacht hatten. Um mir einen besseren Eindruck von ihrem Dorf zu geben, zeigten sie mir Fotos, die sie mit ihrem alten Klapphandy geschossen hatten.

Als Letztes zeigten sie mir ein Bild vom Brautpaar. Zu sehen war ein junger Mann, vielleicht Mitte 20, neben einem circa zehn- oder elfjährigen Kind! Das junge Mädchen war gestylt und dick geschminkt wie eine erwachsene Braut. Das sah gruselig aus, zumal das Mädchen noch überhaupt keine weiblichen Züge hatte. Mit leerem Blick schaute sie in die Kamera.

„Ist das die Braut?", fragte ich, um sicherzugehen, dass ich nichts falsch verstanden hatte. „Ja, ja, das ist sie. Sie ist sehr schön, nicht wahr?", antwortete eine der älteren Schwestern. Ich wusste nicht, was ich sagen sollte, und fragte deshalb nur, wie alt sie war.

„Neun."

„Neun?!?!?!?!" Wie bitte? „Findet ihr das nicht ein bisschen zu jung?", platzte es aus mir heraus. „Sie ist doch noch ein Kind.

Kinder sollten spielen und zur Schule gehen, nicht heiraten, finde ich!"

Es traf mich, dieses Mädchen zu sehen. Dabei wusste ich genau, dass Kinderehen in Afghanistan gang und gäbe sind. Aber das nun tatsächlich einmal zu sehen, schockte mich noch einmal ganz neu.

Als die Mutter der Familie mein Entsetzen sah, fing sie an, zu erklären: „Wir finden das im Prinzip auch nicht gut. Ich hätte das für meine Töchter nie gewollt! Aber diese Braut ist ein Waisenkind, und die Tante, bei der sie bisher lebte, konnte sie nicht mehr versorgen. Also hat sie sie verheiratet."

Die anderen im Raum pflichteten ihr bei. Niemand im Raum fand Kinderehen gut. Viele von den anwesenden 18- bis 23-Jährigen waren tatsächlich noch unverheiratet. So wurden ihre Aussagen für mich glaubhaft.

„Aber das ist Afghanistan", sagten sie alle. Einen Satz, den ich in Taloq häufig hörte. Er bedeutete so viel wie: Dinge passieren einfach. Man hat keinen Einfluss darauf.

Um mit solchen Situationen umzugehen, konnte ich auf ein Prinzip zurückgreifen, das ich im Gebetshaus gelernt hatte: das kontemplative Gebet. Es ist eigentlich eine Form der direkten Anbetung, aber sie lehrt auch, die Dinge einfach so zu betrachten, wie sie sind, ohne direkt ins Handeln überzuspringen. Genau das half mir jetzt. Ich konnte in dieser Sache aktuell nichts tun. Der Brauch, so junge Mädchen zu verheiraten, ist uralt. Ich konnte nicht einfach ankommen und denken, dass ich den jetzt mal eben verändern könnte.

So saß ich einfach erst einmal da, betrachtete die Situation und fragte nach, um zu verstehen, wie das Ganze aus afghanischer Perspektive aussah. Es nutzte nichts, jemanden zu verurteilen, nur weil er etwas tat, was aus seiner Sicht richtig, aus meiner jedoch völlig falsch war. Jesus hatte das auch nie getan. Er hat die Sünde immer Sünde genannt, aber den Sünder nie beschämt oder beschimpft. Also wer bin ich, dass ich diese Menschen verurteilen oder hassen könnte?!

Das kontemplative Gebet führt immer hin zu Gott – dorthin hat es mich später am Tag dann auch geführt. Ich legte Gott die ganze Situation, meine Gefühle und das junge Mädchen hin. Er sollte sich darum kümmern. Wenn er wollte, dass ich in dieser Situation Einfluss nehmen soll, dann sollte er mir eine gute Gelegenheit dafür geben. Hier und heute brauchte ich seinen Frieden und den gab er mir auch. Sobald ich ihm diese Situation abgegeben hatte, wurde ich innerlich wieder ruhig und konnte durchatmen. Ich war auf solche Herausforderungen gefasst gewesen und Gott sei Dank musste ich sie nicht allein bewältigen.

Es wurden im Kreis meiner neuen Freundinnen nicht immer solche schweren Dinge besprochen, und wenn doch, dann wurde immer wieder schnell vom Thema abgelenkt – am liebsten mit etwas Humor. Dabei fiel der Humor meistens sehr einfach aus: Man zog sich einen Stofffetzen über, ließ einen dummen Spruch los und schon lachte der ganze Raum. Außerdem sangen die Frauen gerne, mir wurden einige Lieder beigebracht (sie waren leider so schwer, dass ich sie heute alle wieder vergessen habe) und natürlich das Tanzen.

Die Afghaninnen schmissen sich regelmäßig weg, als sie mich tanzen sahen, denn sie hatten noch nie jemanden so schlecht tanzen sehen. Aber sie machten es wieder gut, indem sie mir mit vereinter Kraft Tipps gaben, mir vormachten, wie es wirklich ging, und meine Bewegungen bis ins letzte Detail analysierten. Man macht was mit! In all dem heiteren Tanzen und Albernsein hörte man zwischen unserem Lachen auch immer mal wieder den Knall einer Explosion. Darüber sprach man dann zwar kurz, doch widmete man sich auch in diesem Fall schnell wieder anderen Themen.

AUF AUGENHÖHE MIT DEM FREMDEN

Abends, wenn langsam Ruhe einkehrte, dachte ich manchmal darüber nach, wie nahbar oder distanziert ich den Afghanen gegenüber sein sollte. Die EAO ließ mir hier jede Freiheit, das genoss ich sehr. Ich hatte die Möglichkeit, ganz distanziert zu sein und mich ausschließlich während der Arbeit mit Afghanen zu umgeben oder den Kontakt zu intensivieren bis hin zu dem Extrem, dass ich mich ausschließlich mit Afghanen umgeben konnte.

Meine internationalen Kollegen und Kolleginnen hielten es damit ganz unterschiedlich: Einige von ihnen konnten kaum Dari, weil sie es nie benutzten. Andere hingegen sah ich kaum, weil sie immer bei irgendwelchen afghanischen Nachbarn oder Freunden waren. Manche setzten sich ein Wochenziel, zum Beispiel wollten sie zehn Freizeitstunden pro Woche mit Afghanen verbringen oder so ähnlich. Ich fragte mich, wie stellte Gott sich das vor? Hatte er für jeden von uns ein anderes Ziel? Oder gab es eine pauschale Richtlinie, wie es sein sollte? Es war teilweise sehr anstrengend, hier ein gutes Maß zu finden, aber andererseits waren wir ja genau dafür da, oder?

Eine andere Frage, die hier mitschwang, war: Wie ehrlich sollte man den Afghanen gegenüber sein? Afghanistan ist schließlich ein Land, in dem die eigene Sicherheit trotz aller Vorkehrungen immer ein wenig in Gefahr ist. Deshalb sollte man nicht zu viel von sich selbst preisgeben. Aus diesem Grund legten sich einige Kollegen andere Namen und Identitäten zu, mit denen sie sich bei den Afghanen vorstellten. Sie wollten natürlich mit Afghanen in Kontakt treten – aber sich auch selbst schützen. Doch war es sinnvoll, eine Freundschaft auf solch einer Lüge aufzubauen? Ich fragte mich das mehrfach. Was wiegt mehr – Sicherheit oder Authentizität?

Irgendwann, noch relativ am Anfang meiner Zeit im Land, kam ich zu dem Schluss, dass ich einfach immer bei der Wahrheit bleiben wollte. Etwas anderes würde ich sowieso nicht auf die Reihe bekommen. Und ich beschloss auch, dass ich die Stunden, die ich mit Afghanen verbringe, nicht zählen werde. Ich wollte „ganz da" sein, und das so oft, wie es sich eben ergeben würde. Ich wollte mich nicht aufdrängen, aber die Chancen, die ich bekam, die wollte ich nutzen.

Ich hatte das Gefühl, dass ich diesen Menschen hier nur etwas geben konnte, wenn ich mich nicht vom „Was wäre wenn?" – also letztlich von Angst – beherrschen lassen würde. Trotzdem wollte ich weise mit Informationen über mich umgehen, schließlich stand nicht nur meine Sicherheit auf dem Spiel, sondern auch die meiner Organisation und meiner lieb gewonnenen internationalen Kollegen.

Anfangs wusste ich noch nicht genau, wie das gehen sollte, doch mit der Zeit wurde ich Meister darin. Ich würde behaupten, dass ich am Ende des Jahres in Afghanistan mit der Wahrheit so gut jonglieren konnte, dass ich locker einen ganzen Nachmittag mit einer Gruppe von Leuten verbringen konnte, ohne dass sie am Ende meinen Namen kannten. Meistens war das jedoch nicht nötig, denn ich wurde von Kollegen und Dörflern immer gut vor allen potenziellen Gefahren beschützt.

Etwas anderes, das mir von Anfang an wichtig war, war, den Afghanen auf Augenhöhe zu begegnen. Als Ausländer aus dem Westen wurde man in dieser streng hierarchischen Kultur häufig als etwas Höheres oder Besseres erachtet. Einfach deshalb, weil wir die Hilfe brachten, die die Leute dringend brauchten. Wir brachten Wissen, Hilfsgüter und die Anleitung, wie das Gelernte in die Praxis umgesetzt werden konnte. Und wir hatten Angestellte, die für uns arbeiteten, wie zum Beispiel unsere Wachmänner. Aber waren wir deshalb besser?

Nein, sicher nicht! Wir hatten einfach das Glück, in einer Umgebung aufgewachsen zu sein, in der wir uns in aller Ruhe auf unsere Ausbildung konzentrieren konnten. Außerdem setzt unser Herkunftsland viele Dinge wie Hygienemaßnahmen oder gesunde Ernährung einfach schon viel routinierter um. Vor 100 oder 200 Jahren war das auch bei uns noch anders.

Wir müssen uns bewusst machen, dass es lediglich an unserem Geburtsort und der erfahrenen Bildung liegt, dass wir mehr wissen – nicht an unserem IQ oder der anderen Kultur als solcher. Deshalb habe ich auch kein Recht, auf Afghanen herabzublicken oder mich von ihnen als etwas Besonderes behandeln zu lassen, nur weil sie einfach noch nicht gelernt haben, wie man sich richtig die Hände wäscht. Woher sollte das jemand auch wissen, wenn ihm das noch nie beigebracht worden ist?!

Eine Begegnung auf Augenhöhe ist aus meiner Sicht sehr wichtig. Jesus kam auch vom Himmel herab, legte sich mit seinen Jüngern in den Staub, aß und trank mit ihnen und war sich für nichts zu schade. Er war einer von uns. Also ist es nur logisch, dass ich auch eine von ihnen werden wollte, um genau von diesem Jesus Zeugnis zu geben, oder? Außerdem konnte ich von genau diesen „ungebildeten" Afghanen so, so vieles lernen. Zum Leben braucht es mehr als Bildung. Und von genau diesem Leben hatten diese Leute sehr viel Ahnung – man musste ihnen nur zuhören! Gleichzeitig wollte ich aber auch nicht unterwürfig sein und denken, ich sei etwas Schlechteres, oder mich benutzen beziehungsweise ausnutzen lassen. Ich glaube, dass es auch leicht ist, von der anderen Seite vom Pferd zu fallen. Mir half das Gebet da sehr. Wer nah bei Gott ist, der kennt seinen Wert und seinen Platz, egal, wo auf der Welt er sich gerade befindet!

Diese offene Haltung hat sich im Verlauf meines Aufenthalts als die richtige für mich erwiesen. Es war sicher nicht der einfachste Weg, denn im Laufe der Zeit führte diese Haltung dazu, dass ich wirklich sehr viel Zeit mit Afghanen verbrachte, und meine Offenheit erzeugte Offenheit bei ihnen. Mit der Zeit hatte ich das Gefühl, mittendrin zu sein im afghanischen Leben, und genau das genoss ich total – auch wenn das bedeutete, dass man um 6.00 Uhr morgens schon mal spontan zum Familienfrühstück eingeladen wurde. Nicht ganz meine Zeit.

SICHERHEIT IN ALLER UNSICHERHEIT

Einerseits wirkte alles sehr friedlich und schien irgendwie seine chaotische Ordnung zu haben. Andererseits merkte man sofort, dass dieses Land ein Problem hat. Es gab sehr viele Sicherheitsvorschriften und Kontrollen. Wir hatten (bis auf die ganz kurzen Wege) Tag und Nacht einen Wachmann um uns, das Leben spielte sich größtenteils hinter Mauern ab und man musste immer das Handy bei sich tragen, um erreichbar zu sein, falls etwas passiert.

Nachts hörte ich aus geringer Entfernung öfter Schüsse – es waren wohl Nachbarschaftsstreitigkeiten, die hin und wieder eskalierten. Tagsüber und wenn man sich an die Regeln hielt, war es aber eigentlich sehr friedlich. Es gab zwar immer wieder größere Explosionen, aber ich war Gott sei dank immer so weit davon entfernt, dass höchstens ein Knall zu hören war.

Anfangs erschrak ich mich noch, doch mit der Zeit wurde das erschreckend normal. Nach jedem Vorfall bekam jeder Mitarbeiter eine Warnung aufs Handy sowie einen Kurzbericht darüber, wo und was passiert war und welche Motivation hinter dem Anschlag stand. Es waren immer Dinge, die mit uns Ausländern nichts zu tun hatten, deshalb konnten wir unseren Alltag normal weiterleben. Anfangs war ich beim Lesen dieser Berichte noch besorgt, mit der Zeit gewöhnte ich mich aber auch daran und lernte – mit etwas Hilfe –, das Risiko einzuschätzen.

Wir hatten in unserer Organisation einen Sicherheitsbeauftragten, der mit den offiziellen Stellen in regelmäßigem Kontakt stand und Alarm schlug, wenn Gefahr im Verzug war. So hatten wir zum Beispiel an einem Feiertag einmal Ausgangssperre. Da stand das Leben kurz still und ich konnte Dinge tun, zu denen ich sonst nicht kam. Meine monatlichen Rundbriefe schreiben zum Beispiel – oder endlich mal putzen. Doch oft kam es nicht vor, dass wir aus Sicherheitsgründen zu Hause bleiben sollten. Und sobald die Gefahr gebannt war, konnte man auch wieder ganz normal weiterleben. Alles andere würde auch keinen Sinn ergeben. Sorgen muss man sich wie gesagt erst machen, wenn es Grund dazu gibt.

Außerdem hatten wir noch eine weitere Hilfe: das Bauchgefühl. Manche glauben nicht daran, aber alle ausländischen Mitarbeiter, die schon länger im Land waren, hatten schon Situationen erlebt, in denen sie plötzlich das Gefühl hatten, dass sie genau JETZT gehen müssten. Immer trat nur wenig später eine wirklich gefährliche Situation ein. Einmal war es eine Explosion, ein anderes Mal nahmen die Taliban die Stadt ein und so weiter. Es ist wirklich erstaunlich, aber ich glaube tatsächlich daran, dass Gott so deutlich und klar spricht.

Nach circa zwei Monaten begann ich, mich an die Enge und den begrenzten Lebensraum zu gewöhnen. In Deutschland liebte ich es, mich zu bewegen. Zum Beispiel beim Joggen, bei langen Spaziergängen oder in den Bergen. All das war jetzt nicht mehr möglich. Die größte Bewegung war der kurze Weg zum Büro der Organisation oder zum Supermarkt.

Es gab eine größere Diskussion im Land, ob Frauen Sport treiben dürften oder nicht. Allmählich änderte sich die Einstellung von einem klaren „Nein" hin zu einem „Vielleicht doch". So gab es in größeren Städten inzwischen schon Frauen-Fitness-studios, außerdem ist ein Frauen-Fahrradteam entstanden und ein weibliches Läuferteam. Doch diese Freiheiten galten leider noch nicht für mich – außer freitags! Freitags traf sich die ganze internationale Community, die fast ausschließlich aus Amerikanern und Kanadiern bestand, in einem ummauerten, fußballfeldgroßen Grundstück und lief dort, was das Zeug hielt. Immer im Kreis. Ratschend. Aber immerhin, wir liefen! Und das auch noch ohne Kopftuch! Freiheit pur!

In der Mitte des Platzes gab es ein Volleyballfeld und einen Spielplatz. Außerdem war der Laufweg außen herum geteert und diente so auch als Radweg für die Kinder der Community, die hier ausgelassen herumdüsen konnten. Es war ein bisschen wie Klein Amerika mitten in Afghanistan. Trat man durch die Tür, trat man in eine andere Welt. Mit anderen Regeln, anderen Verhaltensweisen und anderen Gesprächsthemen. Witzig und ein bisschen verstörend zugleich fand ich das, denn ich kannte die amerikanische Kultur ja auch noch nicht richtig. In jedem Fall war es eine willkommene Abwechslung!

Bekannte aus dieser internationalen Community waren einmal für eine medizinische Versorgung in einem Militärkrankenhaus ganz in der Nähe. Als die behandelnden Ärzte dort erfuhren, dass wir in diesem Land einfach so in einem gewöhnlichen Haus wohnten und für unsere Sicherheit „nur" einen unbewaffneten Wachmann hatten, konnten sie das kaum glauben. Sie dachten, dass kein Ausländer so etwas länger überleben würde.

Die meisten ausländischen Hilfskräfte leben in abgeschlossenen Hochsicherheits-Compounds. Sie dürfen nicht auf die Straße, können kein Dari und haben deshalb kaum Kontakt zu den Afghanen. Sie wissen wenig über das normale Leben in Afghanistan oder über die hiesige Kultur. Meine Organisation fuhr ein anderes Konzept und lebte quasi gerade davon, ein möglichst „normales" Leben zu führen. Ziel war es, den Menschen nahe zu sein, um ihnen so konkret und effektiv wie möglich helfen zu können. Deshalb lebten wir so wie alle anderen um uns herum auch – bis auf unsere freitäglichen Ausflüge auf das Grundstück, auf dem wir uns körperlich verausgabten und ohne Kopftuch herumliefen. Skandal!

SO ETWAS WIE ALLTAG

Zwei Monate nach meiner Ankunft stand für mich schon der erste Umzug an. Die EAO bekam neue Mitarbeiter, die nicht, wie wir, in Taloq nur ihre Zwischenstation machten, sondern sie kamen, um zu bleiben. Dementsprechend sollten sie auch gleich ihre festen Unterkünfte beziehen. So entstand ein wunderschönes Chaos, denn jetzt musste für uns drei „Sardsangler" ein neues Haus gemietet und „ausländertauglich" hergerichtet werden, damit die Neuen in unsere Unterkünfte ziehen konnten.

Es ergab sich, dass gleich zwei aneinandergrenzende Aulis gemietet werden konnten. Sie waren nur durch eine Mauer und eine Tür voneinander getrennt, sodass wir uns später gegenseitig besuchen konnten, ohne auf die Straße zu müssen. Und noch einen Vorteil hatte der Umzug: Sam, Brit und ich wohnten schon einmal in demselben Haus, so wie es später in Sardsang sein würde. Es war sozusagen die Generalprobe für den Ernstfall!

Wenig später durften wir unser Haus, das wir das „schöne Haus" nannten, ansehen. Und wir mussten alle zustimmen, dass es wirklich schön war! Sam, Brit und ich nannten es erst „das Kataloghaus", weil es wirklich aussah wie aus einem Magazin herauskopiert. Als wir es von innen sahen, änderten wir den Namen noch einmal in „Lighthouse", weil im Haus an die 200 Leuchten verbaut waren. Der Bauherr hatte sich offensichtlich alle Mühe gegeben! Für afghanische Verhältnisse war es Luxus pur!

Wenig später zogen wir Hals über Kopf schon ein. Der Umzugstag war sehr hektisch, denn das Haus war genau genommen noch nicht bezugsbereit. Überall musste noch dieses und jenes gemacht werden und Möbel gab es auch noch nicht. Ich bekam für das obere Stockwerk irgendwoher ein Bett und die Küchenutensilien einer Mitarbeiterin aus einer anderen Organisation, die gerade außer Landes war.

Am Einzugstag schrubbten wir, was das Zeug hielt, hetzten auf den Basar, um noch schnell die fehlenden Dinge einzukaufen, denn schon am nächsten Tag erwarteten wir fünf Gäste. Wir hatten den Anspruch, gute Gastgeber zu sein, nahmen die ganze Aktion aber auch mit Humor und scherzten, dass wir nun endlich verstanden, warum Afghanistan den Titel „High Stress Country" hat. Man entwickelt einen speziellen Humor in diesem Land ...

Der Besuch war dann aber sehr schön. Es waren wieder einmal tolle Leute, die auch als Entwicklungshelfer im Land tätig waren und von denen wir richtig viel lernen konnten. Aber wir waren zugegebenermaßen auch froh, als wieder Ruhe ins Haus einkehrte.

Nebenher durfte ich als Kinderkrankenschwester immer wieder mit zu kleinen Hausbesuchen. Eine Physiotherapeutin, die ich über die Organisation kennengelernt hatte, wollte hin und wieder eine zweite Meinung und nahm mich deshalb kurzerhand immer mit. Häufig handelte es sich um kleine Kinder mit schweren Behinderungen, meistens verursacht durch einen Wasserkopf. In Deutschland hätte dieses Problem schon im Säuglingsalter einfach behandelt werden können. In

Afghanistan leider nicht. Hier fehlte es am richtigen Material, an Geld, an Ärzten und dem nötigen Know-how.

Unbehandelt wurden diese Kinder meist zum Pflegefall und starben früher oder später. Ich fragte mich, wieso diese Erkrankung hier so häufig auftrat. Eine Vermutung war, dass es daran liegen könnte, dass die Eltern der Kinder häufig verwandt waren. Später erfuhr ich jedoch, dass vermutlich ein Vitaminmangel bei der Mutter während der Schwangerschaft den Wasserkopf verursachte.

Mir fiel auf, wie liebevoll diese Kinder in der Familie versorgt wurden. Ja, die Afghanen liebten offenbar *alle* ihre Kinder und hegten und pflegten besonders die Behinderten. Sie nahmen sie mit in den Garten, zogen ihnen schöne Kleider an und gaben ihnen alle Medikamente, die sie sich leisten konnten, in der Hoffnung, dass sie das Leiden der Betroffenen lindern würden. Sie integrierten sie an den Mittagstisch, auch wenn sie keine feste Nahrung zu sich nehmen konnten, erzählten ihnen Geschichten und gaben alles dafür, dass sie sich wohlfühlten und lächelten! All das taten sie mit dem Gedanken im Hinterkopf, dass Allah dieses Kind wohl so wollte.

„Ich denke, wir Deutschen können uns hier eine Scheibe abschneiden", sagte ich damals zu mir selbst. Diese Haltung, Situationen einfach so anzunehmen, wie sie sind, fällt uns in unserer westlichen Optimierungsgesellschaft immer schwerer.

Es gab immer viel zu tun, neben dem Sprachkurs und den Hausbesuchen nahmen wir in unserem großen Haus schon bald die nächsten Gäste auf, pflegten Nachbarschaftsfreundschaften – jetzt auch mit unseren neuen Nachbarn –, drehten einen Imagefilm oder unternahmen etwas anderes. Es wurde uns selten langweilig.

Der Sprachkurs war inzwischen zur Routine geworden. Zu Fatima war noch Durukhshan, eine weitere Lehrerin, hinzugekommen und auch sie war sehr kompetent und nett. Das viele Lernen war anstrengend, aber wir sahen auch echte Fortschritte. Schon bald konnten wir mit unseren Lehrerinnen alles Mögliche besprechen, was ein echter Schatz war, denn die beiden konnten uns viele Dinge wesentlich besser erklären als jeder andere. Sie halfen uns, viele Alltagssituationen oder afghanische Sichtweisen besser zu verstehen. Etwas, das anfangs völlig unverständlich auf uns gewirkt hatte, machte dann plötzlich Sinn.

So fingen wir drei nun nicht mehr ganz so neuen Neuankömmlinge an, uns unsere neue Welt immer mehr zu erschließen. Ganz langsam wechselten wir die Seiten: weg vom Beobachterposten hin zu „mittendrin". Wir wollten alle ein Teil Afghanistans werden, und je mehr wir verstanden, desto näher kamen wir diesem Ziel.

Ich freute mich über unsere Fortschritte, denn mir gefiel das Leben in Afghanistan. Es war schön, anstrengend und abenteuerlich. Und jetzt, wo ich die grundsätzlichen Dinge einmal gelernt hatte, bekam ich langsam auch einen Blick für all die Dinge, die sonst noch um mich herum passierten. Das war allerhand und bisweilen war es auch ein bisschen schräg.

THIS IS AFGHANISTAN

Eine Kuriosität des afghanischen Lebens war beispielsweise der Gang vorbei an einem Metzger. Es gab keine Kühlung für frisch geschlachtetes Fleisch. Die geschlachteten Tiere hingen einfach gehäutet und im ganzen Stück an einem Haken im Schaufenster oder am Straßenrand. Als Kunde möchte man natürlich möglichst frische, unverdorbene Ware, aus diesem Grund legten die Metzger häufig den Kopf des Tieres unter den geschlachteten Körper. Die Augen des Tieres schauten den Passanten dann immer verhohlen an. Das ist genauso verstörend wie genial, denn war der Blick noch klar, dann war das ein Zeichen dafür, dass das Fleisch noch frisch war. War der Blick trübe, konnte man dem Fleisch nicht mehr trauen. Ich habe eine Weile gebraucht, um mich an diesen Anblick zu gewöhnen, aber das System dahinter war schlau!

Schräg waren auch manches Modeempfinden und Bräuche, sich oder andere zu schminken. Zum Beispiel malen die Afghanen die Augenbrauen ihrer Neugeborenen immer ganz dick schwarz an. Sogar die Augen der kleinen Babys werden mit einem Eyeliner verschönert und bekommen einen dicken Lidstrich. Auf die Gesichtshaut wird manchmal noch weißes Puder aufgetragen, sodass das Kind ganz blass aussieht.

Das Ergebnis wirkte auf mich als Westler eher wie ein Zombie als wie ein süßes Baby, doch auch hierfür bekam ich mal wieder eine Erklärung: Der ganze Brauch dient dazu, um den Nachwuchs vor „dem bösen Geist" zu bewahren. Und der könnte im Glauben der Afghanen überall lauern, auch im Blick einer

Person. Deshalb malt man das süße Baby lieber so stark an, dass es niemand mehr anschauen möchte.

Auch bei Erwachsenen war das Modeempfinden anders. Während wir Westler einen braun gebrannten Teint als schön empfinden, war es in Afghanistan genau andersherum. Die noble Blässe war voll im Trend! Es gab sogar Cremes zu kaufen, die die Haut blasser machten. Auf den Packungen waren Vorher- und Nachher-Bilder von den Creme-Benutzern. Es waren die gleichen wie unsere Bilder auf Make-up-Verpackungen, nur genau andersherum. Ich fand „vorher" immer wesentlich schöner …

Außergewöhnlich war zudem der offene Umgang mit Drogen, oder besser gesagt mit deren Anbau. Wer sich schon einmal mit Afghanistan beschäftigt hat, weiß vielleicht von den riesigen Mohnblumenfeldern, die überall im Land gedeihen, um später aus dem Mohn Opium herzustellen. Diese Felder müssen wirklich schön sein, aber ich habe sie leider nicht gesehen, denn „wo Mohn blüht, ist auch der Ärger nicht weit", hieß es, da die Taliban den Anbau kontrollierten. Was ich dagegen gesehen habe, waren riesige Hanfpflanzen, die als Grünsträucher am Wegesrand mitten in der Stadt standen. Erst dachte ich, das könnte nicht wahr sein, aber es war tatsächlich so!

Kurz nach der ersten Sichtung einer solchen Pflanze unternahmen wir im Team einen Ausflug in eine andere Stadt. Der Weg dorthin führte vorbei an vielen erntereifen Baumwollfeldern. Erst war ich begeistert, dann fielen mir die vielen großen Büsche zwischen den Baumwollsträuchern auf. Ich wunderte mich, dass die Afghanen das Unkraut nicht ausgerissen hatten – bis ich bemerkte, dass hier ein Nebenverdienst der ganz anderen Art wuchs: Es waren riesengroße Hanfsträucher in voller Blüte! Entweder war das legal in diesem Land oder die Polizei wurde gut bestochen. Probleme schien es jedenfalls keine damit zu geben. Vielleicht waren sie auch ein Erbe der Hippiezeit vor dem Krieg. Egal wie, ich fand es äußerst interessant und habe es einfach mal kontemplativ-schmunzelnd wahrgenommen ...

Ich könnte die Liste des Skurrilen wahrscheinlich noch endlos weiterführen – da waren zum Beispiel noch die Tatsache, dass es in Kabul offensichtlich noch nicht wirklich entschieden war, ob man rechts oder links fahren sollte (ich war vorher und später einige Male auf der Durchreise dort), der Straßenpolizist, der sich eine bunt blinkende Lichterkette umgebunden hatte, und Hunde mit abgeschnittenen Ohren, weil sie so viel schöner galten.

Ich könnte alles einzeln aufzählen oder einfach sagen: „This is Afghanistan." Diese Aussage fiel öfter und sie fasste all diese Kuriositäten wunderbar zusammen. Das Land kam mir vor wie eine andere Welt, in einem anderen Zeitalter, mit völlig anderen Gesetzen, Normen und Selbstverständlichkeiten. Entweder man liebte es oder man hasste es.

WINTER IN DER STADT

Auch in unserem neuen Haus wurde es langsam kühl. Ungefähr eineinhalb Monate später als die Afghanen begannen schließlich auch wir zu heizen. Bei uns sollte es aber kein „Sandali" sein, sondern ein richtiger „Buchari", ein Holzofen. Sam und Brit hatten sogar einen richtig großen und schönen Ofen geliehen bekommen. Dieser war so besonders, dass wir das erste Anzünden gemeinsam zelebrieren wollten.

Wir holten alles, was wir brauchten, und nach dem Abendessen ging es los. Papier rein, anzünden und schon knisterte ein schönes kleines Feuer. Wir schwelgten alle drei in Lagerfeuerromantik und schauten den Flammen eine Weile zu – bis sich ein beißender Rauchgeruch im Raum breitmachte und immer stärker wurde. Nach und nach wurde es ganz neblig. Ein kurzer Blick: Die Ofentür war geschlossen und dicht. Das Ofenrohr auch. Woher kam dann der Rauch? Wir schürten das Feuer weiter an, um die Ursache besser ausfindig zu machen.

Wenig später hatten wir die Lösung: Der Rauch kam natürlich aus den Öffnungen für noch mehr Glühbirnen im Torbogen beim Kücheneingang. Woher auch sonst!? Je mehr wir schürten, desto mehr Rauch kam aus den Löchern. Es sah aus wie bei einer Nebelmaschine. Irgendwann war der ganze Raum in eine dicke Nebelschicht eingehüllt. Pfusch am Bau gab es scheinbar überall auf der Welt. Wir konnten nicht mehr vor Lachen.

Am gleichen Abend stand unsere Nachbarin mal wieder mit einer großen Portion Kabuli Palau, dem afghanischen Nationalgericht, vor der Tür und wir haben ihr unsere Nebelmaschine gezeigt. Das Ergebnis: der gleiche Lachflash wie bei uns! Schien also wirklich nicht normal zu sein. Auch nicht in Afghanistan!

Die Löcher ließen sich Gott sei Dank einfach mit Tüchern stopfen.

Mit der Zeit wurde all das Neue, das täglich auf uns einprasselte, zugegebenermaßen etwas anstrengend. Oft konnte ich nachts nicht mehr schlafen, entweder weil ich einfach total überladen mit Eindrücken war oder weil der Hund vor dem Haus immer mit dem Mullah mitjaulte. Aber lange musste ich nun ohnehin nicht mehr durchhalten, denn die Zeit, bis wir den Sprachkurs beendet haben und aufs Land ziehen würden, war inzwischen absehbar. „Dort wird alles etwas entspannter", hörte ich Sam, Brit und mich häufig sagen.

Uns Ausländern wurde empfohlen, mindestens alle sechs Monate einmal das Land zu verlassen, um den Kopf wieder freizubekommen. Afghanistan ist zwar wunderbar, aber eben auch genauso anstrengend. Oft fühlte es sich so an, als würde jemand konstant die Energie aus einem heraussaugen. Deshalb haben „normale" NGOs wie die WHO oder die Welthungerhilfe sogar die Regelung, dass ihre Mitarbeiter nur sechs bis acht Wochen am Stück im Land bleiben dürfen. Die EAO sah das alles jedoch etwas lockerer und empfahl eben alle drei bis sechs Monate einen Regenerationsaufenthalt außerhalb des Landes.

Ich hätte eine solche Regenerationspause auch gut gebrauchen können, aber das lag in weiter Ferne, denn ich hatte schlichtweg kein Geld dafür. Meine deutsche Sendeorganisation nahm diese Pausenzeiten nicht so ernst und unterstützte mich deshalb in dieser Sache nicht. Später wird der deutsche

Leiter meiner Organisation gegenüber dem Leiter der EAO erklären, dass die psychische Gesundheit seiner Mitarbeiter nicht so wichtig sei und sie sich deshalb wenig darum kümmerten. Vor allem jetzt, wo sie innerhalb der Organisation in Deutschland noch anderes zu tun haben.

Der Plan, eine andere Organisation zu finden, ging leider nicht auf. Das Vorhaben, länger zu bleiben, gestaltete sich schwieriger als gedacht. Schweren Herzens beschloss ich deshalb, dass ich nach einem Jahr wieder nach Hause zurückkehren würde. Dann würde ja der Vertrag auslaufen. Ich liebte dieses Land und seine Leute jetzt schon. Ich wollte nicht ans Abreisen denken, noch bevor ich meine eigentliche Arbeit richtig angefangen hatte. Doch so ganz ohne Unterstützung aus der Heimat ging es einfach nicht. Ich fühlte eine schwere Last auf meinen Schultern liegen, die einfach zu groß war, als dass ich sie ganz allein hätte tragen können.

„Man muss auch gut für sich selbst sorgen, damit man sich gut um andere kümmern kann", hatte ich in der Vorbereitung auf den Einsatz oft gehört. Zu dieser Selbstfürsorge gehörten für mich viele Dinge, aber nicht alle konnte ich ohne Weiteres selbst tun. Zum Beispiel lag es nicht in meiner Hand, einmal Abstand von allem zu bekommen, um woanders neue Kraft zu tanken.

Die Finanzen wurden in NRW geregelt, doch meine Sendeorganisation gab mir nach wie vor keinen Einblick in diese Angelegenheit. Und Abstand konnte ich ohne die finanziellen Mittel für Flug und Aufenthalt nicht bekommen. Also war der Einsatz allein schon aus diesem Grund über längere Zeit nicht machbar, ohne daran kaputtzugehen.

So beschloss ich, dass aus dem geplanten Marathon nun einfach ein Sprint werden würde. Und in diesen Sprint wollte ich all meine Energie, all meine Kraft und all meine Kreativität hineinlegen. Was danach kommen würde, war erst mal zweitrangig. Von den Afghanen hatte ich ja schon eines gelernt: Manche Situationen muss man einfach so annehmen, wie sie sind.

Jeden Abend um 20.00 Uhr ließ ich deshalb alles stehen und liegen und fing an, mich Gott zuzuwenden. Er ist es, von dem alle Freude, alle Kraft und alles Leben kommt. Mir erschien es deshalb sinnvoll, mich immer wieder an dieser Quelle aufzuhalten. Und Gott hielt seine Versprechen! Denn jeden Abend nach dieser Gebetszeit fühlte ich mich wieder gestärkt, war innerlich ruhig geworden, klar und sortiert. So konnte ich auch ohne Auszeit weitermachen!

Immer, wenn wieder besonders viel auf einmal anstand, fanden Sam, Brit und ich uns auf unserem gemütlichen Sitzpolster wieder, mit einem Spicy Chai Latte in der Hand und immer über dasselbe Thema redend: Sardsang! Wie schön es dort werden würde! Auf dem Land, außerhalb der Enge der Stadt. Allein die Möglichkeit, wieder unbesorgt aus der Haustür herauszukönnen und ins weite Land zu blicken, hob unsere Laune. Aus der Haustüre heraus und hinein in die Berge, das war es, wovon wir träumten – und davon, endlich mit unserer eigentlichen Arbeit beginnen zu dürfen!

Wir malten uns aus, was uns dort im Hochland bevorstand. Vor welchen Herausforderungen würden wir wohl stehen? Wie würde uns das Team dort aufnehmen? Unterschied sich die Kultur dort viel von der hier in Taloq? Schließlich war es eine andere Volksgruppe und eine völlig andere Umgebung. Taloq liegt tief und ist eine Großstadt. Sardsang liegt auf einem

Hochplateau, ist sehr ländlich und eher kalt. Viele Annehmlichkeiten, die wir hier noch hatten, würden wir dort verlieren: fließendes Wasser zum Beispiel und einen Kühlschrank! Wie würden wir damit zurechtkommen? Würden wir auch dort wieder schnell Freunde finden?

Trotz aller Fragezeichen erschien uns Sardsang so verheißungsvoll und schön wie damals dem Volk Israel das Heilige Land. Es würde das Schönste werden, das wir je erleben werden: Hipsters Paradise halt.

So schwelgten wir in unseren Gedanken und nahmen noch einen kräftigen Schluck vom Spicy Chai. Dieser war improvisiert, wie so vieles hier. Dieses Mal mit Kebab-Gewürz – es enthielt zufällig fast die gleichen Zutaten wie das Teepulver, das man sich im Westen für einen Spicy Chai kaufen kann!

WEIHNACHTEN UND MUEZZIN

Der Advent stand vor der Tür und damit bald auch Weihnachten. Wie würde das in einem muslimischen Land wohl werden? Irgendwie kam es mir so vor, als ob sich Weihnachten inzwischen von einem Glaubensfest zu einem globalen Event entwickelt hätte. Mir schien es, als würde alle Welt irgendwie mitfeiern, egal welcher Religion man angehört. Aber traf das auch auf dieses Land zu? Wie standen die Afghanen dazu?

Tatsächlich sprachen wir inzwischen sehr häufig über den Glauben. Das erste Mal mit einem Stoffverkäufer, der uns quasi im Vorbeigehen zum Islam überreden wollte. Aber auch sonst kamen solche Gespräche ganz natürlich immer wieder auf. Anfangs hatte ich noch Angst bei dem Thema, schließlich war ich häufig die einzige Christin im Raum, außer ich war mit Brit unterwegs. Die fühlte sich aber genauso unwohl.

Später, als wir verstanden hatten, dass der Glaube hier einfach ein Gesprächsthema war wie jedes andere, verloren wir nach und nach unsere Angst. So erzählten wir offen, an was wir glaubten, wie wir unseren Glauben praktizierten und wie wir Gott in unserem Leben wahrnahmen.

Es waren immer sehr offene und respektvolle Gespräche, in denen jeder dem anderen zuhörte und so lange Fragen stellte, bis alles halbwegs geklärt war. Wir durften nur niemanden direkt zum christlichen Glauben überreden. Logisch. Ich finde auch, dass eine Bekehrung eine zutiefst freiwillige Sache sein muss. Keiner darf dazu gezwungen oder überredet werden. Nicht in Afghanistan und auch sonst nirgendwo auf der Welt!

Seit dem Einzug in unser neues Haus hatten wir uns auch mit unseren neuen Nachbarn so gut angefreundet, dass wir sie alle zu einer kleinen Weihnachtsfeier einladen wollten. Zu meiner Überraschung sagten alle begeistert zu! Sogar meine alten Nachbarn aus der Schneiderstube wollten kommen. Sie waren alle interessiert, wie wir ein „Eid", einen Feiertag, feiern würden. Die Weihnachtsgeschichte hatten viele schon einmal gehört, denn Jesus ist im Islam ein Prophet, der ebenfalls durch eine Frau auf die Welt kam. Es schien kein Problem zu sein, dass wir die Geschichte anders bewerteten als sie. Hauptsache, es gab etwas zu feiern!

Für Weihnachten, eines der wichtigsten Feste unseres christlichen Glaubens, wollten wir natürlich auch entsprechend auffahren. Also backten und kochten wir, was das Zeug hielt. Wir putzten unser Haus und dekorierten es, so viel wir konnten. So gut vorbereitet und mit dem knisternden Holzfeuer im Ofen kam echte Weihnachtsstimmung auf. Aus dem Nachbarsgarten wieherte immer wieder ein Esel. „Man könnte hier ein richtiges Krippenspiel machen", scherzten wir zwischen Putzwedel und Backblech. „Ja, und man müsste sich bei der Kleidung, die wir sowieso tragen, noch nicht einmal verkleiden!"

Das Einzige, was für ein richtiges Weihnachtsfest fehlte, war ein Christbaum! Sam roch wieder einmal das Abenteuer. Wenig später zog er frohen Mutes und mit klarem Ziel vor Augen los. Diesmal waren wir im Sprachkurs schon deutlich weiter als damals bei seinem spontanen Hühnerkauf, aber ein Wort für „Christbaum" gab es auf Dari nicht und wir konnten uns auch nicht vorstellen, dass hier irgendjemand wusste, was das ist.

Wider Erwarten kam Sam aber schon nach kurzer Zeit freudestrahlend und mit einem kleinen Plastikchristbaum in der Hand wieder! Er erzählte, dass er in einem der vielen

Plastikblumenläden eine wirklich große Plastiktanne gesehen hatte. Er fragte den Verkäufer, ob er so etwas nicht auch in kleiner habe? „Ja, kein Problem!", meinte dieser, schnitt ein paar Zweige vom großen Baum ab, klebte sie kunstvoll mit grünem Gaffa-Tape zusammen, et voilà – ein Christbaum! Die Afghanen finden doch meistens einen Weg, um das Unmögliche möglich zu machen! Unterm Strich bekam man hier fast alles, man musste eben nur ein bisschen umdenken.

Nun konnte unsere Weihnachts-Eid-Feier beginnen! Zur Unterstützung kamen noch zwei andere ausländische Kolleginnen – oder besser gesagt Freundinnen. Wir richteten alles schön an, ganz im afghanischen Stil auf dem Boden, mit einem Plastik-Tischtuch in der Mitte. Und ganz kulturbewusst bereiteten wir nun auch routinemäßig schwarzen Tee zu. Denn das war der „Wintertee" in Taloq. Der grüne Tee, der uns zu Beginn unseres Aufenthalts immer serviert worden war, war nur im Sommer gut für den Körper – so die überzeugende Erklärung meiner Nachbarin.

Wir waren stolz auf uns! Aber dafür war nicht viel Zeit, denn schon kamen unsere Gäste. Es kamen mehr Leute als erwartet, aber das war uns nur recht. Es wurde eine schöne Runde. Die verschiedenen Speisen aus verschiedenen Ländern (jeder hatte etwas traditionell Weihnachtliches aus seiner Heimat gebacken) kamen sehr gut an.

Dann erzählte eine von uns die Weihnachtsgeschichte, allerdings recht kurz, denn die meisten hatten sie ja schon einmal gehört. Zum Abschluss erzählte ich noch die Geschichte von Punchinello (aus dem Buch „Du bist einmalig" von Max Lucado), denn wir wollten versuchen, den Afghanen etwas mitzugeben, das die „Botschaft von Weihnachten", also Hoffnung und Liebe, in sich trägt. Und wir dachten, dass das eine frei erfundene Geschichte vielleicht eher kann als eine Geschichte, die sie schon gehört hatten und über deren Wahrheitsgehalt sie eine vorgefertigte Meinung hatten.

Außerdem traf diese Geschichte, in der sich geschnitzte Puppen immer gegenseitig beäugen und mit „gut" oder „schlecht" bewerten, so sehr auf die Lebensweise der Afghanen zu. Gerade auf die der Frauen, die so viele Auflagen und Erwartungen erfüllen mussten und dabei immer bewertet wurden.

Wir hatten die Hoffnung, die Geschichte würde sie ein bisschen abholen. Und das tat sie! Unser Dari war zwar immer noch recht holprig, aber mit etwas Vorbereitung, vereinten Kräften und Bildern bekamen wir es hin, die Geschichte rüberzubringen. Es wurde ganz still im Raum und jeder folgte aufmerksam den Verlauf der Handlung. Am Ende blieben an der Puppe Punchinello keine „Gut"- oder „Schlecht"-Sticker mehr kleben. Er war frei von allen Beurteilungen.

„Was für eine schöne Geschichte, mein Herz wurde ganz warm!", meinten unsere Freunde, nahmen sich jeder noch ein Kuchenstück und gingen kurze Zeit später nach Hause. Eid-Besuche dauern nie sehr lange.

„Eine gelungene Feier", dachten wir und blieben noch ein bisschen zusammen sitzen, um uns die Bäuche vollzuschlagen.

STADT, LAND, UMZUG

Es dauerte eine gefühlte Ewigkeit – andererseits nur einen Augenblick. Plötzlich war der Sprachkurs tatsächlich vorbei! Nun ging ein ganz neues Kapitel los, denn die Zeit war reif, um aufs Land zu ziehen und mit der „richtigen" Arbeit zu beginnen! Sam, Brit und ich konnten es kaum erwarten.

Wir packten unsere Siebensachen zusammen und stapelten alles in große Metallkisten. Das ist die gängige Transportmethode in Afghanistan. Sam und Brit verabschiedeten sich einen Tag vor meiner Abreise in den Urlaub. Sie würden in drei Wochen direkt nach Sardsang nachkommen. Ich war einerseits ein bisschen neidisch, dass die beiden nun etwas ausspannen durften. Andererseits freute ich mich wahnsinnig darüber, jetzt schon nach Sardsang zu kommen. Seit Monaten fieberten wir auf diesen Tag hin!

Um das Gepäck kümmerten sich unsere Mitarbeiter: Es wurde über Land verschickt, während ich mittels Flugzeug und Hubschrauber ans Ziel gelangen sollte. Ich verabschiedete mich von allen meinen neuen Freunden, Nachbarn, nationalen und internationalen Kollegen in Taloq. Alle Einheimischen hatten bis zum Schluss verdrängt, dass dieser Abschied bevorstand. Entsprechend traurig war die Verabschiedung. Wir nahmen uns fest vor, per Telefon und Facebook weiter in Kontakt zu bleiben.

Auch unser Haus verabschiedete sich von uns, indem die Wasserleitungen einfroren. Über einige Tage hinweg ging gar nichts, kein Wasserhahn, keine Dusche und keine Toilettenspülung. Ich holte Wasser aus einem Brunnen im Garten, um wenigstens das Nötigste zu erledigen. Es war ein echter Rausschmiss. Und eine gute Vorbereitung auf das Leben in Sardsang!

Schon bei der Ankunft in Sardsang zog mich die wunderschöne Umgebung sofort wieder in den Bann. Auch hier war es Winter geworden. Die Landschaft war eingehüllt in eine weiße Decke, aus der nur hier und da etwas beige Erde herauslugte. Die Hügel und Berge wirkten majestätisch, abenteuerlich und beschützend zugleich.

Auf den ersten Blick war die Gegend nicht sehr dicht besiedelt. Scheinbar wahllos standen die kleinen, viereckigen, lehmfarbenen Häuser in der Gegend herum. Das Zentrum der Nachbarschaft bildete immer ein kleiner Brunnen. Abgesehen von den Häusern wirkte die Natur völlig ursprünglich und unberührt. So friedlich.

Keiner, der je einmal hier ankam, konnte glauben, dass wir wirklich noch in Afghanistan waren – diesem Land, vor dem alle Angst haben, das jeder nur mit Krieg, Bomben und Flüchtlingen verbindet. Nichts davon war hier zu spüren!

Beim Anflug hatte ich aus dem Hubschrauber heraus zugefrorene, kristallklare Seen gesehen und einen atemberaubend tiefblauen Himmel. Beim Umsteigen in Kabul war ich auf Tara und Mikel getroffen, die älteren Kollegen, die ich schon von meinem Visionstrip kannte. Sie kamen gerade aus dem Urlaub zurück und freuten sich, dass sie von nun an nicht mehr allein im Hinterland sein würden. Beide waren ungefähr genauso begeistert vom Leben in Sardsang wie ich – Mikel wegen der Ruhe und der Einsamkeit und Tara, weil sie ungefähr alle Frauen im

Umkreis von mindestens 30 km kannte und ihr dadurch niemals langweilig wurde.

Mikel hatte unseren Wachmann in Sardsang schon vor unserer Ankunft gebeten, unsere Häuser aufzuheizen. So war es nicht mehr ganz so kalt, als wir schließlich ankamen in meinem neuen Zuhause. Es war, als würde sich ein Traum erfüllen. Sogar der Hubschrauberflug hatte dieses Mal funktioniert!

Ich war wirklich da. Nicht auf Besuch, sondern um zu bleiben – wenigstens für die kommenden sieben Monate! Die ganze Zeit hatte ich auf diesen Moment hingearbeitet, viel gekämpft, gelernt und gehofft. Nun war der Plan also tatsächlich aufgegangen. Preist den Herrn, denn er hält seine Versprechen!

Wie bereits in Taloq wohnten wir auch hier wieder in einem ganz normalen Haus am Rand des Dorfes. Genauer gesagt in drei Häusern. Eines für mich, eines für Mikel und Tara und eines für Brit und Sam, die ja in Kürze zu unserem Team dazustoßen würden. Wie alle Häuser hier sahen sie aus wie quadratische Würfel aus Lehm, mit flachem Dach und dicken Wänden.

Jedes Haus hatte eine eigene Küche, ein Wohn- und Schlafzimmer und ein separat begehbares Gästezimmer. Das ist so üblich und sehr praktisch, denn so bekommen die Gäste nichts vom Chaos im Wohnbereich mit! Ich durfte schon während des Visionstrips wählen, welches meines werden sollte, und die Entscheidung fiel nicht schwer: Das, in das die Sonne so schön scheint und das schon typisch deutsch ausgestattet war, sollte es natürlich werden! Außerdem war es sowieso das kleinste der drei Häuser und somit passend. Die deutsche Ausstattung war das Erbe der deutschen Diakonisse Ruth, die über viele Jahre hinweg hier gelebt und gearbeitet hatte. Gemeinsam mit einer weiteren Lokalheldin, der berühmten finnischen Ärztin Eva, hatte sie die Arbeit hier aufgebaut.

Kaum angekommen, machte ich mich sofort an die Arbeit, um mir mein neues Heim einzurichten. Darin hatte ich nun schon etwas Routine, aber dieses Mal wollte ich nicht einfach nur eine Bleibe wie in Taloq, stattdessen wollte ich mir ein richtiges Zuhause schaffen, in dem ich mich wohlfühlen konnte.

Die ersten Tage verbrachte ich deshalb vor allem damit, all die Schätze auszugraben, die Ruth und die anderen Bewohner vor mir hinterlassen hatten. Ich staunte nicht schlecht und fand allerhand Krimskrams, den ich hier im letzten Winkel eines fast vergessenen Landes niemals erwartet hätte: ein manuell bedienbares Handrührgerät zum Beispiel, Spritzbeutel mit allen möglichen Aufsätzen, einen Dampfdrucktopf von WMF, gehäkelte Tischdecken, Strickzeug, kitschige alte Dekopuppen, Kerzen, Andachtsbücher, Videokassetten, Holzfiguren, Gewürze, ein Keyboard und so weiter.

Es war ein Fest, das alles zu entdecken. Natürlich sortierte ich erst einmal – ich gehörte definitiv einer anderen Generation an als die Leute vor mir. Vieles war aber tatsächlich noch gut brauchbar! Alles andere kam in den Schuppen im Garten.

Alles hier wirkte irgendwie sehr heimelig. Die niedrigen Decken, die Kücheneinrichtung, die wie aus den 50ern wirkte, und der alte Benzinofen in der Mitte des Wohnzimmers hatten schon etwas. Zudem hatte ich selbst noch ein paar Kleinigkeiten aus der Heimat dabei. So war schon nach kurzer Zeit ein recht passables Zuhause entstanden.

Eine Herausforderung, an die es sich zu gewöhnen galt, war der fehlende Kühlschrank. Die kleinen Solarplatten im Garten produzierten nicht genug Strom, um Elektrogeräte benutzen zu können. Und ein öffentliches Stromnetz gab es hier nicht. Als Ersatz für den Kühlschrank stand ein großer Holzschrank im kühlen Flur, in dem man Nahrungsmittel gut lagern konnte. Es war also kein echtes Problem.

Und dann war da noch die Außentoilette. Außerhalb der Städte Afghanistans gibt es noch keine Kanalisation, deshalb sind Toiletten im Haus nicht denkbar. Die Lösung hierfür ist ein Toilettenhäuschen mit Komposttoilette in einer Ecke des Gartens. Das klingt schlimmer, als es ist. Man gewöhnt sich sogar sehr schnell daran und es riecht Gott sei Dank nicht! Ich war erstaunt, wie wenig man wirklich zum Leben braucht. Einige Dinge, die bei uns als unverzichtbar gelten, sind in Wirklichkeit eigentlich gar nicht zwingend notwendig. Es geht sogar sehr gut ohne!

Manchmal bietet dieser andere Lebensstil sogar große Vorteile: Wenn man hier nachts noch einmal rausmuss, wird man mit einem atemberaubenden Blick in einen meist sternenklaren Nachthimmel belohnt. So etwas hatte ich vorher noch nicht gesehen. Die Sicht war absolut klar, denn ohne Stromnetz gibt es natürlich auch keine Straßenlaternen. Der Himmel wirkte wie ein aufgespanntes Zelt, geschmückt mit einem Meer aus Sternen. Mehrere funkelten so hell, dass ich nie herausgefunden habe, welcher denn jetzt der Polarstern ist.

Was ich zuerst für einen Wolkenstrang hielt, stellte sich später als die Milchstraße heraus! Der Blick verlor sich in unendlichen Weiten. Gleichzeitig wirkte alles sehr nahe, viel näher als sonst. Oft stand ich minutenlang nur da und betrachtete das Spektakel. Oben die Sterne, unten die weiß verschneiten Berge. Je länger ich schaute, desto detailreicher wurde es. „Die NASA wäre hier sicher glücklich", schoss es mir hin und wieder durch den Kopf.

DAS PROJEKT,
DIE NEUEN KOLLEGEN UND ICH

Während ich mich häuslich einrichtete, verbrachten wir in unserem neuen Drei-Personen-mini-Team auch einige Stunden am Tag gemeinsam. Tara und Mikel brachten mich auf den aktuellen Stand des Projekts insgesamt und über mein Team im Speziellen. Sie erklärten mir grob den Stand der Mitarbeiter und was als Nächstes anstand. So ganz genau wussten sie es bei meinem Team eigentlich gar nicht, denn an unserem Standort hier waren einige Teams angesiedelt, die in ganz verschiedenen Bereichen arbeiteten.

Seit die EAO das örtliche Krankenhaus an eine andere Organisation verloren hatte, spezialisierte sie sich ganz darauf, die Resilienz der Menschen in der Region so zu stärken, dass sie am besten gar nicht erst krank werden. Dafür wurden mehrere Sparten geschaffen: Ein Team kümmert sich um den Bau von Toiletten, denn offene Fäkalien sind ein großer Risikofaktor. Ein anderes sorgt für sauberes Trinkwasser, denn fast alle Flüsse und Seen hier sind stark verschmutzt.

Wieder andere Mitarbeiter kümmern sich um die Verbesserung der Ernte. Dafür forschen sie, welche Getreidesorte hier auf 3000 m über null am besten wächst beziehungsweise wie und welches Gemüse angebaut werden kann.

Andere Teams arbeiten mit den Menschen direkt, bringen ihnen Lesen, Schreiben und Hygienemaßnahmen bei, geben Nähkurse, Kurse zum Umgang mit Geld oder dazu, wie man sich in der Schwangerschaft verhalten sollte, damit die Mütter- und

Kindersterblichkeit sinkt – das war das GLISP-Team, das ich unterstützen würde. Dieses GLISP-Team arbeitete immer ein bisschen separat, denn sie hatten eine andere Agenda und kamen schneller voran als die anderen.

Am Samstag, dem ersten Tag der afghanischen Woche, war es endlich so weit! Ich war in Afghanistan, konnte ein bisschen Dari und durfte nun meinen ersten Arbeitstag als Entwicklungshelferin antreten. Ich war total glücklich und gleichzeitig richtig aufgeregt!

Der Weg zum Büro dauerte nur zehn Minuten. Dort wurde ich sehr herzlich begrüßt. Scheinbar kannten mich alle noch vom Visionstrip knapp ein Jahr zuvor und freuten sich, dass nun endlich wieder jemand Neues fest zu ihnen ins Team kam. Viel Zeit für Wiedersehensfreude war allerdings nicht, denn es herrschte bereits Aufbruchsstimmung. Meine fünf einheimischen Teamkollegen nahmen mich sofort in Beschlag und führten mich zu unserem Geländewagen.

Und schon ging es los! Beim Einsteigen wurde ich informiert, dass wir in zwei Dörfer circa eine Stunde entfernt fahren würden. Dort fanden gerade GLISP-Kurse statt, und wir würden schauen, ob sie gut liefen, Fragen beantworten und neues Material ausliefern. Die Frauen würde sich zwei und zwei aufteilen und Massoud, unser Fahrer und einziger männlicher Trainer, würde auch in einem Dorf bleiben, um den dortigen Männerkurs zu begleiten.

Schon die Fahrt war beeindruckend. Wir fuhren auf ungeteerten Straßen, teils auf Wegen, die ich nicht als solche erkannt hätte, und durch Flussbetten durch die winterliche Landschaft.

Die Sonne schien, aber es war wirklich kalt. Unterwegs unterhielten wir uns – oder versuchten es zumindest, denn wie ich feststellen musste, sprachen die Leute hier so einen heftigen Dialekt, dass ich mich sehr anstrengen musste, um überhaupt irgendetwas zu verstehen. Die fünf Monate Sprachkurs schienen im ersten Moment völlig wertlos. War das überhaupt noch dieselbe Sprache?! Mithilfe von Händen und Füßen klappte die Verständigung aber trotzdem irgendwie. Die neuen Kollegen waren sehr offen und herzlich, sie wollten vieles über mich wissen. Offensichtlich hatten sich auch viele inhaltliche Fragen zu den Kursen angestaut, die sie mir ohne Scheu stellten. Manche konnte ich schon beantworten, für andere kannte ich das Projekt noch zu wenig.

Aber auch ich hatte viele Fragen: Wie ist es, hier zu leben? Welche Herausforderungen und welche Vorteile gibt es? Warum sind hier häufig keine Mauern um die Häuser, so wie in Taloq? Wie kommen Leute von A nach B, wenn sie kein Auto haben?

Es war eine sehr heitere Fahrt, denn offensichtlich nahmen sie die Dinge hier mit noch mehr Humor als die Leute in der Stadt. Wie die Leute von A nach B kommen, habe ich auch schnell gelernt, denn von Zeit zu Zeit kamen uns Reisende entgegen. Meist saß einer auf einem Esel und der andere lief nebenher.

Es waren wieder viele Eindrücke auf einmal. Ich wusste nicht, wo ich zuerst hinschauen oder hinhören sollte. Meistens redeten mindestens zwei meiner neuen Kolleginnen auf einmal mit mir und auch von der Umgebung wollte ich nichts verpassen!

Als wir schließlich im Dorf ankamen, wurden wir herzlich begrüßt und liefen schnell zu dem Privathaus, wo der Kurs stattfand. Hier auf dem Land haben die Leute größere Häuser als in der Stadt, stellte ich fest. Die Mauern drum herum fehlen, weil es mehr Vertrauen zu den Nachbarn gibt. Von außen wirkt alles etwas einfacher, denn es gibt keinen Asphalt – stattdessen sind die Häuser durch Trampelpfade miteinander verbunden.

Der Eingangsbereich der Häuser wirkt ein wenig wie ein Rohbau bei uns, man läuft einfach durch, bis man zu den bewohnten Zimmern gelangt. Davor zieht man die Schuhe aus. Auch die Wohnräume selbst waren oft größer als in Taloq, mit riesigen Gästezimmern. Wir bekamen den bequemsten Platz: direkt über der Fußbodenheizung! Das hatte ich nicht erwartet und war völlig beeindruckt.

Diese Fußbodenheizung entsteht durch den Tandoor. Das ist ein Loch im Boden, in dem Feuer gemacht wird. Entweder kann man den Tandoor dazu nutzen, um im Inneren Fladenbrot zu backen, oder man stellt einen Topf über die Öffnung und kocht darauf. Die Wärme, die durch das Feuer entsteht, wird durch ein Rohr nach außen geleitet. Dieses Rohr läuft unterhalb des Wohnzimmers entlang, dadurch entsteht die Fußbodenheizung. Simpel, aber genial! Wer die Afghanen als einfach gestrickt abstempelt, nur weil sie anders sind als wir, der urteilt vorschnell.

Über der Heizung platziert, wurden wir erst einmal mit dem obligatorischen Tee versorgt. Es gibt in Afghanistan grundsätzlich nur zwei Teesorten: Grüntee und Schwarztee. Welche Teesorte man bekommt, hängt von der Region ab. In Sardsang entscheidet man sich einmal im Leben und bekommt dann immer die gleiche Sorte, wie ich feststellte. Per Zufall wurde ich vermutlich einmal beobachtet, wie ich grünen Tee trank, deshalb stellten meine neuen Kollegen als Erstes sicher, dass ich auf jeden Fall wieder grünen Tee bekam!

Mein Fall war damit entschieden, das schien wichtig zu sein. Serviert wurde der Tee hier etwas anders als in Taloq. Statt eines großen Potts wurden hier viele kleine, bunte Alukannen auf den Teppich gestellt sowie viele kleinere Schälchen mit Süßigkeiten, in denen hier nur noch zwei verschiedene Sorten Bonbons lagen.

Auch sonst wirkte hier alles etwas schlichter als in der Stadt. Möbel fand man gar nicht mehr. Stattdessen nur noch die quadratischen Stapel mit den schönen, aufwendig und farbenfroh bestickten Tischtüchern darüber. Inzwischen wusste ich schon, dass darunter keine Kommode, sondern Toshaks versteckt waren – die afghanische Version einer Matratze. Außerdem standen Metallkisten zur Aufbewahrung von allen möglichen Habseligkeiten auf den breiten Fenstersimsen.

Die Wände waren liebevoll mit Häkeleien, Spiegeln, Fotos oder Plakaten dekoriert. Wir selbst saßen nicht mehr auf dicken Sitzkissen, sondern auf Filzmatten, in die bunte Blumenmuster eingearbeitet waren, und lehnten uns an ebenfalls bunt bestickte Kissen. Die Zimmerdecke war wie überall in Afghanistan mit buntem Stoff abgehängt. Durch die vielen Details und die großen Fenster war es hier sehr einladend und gemütlich.

Die nette Hausherrin setzte sich kurz zu uns, dann rief sie die Frauen des Dorfes zum Kurs. Nach der zweiten Tasse Tee trudelten sie langsam eine nach der anderen ein. Man nahm es hier offenbar nicht so genau mit der Pünktlichkeit. Parallel machten meine Kolleginnen mich mit dem Unterrichtsmaterial vertraut. Da die meisten Frauen Analphabeten sind, findet der gesamte Unterricht über Bilder und Erzählungen statt. Basgul, eine meiner neuen Kolleginnen, erklärte mir jedes einzelne Bild und seine Bedeutung. Ich war sehr gespannt zu sehen, wie der Unterricht in der Praxis aussah!

WARUM MACHEN WIR GLISP?

Traditionell sind die meisten Frauen in Afghanistan fast ihr ganzes Erwachsenenleben lang schwanger. Und doch haben sie am Ende „nur" circa 4–6 Kinder. Das liegt daran, dass häufig die Hälfte oder sogar zwei Drittel der Kinder entweder noch im Mutterleib oder kurz nach der Geburt einfach versterben. Das Land hat eine der höchsten Kindersterblichkeitsraten der Welt: Zu traurigen Spitzenzeiten verstarb jedes vierte Neugeborene! Auch die Müttersterblichkeit ist extrem hoch. Noch heute stirbt ungefähr jede 20. Frau bei der Geburt. Das ist viel.

Dabei wäre vieles vermeidbar. Viele folgen aus Unwissenheit heraus uralten Traditionen, die einfach nicht gesund sind. So wie Khatitcha: Sie stammt aus einem kleinen Dorf irgendwo in den Bergen. Mit circa 20 Jahren wurde sie verheiratet und war wenig später schon schwanger. Damit stand sie bei ihrer Schwiegerfamilie sehr gut da. In diesem Teil Afghanistans ist es wichtig, im ersten Ehejahr schwanger zu werden. In anderen Teilen des Landes ist der Druck noch höher, da soll sich der Nachwuchs am besten schon nach spätestens drei Monaten ankündigen. Andernfalls droht der Frau, von ihrem Mann verstoßen zu werden, oder der Mann heiratet eine weitere Frau.

Khatitcha war also überglücklich und wollte alles richtig machen, damit ihr Kind sich gut entwickelt. Dafür aß sie nur „warme" Lebensmittel. Warm und kalt hat dabei nichts mit der Temperatur zu tun. In Teilen Asiens werden Lebensmittel grundsätzlich in warm und kalt eingeteilt. Obst, Gemüse und Milch sind kalte Speisen, die traditionell von Schwangeren nicht gegessen werden dürfen, denn man glaubt, dass der Verzehr dem Ungeborenen schadet.

Deshalb ernährte Khatitcha sich neun Monate lang quasi nur von Fladenbrot und Tee (das sind die warmen Speisen). Außerdem musste sie im Haushalt und auf dem Hof mitarbeiten, denn die Arbeit muss ja gemacht werden und eine junge Frau eignet sich dafür am besten. Oft musste sie lange Wege laufen oder schwer schleppen. Aber das war sie gewohnt. Außerdem sollten die Nachbarn nichts von der Schwangerschaft mitbekommen, sie würde sich sonst wahnsinnig schämen. Ein Kind kommt in Afghanistan einfach zur Welt, man spricht vorher nicht darüber.

Khatitcha war häufig müde, legte sich aber nur nachts ein paar Stunden hin, denn es gab zu viel zu tun. Sie wollte auf keinen Fall faul sein, das kommt weder im Dorf noch bei der Schwiegerfamilie gut an. Wie bei den meisten Frauen war ihr Bauch durch die schwere Arbeit sehr weit nach unten gerutscht, das tat weh, aber sie ging nicht zum Arzt. Der ist viel zu weit weg, schlecht ausgestattet und verlangt ein halbes Vermögen für eine Untersuchung. Da ignorierte sie ihre Schmerzen lieber.

Als nach neun Monaten endlich die Wehen einsetzten, sagte sie ihrer Schwiegermutter und der Schwägerin Bescheid. Wie üblich begaben sie sich zusammen in den Stall. Niemand sollte etwas von der Geburt mitbekommen. Außerdem ist eine Geburt sehr schmutzig, deshalb ist der Stall in den Augen vieler Afghaninnen der richtige Ort dafür. Die Schwiegermutter richtete für die Niederkunft einen Haufen aus getrocknetem Mist her und legte ein bisschen Heu darauf, nicht zu viel.

Hier brachte die junge Frau einen kleinen Jungen zur Welt! Wie alle war er ein bisschen klein und unterentwickelt, aber diesen Vergleich hatten die drei nicht. Die Schwägerin freute sich sehr und schnitt die Nabelschnur auf dem Schuh von Opa ab. Das soll dem Kind ein langes Leben schenken. Dann band sie die Nabelschnur auf der Seite des Kindes ab, damit kein Blut mehr heraustropfte. Den Stumpf säuberte sie mit schwarzem Dreck.

Die Nabelschnur auf Khatitchas Seite band sie nicht ab, denn das herauslaufende Blut soll sie reinigen. Khatitcha verlor jetzt sehr viel Blut und wurde ohnmächtig. Die Schwiegermutter holte Khatitchas Ehemann, der neben ihrem Kopf eine Kugel aus seinem Gewehr abfeuerte. Durch den Schreck kam sie wieder etwas zu sich und die Plazenta löste sich ab. So kam auch die Blutung zum Stillstand.

Währenddessen hatte die Schwägerin schon die erste Mahlzeit für den Säugling vorbereitet: zerlassenes Fett aus alter Butter. Das flößte sie dem Säugling nun mit einem Löffel ein. Der Junge beruhigte sich nun zügig und schlief friedlich ein. So übergab sie Khatitcha nun ihren Sohn. Alle waren glücklich, denn alles war gut gegangen. Einen Namen sollte der Kleine erst in ein paar Tagen bekommen, bis dahin würden alle Familienangehörigen und Nachbarn ihren Lieblingsnamen sagen. Per Los würde dann entschieden, welcher Name es werden sollte.

Alles schien perfekt, doch der Schein trog. Denn der Säugling bekam schon am nächsten Tag Fieber. Er trank sein Fett nicht mehr. Die Brust gab Khatitcha ihm nicht, denn die erste Milch ist schädlich für ein Kind, das sagen alle. Das Fieber stieg weiter. Abends hatte der Junge schon ganz eingefallene Augen. Der Mullah wurde geholt, der bat Allah um Gnade. Doch der Zustand des Neugeborenen verschlechterte sich weiter. In der Nacht fing das Kind an, sich anfallsartig zu überstrecken. Diese Anfälle wurden immer schlimmer und häufiger. Immer wieder wurde das Neugeborene ganz blau. Am nächsten Vormittag verstarb es schließlich.

Khatitcha heißt in Wirklichkeit zwar anders, aber es gibt sie wirklich. Ihre Geschichte steht beispielhaft für viele, denn so oder ähnlich verlaufen Tausende Schicksale im ländlichen Afghanistan. Durch das Verhalten in der Schwangerschaft waren das Kind und seine Mutter bereits vor der Geburt geschwächt und wegen der unhygienischen Verhältnisse während der Geburt bekam das Kind Tetanus. In Afghanistan ist die Krankheit besser bekannt als „Angst", denn während der Anfälle verzieht sich der Gesichtsausdruck der Erkrankten so, als würden sie etwas sehen, vor dem sie sich sehr fürchten.

Khatitcha verlor noch zehn weitere Kinder! Sie alle wurden lebendig geboren und sind sofort oder nach wenigen Wochen gestorben. Nach all dem Leid hatten sie und ihr Mann jede Hoffnung verloren, jemals lebenden Nachwuchs zu haben.

Ich denke, man macht es sich sehr einfach, wenn man die Menschen hier einfach als „dumm" abtut. Das, was sie tun, machen sie nicht aus böser Absicht oder Rebellion! Sie sind auch nicht so einfältig, wie es in dieser Geschichte scheint. Wie würde ich mich verhalten, wenn ich mein ganzes Leben lang in einem sehr versteckten Dorf leben würde, nie zur Schule gegangen wäre und von klein auf nichts als harte Arbeit kennen würde? Natürlich, ich würde alle Tipps annehmen, die die weisen älteren Frauen haben, schließlich haben sie die Erfahrung und es gibt ja auch gesunde, lebendige Kinder im Ort!

Ohne zur Schule gegangen zu sein, wäre ich auch Analphabetin, deshalb könnte ich mir kein neues Wissen aneignen, selbst wenn ich an den traditionellen Praktiken zweifeln würde. Ich könnte höchstens ein paar Männer bitten, mir etwas vorzulesen – manche von ihnen lernen in der Medresse lesen und schreiben. Doch eigentlich bliebe uns nur der Koran zum Lesen, denn Büchereien oder gar das Internet sind hier nicht verfügbar. Mir wäre die Welt der Wissenschaft völlig verschlossen. Natürlich würde ich dann einfach weitermachen wie alle anderen!

So geht es den Afghanen wirklich. Sie finden manchmal selbst nicht alles gut, was passiert, sie wissen um dieses Problem. Doch woher soll Veränderung kommen? Die Kliniken in der Region sind hier keine Hilfe, denn sie sind meist völlig überlastet und kümmern sich nicht um Prävention. Es gibt noch kleine Gesundheitsstützpunkte, doch das Personal dort weiß oft auch nicht mehr als die Dorfbewohner selbst. Die großen Hilfsorganisationen sind meist weit weg in den Städten und kümmern sich auch vor allem um die Menschen, die gerade sehr akut Hilfe benötigen.

Bei den Menschen hier in den Dörfern im Hochgebirge entsteht so häufig ein Gefühl von Verlassenheit. Sie müssen sich selbst helfen, sonst tut es keiner. Und das tun sie. Sie bemühen sich sehr und sie lieben ihre Familienmitglieder wirklich! Ich habe selten eine Kultur gesehen, in der Kinder einen so hohen Stellenwert haben wie hier. Sie werden von morgens bis abends gestreichelt, getragen und behütet, als wären sie ein kostbarer Schatz, der jederzeit verschwinden könnte.

Für Khatitcha kamen die GLISP-Kurse gerade recht. Umgangssprachlich wird der Kurs einfach „Hebammenkurs" genannt. Er soll die Frauen stärken, indem er einfach über alle Themen rund um das Thema Schwangerschaft aufklärt.

Die Teilnehmenden lernen zum Beispiel, dass es Keime gibt und dass diese Keime Krankheiten verursachen. Und wie man einfach durch Händewaschen verhindern kann, krank zu werden oder eine Krankheit zu übertragen. Sie lernen, was zu tun ist, wenn eine Frau nach der Geburt stark blutet, wie man vitaminschonend kocht, was eine Vorsorgeuntersuchung ist und vieles mehr. Einfachste Dinge, die sie aber nie zuvor gehört haben! So können kleine Veränderungen und das Wissen um Gefahrenanzeichen tatsächlich Leben retten – im wahrsten Sinne des Wortes!

Die Auswirkungen des Ganzen sind erstaunlich. In Dörfern, in denen der Kurs bereits abgehalten wurde, liegt auch nach einigen Jahren die Frauen- und Säuglingssterblichkeit praktisch bei null. Viele berichten, dass der Zusammenhalt im Dorf durch den Kurs gestärkt wurde, genau wie das Selbstbewusstsein der Frauen. Und was für diese Kultur besonders erstaunlich ist: Viele Männer helfen ihren Frauen jetzt bei der Arbeit!

Das ist der Fall, weil auch die Männer separat den ganzen Kurs mit einem männlichen Mitarbeiter durchlaufen. Somit ist die ganze Familie involviert und jeder kann einen Beitrag zum gesunden Nachwuchs leisten.

Viele Frauen, die an dem Kurs teilgenommen haben, werden danach auch zu allen möglichen anderen Problemen zur Hilfe gerufen, denn sie lernen im Kurs auch, wie man zum Beispiel Fieber senken kann, was bei Durchfall wichtig ist oder eben wie gesunde Ernährung aussehen kann. Kleine Küchengärten, um etwas Gemüse und Salat anbauen zu können, boomen gerade total in der Region!

Auch Khatitchas Mann nahm an dem Kurs teil. Als sie danach wieder schwanger wurde, haben die beiden sehr darauf geachtet, alles einzuhalten, was sie gelernt hatten. Khatitcha ernährte sich jetzt ausgewogen, arbeitete nicht so hart, ging zur Vorsorgeuntersuchung und achtete mehr auf Ruhepausen. Für die Geburt ging sie nicht wie gewohnt in den Stall, sondern richtete zusammen mit ihrer Schwägerin eine saubere Stelle im Haus ein.

Das Ergebnis: ein lebendiges, gesundes Mädchen, das am Leben blieb und inzwischen schon drei Jahre alt ist! Und mit dem gesunden Abstand von zwei Jahren kam schon das Geschwisterchen zur Welt – der erhoffte Stammhalter, gesund und munter! Auch Khatitcha selbst geht es inzwischen besser.

Wir haben die Familie am Anfang meiner Arbeit in den Bergen besucht. Als der Vater uns die Geschichte erzählte, konnte er vor Freude seine Tränen kaum zurückhalten.

Mich freut und fasziniert es gleichermaßen, zu sehen, wie man mit so einfachen Mitteln einen so großen Unterschied machen kann! „Es ist nicht so, dass wir hier dumm wären oder nichts lernen wollen", meinte eine ältere Frau einmal zu mir, „man muss uns nur die Chance geben, es zu versuchen!" Wie recht sie hat. (Das war, glaube ich, das Ernsthafteste, was ich je von ihr gehört habe. Sonst hat sie eigentlich immer nur einen Witz nach dem anderen gerissen. Und eigentlich waren alle gut!)

MITTENDRIN

Heute war ich also den ersten Tag dabei. Und wie so oft sieht eine große Sache tatsächlich sehr einfach und unscheinbar aus. Die Lehrer stehen für den Unterricht nicht einmal auf, sondern bleiben im Schneidersitz sitzen, holen ihre selbst gebastelte Puppe heraus und fangen an zu schauspielern. Ein Szenario, das hier jeder kennt, mit dem sich jeder identifizieren kann. Dann wurde darüber diskutiert, ältere Teilnehmerinnen gaben ihre Erfahrungen zum Besten samt der Lösung, die sie bisher für das Problem hatten.

Dann wurde die Lösung mittels Bildern und einer ausführlichen Erklärung präsentiert, zum Schluss gab es eine Fragerunde. Nach circa einer Stunde war der Unterricht beendet und die meisten Teilnehmerinnen huschten zügig davon. Einige blieben aber, allen voran die lokalen Lehrerinnen. Das GLISP-Team bildet in jedem Dorf zwei Frauen aus, die ihr eigenes Dorf selbst unterrichten sollen. Das erleichtert die Arbeit und ist ein sehr nachhaltiges Konzept. Denn die Ausbildung der angelernten Lehrerinnen aus dem Dorf ist etwas ausführlicher als der Kurs selbst.

Wenn dann jemand etwas vergessen oder eine Frage hat, bleiben sie die ersten Ansprechpartner vor Ort und können aushelfen. Häufig werden Frauen aus einflussreicheren Familien für diese Aufgabe bestimmt, denn diese haben genug Autorität, dass ihnen aus Respekt auch alle zuhören. Bei Frauen aus rangniedrigeren Familien wäre das nicht der Fall. Die Männer-Kurse funktionieren genauso. Auch sie arbeiten mit Dorflehrern.

Die Gegend um Sardsang. Ab und zu hielten wir an, um die schöne Aussicht zu genießen.

Stimmung!!

Der Pass, ab dem es keinen Handyempfang mehr gab. Dahinter warteten eine atemberaubende Gegend, freundliche Menschen und jede Menge Tee.

Bitte Lächeln – für Adam und Roja, die unterernährten Zwillinge, die endlich etwas zugenommen haben.

Büroarbeit. Ein digitaler Fragebogen wird das wochenlange Übertragen der Antworten vom Papier in eine Excelliste bald überflüssig machen. Die Kolleginnen freuen sich schon sehr darauf.

Eindrücke vom Nationalfeiertag in Sardsang.

Der Nationalsport Afghanistans:
Buzkashi oder „Ziegenfangen".

Brotbacken um 6:00 morgens. In Männerkleidern geht das am besten.

Das Dorf kommt zusammen, um neue Sitzkissen herzustellen. Dafür muss die Baumwolle mit Stecken weich geschlagen werden: „Tschap-tschak kadan" nennen sie das.

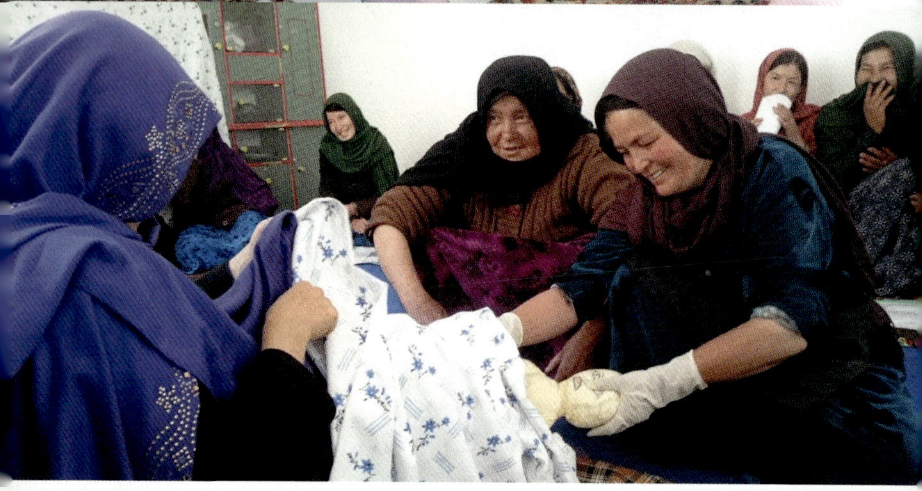

Beim Unterricht in verschiedenen Dörfern. Der Spaß kommt dabei selten zu kurz – vor allem dann nicht, wenn jemand zur „Strafe" Suppe kochen muss.

Auf dem Weg von A nach B in einem
schrecklich schönen Land.

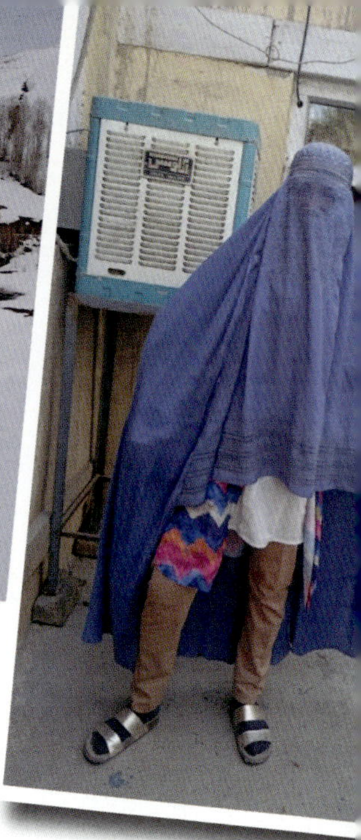

Mal die Burka, mal die Gasflasche – getragen werden musste beides. Die Burka durfte ich zum Glück gleich wieder ablegen, die Gasflasche kam im nächsten Dorf zum Einsatz.

Im Nationalpark mit der ganzen Organisation. Wir haben die Zeit sehr genossen und ich vermisse meine Freunde noch heute!

Das erklärte Gul, eine der Kolleginnen, mir gleich an diesem Tag nebenher. Sie war es auch, die mir immer wieder erklärte, was gerade geschah, denn ich verstand wirklich nicht viel von dem, was im Kurs gesprochen wurde. Es schien ihr Spaß zu machen, mich hier einzuarbeiten.

Dann gab es Mittagessen. Wir blieben einfach sitzen, Tee und Bonbons wurden weggeräumt und zwei Kinder kamen herein. Eines trug eine Art dünne, längliche Gießkanne, das andere eine schön verzierte Aluschale und ein Stück Seife. Die Kinder liefen zuerst zu Basgul. Die streckte ihnen ihre Hände entgegen, die Aluschale wurde daruntergestellt und das Kind mit der Gießkanne goss vorsichtig Wasser über ihre Hände. „Ach, wir waschen uns die Hände! Natürlich!", stellte ich fest.

Noch während Basgul sich die Hände mit einem neonfarbenen selbst gehäkelten Tuch abtrocknete, liefen die beiden Mädchen schon zur nächsten Person und schließlich zu mir. Also wusch ich mir die Hände, was genau beobachtet und kommentiert wurde – schließlich kommen nicht so oft Ausländer ins Haus. Beim Handtuch musste ich dann allerdings etwas schmunzeln, denn es trocknete eigentlich nicht. Egal, dafür sah es wahnsinnig gut aus!

Als die Kinder mit allen durch waren, rannten sie kichernd hinaus, und das Essen wurde hereingetragen. Weil alles hier recht ärmlich wirkte und die Leute hier so anders leben als in Taloq, war ich mir nicht sicher, wie viele Mahlzeiten sie hier pro Tag essen. Doch es stellte sich heraus, dass Essen hier einen noch höheren Stellenwert hat! Es gab hier zwar keine so große Auswahl wie in der Stadt, aber dafür immer reichlich. Heute wurden Nudeln mit Kartoffeln und Fladenbrot serviert.

Am meisten beeindruckte mich das Brot. In Taloq waren Brote rund und ungefähr tellergroß. Das hier war deutlich flacher, dafür aber oval und mindestens so groß wie ein Longboard! Ein Longboard-Brot wurde für zwei Personen gerechnet. Wir aßen immer zu dritt von einem Teller und entgegen meiner Erwartungen schmeckten die bloßen Nudeln und Kartoffeln erstaunlich gut! Sie mussten in irgendwelchen Gewürzen geschwenkt worden sein.

Ich fragte nach, wie das Essen gewürzt wurde, verstand aber nur „rub", was auch immer das war. Egal, ich aß, so langsam ich konnte, um zu suggerieren, dass ich sehr viel essen würde (ein Trick, den ich mir in Taloq angeeignet hatte), doch nach jedem zweiten Bissen wurde der Teller sofort wieder aufgefüllt. Es war lecker – und es war wahnsinnig viel! Irgendwann gab ich auf.

„Lara, schmeckt es dir nicht? Iss doch noch was, du bist so dünn!" Einige Bissen später zog ich die Ausländerkarte: „Danke, es schmeckt wirklich hervorragend. Aber ich habe einen kleineren Magen als ihr." Ich hatte keinen Zweifel am Wahrheitsgehalt dieses Satzes!

Offenbar wurde mir geglaubt, denn Basgul bestätigte sofort: „Ja, die Ausländer sind alle so, sie meint das nicht böse!" Glück gehabt! Am Ende wurden alle verbleibenden kleinen Brotreste penibel zusammengelegt und die Teller weggetragen.

Dann gab es wieder Tee und eine nach der anderen stand auf, um „Namaz" zu beten, das Mittagsgebet. Ich blieb jedoch sitzen und unterhielt mich weiter mit den Frauen, die gerade nicht beteten. Das wurde von allen akzeptiert, denn es war schnell allen klar, dass ich keine Muslima bin.

Schließlich war es Zeit für den Nachmittagskurs. Das Dorf war so groß, dass es in zwei Gruppen eingeteilt werden musste. Danach war ich dran. Es hatte sich herumgesprochen, dass ich ein „Doktor" bin (jeder Widerspruch gegen diesen Titel war zwecklos). Im Nachbarhaus war ein Baby, das ich mir anschauen sollte. Gesagt, getan. Das kleine Mädchen hatte hohes Fieber, wirkte blass und aufgedunsen. Der Vater erzählte, dass es immer wieder „Angst" hätte, also Krampfanfälle. Er hatte ihr große Mengen Kortison dagegen gegeben. Aber das hatte nicht geholfen.

Das Baby war wirklich sehr krank. In Deutschland hätte man es sicher in ein Krankenhaus eingewiesen. Aber hier? Irgendwie fühlt man sich schnell hilflos, wenn man weiß, dass jede vernünftige Hilfe weit weg ist. Von Basgul, die mitgekommen war, erhielt ich die Info, dass wir sie mit nach Sardsang ins Krankenhaus nehmen könnten. Dieses Krankenhaus kann zwar nicht viel, aber es ist besser als nichts. Für diesen Rat war ich dankbar. Wir beteten noch kurz, dass alles gut gehen würde, und machten uns mit dem Kind und seiner Mutter auf den Weg.

Auf dem Weg zurück nach Hause hatte ich viele Fragen. Verlaufen die Kursstunden alle gleich? Sind alle im Kurs schon verheiratet? Manche wirken noch so jung! Wie ist das hier überhaupt mit dem Kinderkriegen? Wollen die Frauen das alles überhaupt? Gibt es die Möglichkeit für eigene Entscheidungen? Welche Auswirkung haben die Kurse? Wie viel wird tatsächlich umgesetzt?

Ich wollte alles wissen, am besten sofort. Mit Händen und Füßen erklärten mir meine treuen Mitarbeiterinnen alles bis ins Detail, bisweilen mussten wir wirklich lachen, weil manches echt komisch aussah. Als es um Hochzeiten und Brautgeschenke ging, wurde es richtig lustig. Jede erzählte, wie viel sie ihren Ehemann gekostet hat und was sie alles zur Aussteuer bekam. Dabei versuchten die vier Mädels ständig, sich gegenseitig zu übertrumpfen. Dementsprechend war die Heimfahrt also ein heiteres Geschnatter!

Wobei das Thema eigentlich gar nicht so lustig ist, denn es gibt tatsächlich kaum Raum für eigene Entscheidungen. Andererseits lernen die jungen Leute auch kaum ein anderes Leben kennen als dieses. Sie kennen das Meer an Möglichkeiten, das wir im Westen haben, nicht. Das macht die Sache auf gewisse Art einfacher. Im Laufe der Zeit hatte ich wirklich das Gefühl, dass sie insgesamt zufrieden sind mit dem Leben, das sie leben.

Außerdem erfuhr ich noch etwas. Ich hatte beobachtet, dass jedes einzelne Fenster von außen mit einer dicken Plane zugedeckt war, teilweise waren vor den Hauseingängen sogar ganze Plastikplanengänge gebaut worden. „Das ist, damit es drinnen wärmer ist", erklärte Basgul. „Die Planen wirken wie ein Treibhaus auf die Räume und heizen sie auf." Frische Luft kam immer wieder herein, indem man die Eingangstür öffnete. „Sie sind schlau, die Afghanen", dachte ich einmal mehr.

Das kleine Mädchen lieferten wir beim Krankenhaus ab und wünschten ihm eine gute Besserung. Eine Woche später erfuhren wir, dass ihm tatsächlich etwas geholfen werden konnte. Ich war glücklich an diesem ersten Abend. Wieder war ich überrascht von so viel Freundlichkeit und Gastfreundschaft. Alle, sowohl meine neuen Kolleginnen als auch die Leute im Dorf, waren mir mit einer solchen Offenheit und Herzlichkeit begegnet, wie ich es nie erwartet hätte. Ich freute mich wirklich auf die kommenden Monate.

EIN NEUER ALLTAG AUF DEM LAND

Ab sofort war das mein neuer Alltag: Wir fuhren morgens los, meine vier Mitarbeiterinnen teilten sich in zwei Gruppen auf, wobei ich mal da und mal dort mitging, um bei den einzelnen Kursen in den verschiedenen Dörfern zuzusehen. (Zum Männertreff ging ich aus kulturellen Gründen nur einmal mit.) Wir kamen zum Haus, in dem der Unterricht stattfand, tranken Tee und aßen Bonbons, bis die Teilnehmerinnen zusammengetrommelt waren.

Dann begann der Unterricht. Ich verstand wieder Bahnhof, versuchte aber mit aller Gewalt, wenigstens herauszubekommen, worum es ging, und schrieb mir die neuen Wörter auf. Hinterher wieder Fragen, Rückmeldungen und immer einige Kranke, die untersucht werden wollten. Häufig waren das auch einfach ältere Damen, die Rücken- oder Knieschmerzen hatten, keine Dramen, manchmal aber auch etwas Schlimmeres.

Ich konnte bei Weitem nicht immer helfen. Das machte mich manchmal betroffen, denn manchmal wäre Hilfe wahrscheinlich gar nicht so kompliziert. Doch durch die Abgeschiedenheit war sie unerreichbar.

Obwohl sich schnell eine gewisse Routine einstellte, war doch jeder Kurs anders und interessant. Zwischendurch war immer eine Pause mit Mittagessen bei jemandem zu Hause. Diese Mittagszeiten genoss ich sehr, denn es war dann etwas ruhiger und ich konnte mit den Menschen besser in Kontakt kommen als im Gewusel des Kurses, in dem immer mindestens drei Leute gleichzeitig mit mir redeten – oder es zumindest versuchten.

Beim Mittagessen erfuhr ich viel über das Familienleben der Leute. Unsere Gastgeber waren meistens sehr ehrlich und erzählten offen über Freud und Leid. Manchmal bekam ich auch Beratung in Kultur, Mode oder Ähnlichem.

Und was auch neu war: Ich durfte hier nach dem Mittagessen die Beine ausstrecken. Das galt nicht mehr als unhöflich, zumindest in diesem privaten Setting. Mir war bis dato nie bewusst gewesen, wie entspannend es ist, mit ausgestreckten Beinen dazusitzen! Mir schien, dass es auf dem Land etwas familiärer und entspannter zugeht als in der Stadt.

Zu essen gab es eigentlich immer eines von drei Gerichten: entweder die Nudeln mit Kartoffeln oder eine Schüssel selbst gemachten vergorenen Joghurt oder gekochte Kräuter, die aussahen wie Spinat. Dazu immer reichlich Brot und Tee. Jetzt, gegen Ende des Winters, gingen überall die Vorräte zur Neige. Obwohl ich wirklich nicht wählerisch bin, mochte ich tatsächlich nur das Nudelgericht und natürlich das Brot, das überall wirklich gut schmeckte. Doch mit der Zeit gewöhnte ich mich auch an den Joghurt und die bitteren Kräuter.

Nach der Pause ging es immer wieder weiter. Entweder im selben Dorf oder einem Nachbardorf. Das alles fand immer in dieser einzigartigen beeindruckenden Kulisse aus Bergen, Tälern, Schnee und langsam tauendem Eis statt. Wir fuhren meist lange Wege, oft in Täler, in denen ich im Traum keine Siedlung mehr erwartet hätte. Idyllisch gelegen zwischen hohen Bergen, an schönen Wasserläufen, an Passsträßchen, Hängen oder auf Ebenen.

Jeden Tag besuchten wir ein neues Dorf und jedes sah so ganz anders aus, hatte seinen ganz eigenen Charme und Charakter.

Überall war es einzigartig und ich kam aus der Begeisterung nicht mehr heraus. Vor allem faszinierten mich die Menschen. Wie schafften sie es, hier zu leben? Es war zwar wunderschön, aber es wirkte so karg. Die meisten besaßen einige Ziegen und Schafe, aber konnte man davon wirklich leben?

Fast überall waren auch die Menschen nach anfänglicher Scheu sehr an mir interessiert. Sie wollten wissen, wer ich war und was ich hier machte. Viele erzählten mir ihre eigene Geschichte oder Geschichten aus dem Dorfleben und sie nahmen mich in dieses Leben mit hinein. Überall begegnete ich freundlichen und lachenden Gesichtern. Manche zeigten mir ihre kunstvollen Handarbeiten, die sie jetzt in den Wintermonaten herstellten. Ich durfte lernen, wie man nur mit einem Stein spinnt!

Und ich lernte wieder einmal, wie man sich richtig kleidet. Es gab hier keine richtige Winterkleidung wie bei uns. Stattdessen trugen die Leute meist nur Strickjacken und darunter mindestens vier Schichten aus unterschiedlichen Stoffen. Auch das Kopftuch trug man hier anders als in Taloq. Hier wurden insgesamt größere Tücher getragen, die nicht selten bis zu den Knien reichten. Dieses große Stück Stoff wickelte man einmal um den Körper herum, der Rest wurde mit einer lockeren Handbewegung zu einer Art Turban auf dem Kopf geschlungen.

Während einer Pause bekam ich einmal einen Kopftuchkurs. Dabei musste ich feststellen, dass diese lockere Handbewegung für den Turban in Wahrheit eines der kompliziertesten Dinge überhaupt ist. Zu viert saßen die Frauen um mich herum und zeigten sie mir lachend ein ums andere Mal.

Aber ich bekam es einfach nicht hin und muss dabei auch noch furchtbar komisch ausgesehen haben, denn die Frauen um mich herum lachten sich schlapp! Bis Gulandom, eine weitere Kollegin, mir schließlich half und mich unter Beratung der anderen richtig herrichtete. „Jetzt bist du eine von uns", kam es lobend von der anderen Seite. „Ja, nur den richtigen Akzent musst du noch lernen, Lara. Du klingst wie eine aus Taloq", meinte die Nächste. Alles klar, Boss!

Überhaupt gab es wenig Hemmschwellen zwischen der afghanischen Landbevölkerung und mir. Das ist eines der Dinge, die ich an diesem Land am meisten schätze! Man ist sofort mittendrin. Und diese Tatsache übertraf alle meine kühnsten Hoffnungen. Nie hätte ich erwartet, dass ich hier auf solch herzliche Menschen treffe, die sich mir, der Deutschen, so öffnen!

Ich hätte viel eher erwartet, dass ich hier auf Argwohn und Zurückhaltung treffen würde. Vielleicht auch auf Misstrauen. Schließlich haben die Menschen hier unter sehr schwierigen Bedingungen immer einen Weg gefunden, um zu überleben. Wieso sollten sie also Hilfe von außen annehmen wollen? Doch dieser Argwohn blieb völlig aus! Solange ich den Menschen mit Respekt und Offenheit begegnet bin, kam das Gleiche zurück. Manchmal lehnte ich mich einen Moment lang zurück und genoss einfach den Augenblick ... Bis ich aus meinen Gedanken gerissen wurde, weil ich etwas entscheiden oder beantworten sollte. Und das war auch gut so!

Bei manchen Dörfern war die Anfahrt mit dem Geländewagen nicht möglich. Dann mussten wir das letzte Stück laufen. Manchmal schwer bepackt mit einer Gasflasche, säckeweisen

Lebensmitteln und Rucksäcken voller Material. So ausgerüstet und natürlich landesüblich gekleidet mit langem Rock und großem Kopftuch, das ständig wegrutschen wollte, ging es mitten durch den Schnee steile Berghänge hinauf. Das Wetter war nicht immer schön. Anfangs hatte ich dabei mit der dünnen Luft noch sehr zu kämpfen und musste deshalb schwerer atmen als sonst.

Zur körperlichen Anstrengung kam die kulturelle, denn von hinten kam hin und wieder ein tadelnder Kommentar: „Lara, zieh dich vernünftig an, man sieht deine Knöchel!" Das war zu viel. „Das ist doch egal, ich bin damit beschäftigt, überhaupt zu überleben, außerdem sieht die Knöchel doch eh niemand!", schoss es mir durch den Kopf. Aber andererseits: Lara, tief durchatmen ... Die Kleidervorschriften sind hier einfach etwas strenger. So stapfte ich weiter, immer einen Fuß vor den anderen.

Aber wir kamen immer unbeschadet an. Am Ziel wurde kräftig eingeheizt, damit wir trocknen konnten. Geheizt wurde hier übrigens mit ovalen Platten aus getrocknetem Dung. Ich hatte mich schon gefragt, wie die Menschen ihre Häuser so warm bekamen, denn Holz wie in Taloq gab es hier nicht. Jetzt wusste ich es und war wieder einmal erstaunt. Der Mensch findet doch immer einen Weg, das Unmögliche möglich zu machen!

Da die Fladen trocken sind, riecht es auch nicht nach Stall – höchstens, wenn der Geruch von draußen reinzieht, denn die Tiere wohnen stets im selben Haus wie die Menschen. Es scheint hier allgemein eine wesentlich engere Beziehung zwischen Mensch und Tier zu geben. Die Menschen profitieren in vielerlei Hinsicht von den Tieren, aber dafür geben die Tiere den Tagesrhythmus der Menschen vor.

Tara erzählte mir später, dass noch bis vor Kurzem die ärmsten Menschen sogar in einem Raum mit ihren Tieren lebten. Hier lernte ich jeden Tag etwas Neues dazu!

Abends, wenn ich nach Hause kam, dröhnte mir meist etwas der Kopf. So viele Eindrücke, so viel Neues. So viele neue Leute, die ich kennenlernen wollte, und einige neue Verhaltensregeln, die es einzuhalten galt. Oft saß ich einfach da und ließ den ganzen Tag Revue passieren.

Eine Geste beschäftigte mich immer wieder: die Geste, mit der ältere Frauen begrüßt wurden. Normalerweise begrüßten wir uns entweder mit einem Handschlag oder Küsschen links und rechts zusammen mit der üblichen langen Begrüßungsformel. Die hatte ich inzwischen gelernt. Alte Leute dagegen streckten jungen beide Hände entgegen, nahmen ihren Kopf und gaben einen Kuss auf das Kopftuch. Beim Hochbeugen nahm die junge Frau die Hand der Älteren, gab einen angedeuteten Kuss auf die Rückhand und führte die Hand an ihre Stirn. Währenddessen sprach man die üblichen Begrüßungssätze.

Diese Geste fand ich beeindruckend. Sie drückt so viel Respekt aus! Man verbeugt sich vor dem Alter und ehrt es! Was für ein Bild! Und ein ganz anderer Umgang mit dem Älterwerden. Diesen bemerkt man übrigens nicht nur bei der Begrüßung, sondern auch im Alltag. Wenn eine ältere Frau etwas sagen wollte, verstummte nicht selten die ganze Gruppe, um ihr zuzuhören. Alte Frauen bekamen auch immer den Ehrenplatz, nämlich den, der am weitesten von der Türe entfernt war.

Beeindruckt von diesem Kulturunterschied nahm ich mir vor, etwas davon mit nach Deutschland zu nehmen, denn irgendwie fühlte sich das richtig an. Und es steht schon in der Bibel (Paulus zitiert aus dem 2. Buch Mose): „Ehre deinen Vater und deine Mutter! Dies ist das erste Gebot, das Gott mit einer Zusage verbunden hat: damit es dir gut geht und du lange auf dieser Erde lebst" (Epheser 6,2–3).

Drei Wochen nachdem Tara, Mikel und ich in Sardsang angekommen waren, kamen auch Sam und Brit nach. Es war eine Freude, sie wiederzusehen! Irgendwie gehörten sie einfach dazu.

Nun war unsere Fünfercrew komplett und das genossen wir ausgiebig. Wir aßen zusammen und erzählten die besten Geschichten, die jeder bisher erlebt hatte. Davon gab es einige. Wir hier konnten berichten, wie während einer intensiven Gebetszeit Taras Dampfdrucktopf explodiert war, und Sam und Brit erzählten von ihrem Trip nach Prag.

Zusammen schmiedeten wir Pläne, was als Nächstes anstand, welche Ausflüge wir unternehmen könnten und so weiter. Es war März, noch lag Schnee, aber das hielt Mikel und Sam nicht davon ab, schon an die Gartensaison zu denken. Sie fingen an, Salat und Paprika im Haus vorzuziehen. Ich persönlich wollte lieber das Ergebnis der Gartenarbeit verwenden, sobald es fertig war. Doch auch das war eine Herausforderung, denn das Kochen auf 3000 m Höhe hat seine Tücken! Der Siedepunkt sinkt, deshalb fängt das Wasser schon bei 80 Grad an zu kochen. Bis Speisen dann wirklich weichgekocht sind, dauert es deshalb ewig!

Jetzt, da wir komplett waren, fingen wir an, unser Teamleben zu gestalten. Ein Teil davon waren Teamabende, an denen Tara uns immer bekochte (sie blieb an diesen Tagen im Büro, um rechtzeitig mit dem Kochen anfangen zu können), und das Morgengebet. Jeden Wochentag trafen wir uns 30 Minuten vor Arbeitsbeginn, um gemeinsam für den Tag zu beten. Das wurde schnell zu einer sehr lieb gewonnenen und wertvollen Routine.

Bald etablierte sich ein verrückter, neuer Alltag. Vier Tage die Woche fuhr jeder von uns hinaus in die Dörfer, um die Projekte voranzubringen. Ein Tag war für Vor- und Nachbereitungen, Besprechungen und Fortbildungen reserviert. Die Woche hatte regulär mindestens 50 Stunden, aber das merkte ich kaum. Außerdem war immer viel Humor dabei, was den streng durchgetakteten Alltag immer wieder auflockerte.

KULTUR TO GO

Ein oder zwei Monate nach meiner Ankunft waren wir gerade mit dem Kurstag in einem Dorf fertig, als mir mein Team erklärte, dass wir jetzt eigentlich noch nicht heimfahren könnten. In einem anderen Dorf ganz in der Nähe war die Mutter unserer Dorflehrerin verstorben und es ist Brauch, dass man die Familie der Verstorbenen besucht, um ihr unser Beileid auszusprechen. Diesem Plan stimmte ich natürlich zu.

Wir fuhren einen Weg entlang, von dem ich wieder einmal nicht gedacht hätte, dass er noch irgendwo hinführt. Lange führte die „Straße" einfach durch ein Flussbett hindurch. Als der Fluss eine Biegung machte, verließen wir ihn und fuhren steil den Berg hinauf. Unser Ziel hatte den Namen „Ober-Straßenlos", weil lange überhaupt keine Straße dorthin geführt hatte. (Es gab übrigens auch den Ort „Unter-Straßenlos" ...)

Hoch oben kam unerwartet ein sehr einfaches, aber recht großes Dorf zum Vorschein. Wir stiegen aus und stapften noch etwas den Hügel hinauf, bis wir am richtigen Haus ankamen. Am Ziel wurden wir in ein Gästezimmer geleitet. Dieses war noch einfacher als die, die ich bisher gesehen hatte. Trotzdem wirkte es keineswegs karg, im Gegenteil, es war sehr gemütlich. Gerade so wie auf einer kleinen Berghütte.

Außer uns waren noch ungefähr fünf Frauen da, die Männer waren wie immer getrennt im Raum nebenan. Wir begrüßten alle nacheinander mit Handschlag und Wangenkuss, bis wir bei der Dorflehrerin ankamen, die ganz am oberen Ende des Raumes stand. Sie war noch recht jung und weinte bitterlich. Alle nahmen sie einmal fest in den Arm. Dann setzten wir uns auf die Filzmatten, die Afghanen sprachen ein kurzes muslimisches Trauergebet und dann fingen auf Knopfdruck alle gemeinsam an zu weinen. Mir wurde ganz anders, denn diese Trauer wirkte nicht gespielt und hielt minutenlang an.

Das Weinen wurde unterbrochen, als Gulandom, eine meiner erfahreneren Kolleginnen, zu einer Rede ansetzte. Sie fand schöne Worte über die Verstorbene, die sie selbst nur wenig kannte, auch über Zeina, die Dorflehrerin, und über das Leben und den Tod. Sehr einfühlend und ermutigend. Immer wenn sie einen Punkt getroffen hatte, pflichteten ihr alle anderen mit einem „Mhm" oder „Ja, so ist es" bei. Ich war gerührt von dieser Gesellschaft und diesem offenen, gemeinsamen Trauern!

Auch andere Kollegen und Gäste sagten etwas, bis die Tür aufging und die Trauerfeier durch ein – wie ich finde – sehr komisches Ereignis unterbrochen wurde. Herein kam nämlich nicht ein neuer Gast oder ein Familienmitglied, das Tee brachte. Nein, herein kam: ein Schaf!

Das arme Tier war nicht sehr begeistert und blökte im Türrahmen wild herum. Der Besitzer hatte alle Mühe, es an Ort und Stelle zu halten, ließ aber nicht locker, bis das große Tier mit mindestens zwei Hufen im Raum stand und stillhielt. Ich beobachtete die Situation und fand das Bild, das sich mir bot, leider urkomisch. Alle anderen wirkten gelassen und wussten, was zu tun war. Nacheinander stand jede von ihnen auf, lief zu dem Schaf, küsste es auf die Stirn und flüsterte ihm etwas ins Ohr. Ich musste mich wieder beherrschen, um nur nicht zu lachen. Was geschah hier?! Und wozu das alles? Gerade waren wir doch noch in tiefer Trauer!

Und es kam noch schlimmer, denn plötzlich war ich an der Reihe aufzustehen – offensichtlich gab es keine Ausnahmeregelung für Ausländer. Also stand ich wie alle anderen auf, gab dem Schaf einen Kuss auf die Stirn und flüsterte ihm auf Deutsch so etwas wie „Du bist ein ganz tolles Schaf" ins Ohr.

Dann setzte ich mich wieder hin und zog das Kopftuch für einen Moment ins Gesicht, damit die Leute sich von meinem Grinsen nicht gestört fühlten. Ich wusste, dass all das einen tieferen Sinn haben musste, doch sosehr ich mich bemühte, ich konnte spontan keinen erkennen. Danach wurde das Schaf endlich wieder aus dem Zimmer geleitet. Tee wurde serviert und auch ein „Snack", bestehend aus dem landesüblichen Longboard-Fladenbrot und einer riesigen Schüssel Fleischeintopf. Wie immer bei diesem Gericht zupften wir das Brot in kleine Stücke und schmissen es so lange in die Brühe, bis keine Flüssigkeit mehr da war. Mit trockenem Brot holten wir das Brot-Fleisch-Gemisch dann wieder heraus und aßen es. Diesen Fleischeintopf gab es immer zu besonderen Anlässen und er schmeckte jedes Mal köstlich.

Nach der Mahlzeit verabschiedeten wir uns relativ zügig und versprachen, die Kurse nach der 40-tägigen Trauerzeit so bald als möglich auch hier endlich zu beginnen.

Auf dem Weg erklärte Gulandom mir das Ereignis mit dem Schaf ausführlich: Es ist wohl üblich, dass Trauergäste je nach Verwandtschaftsgrad zu einem bestimmten Tag der Trauerzeit kommen, um die Familie des Verstorbenen zu besuchen. Wir waren nur entfernte Bekannte, aber auch Arbeitgeber im weitesten Sinne, deshalb war heute, eine Woche nach dem Tod der Frau, für uns der richtige Zeitpunkt.

Zu einer Trauerfeier kommt man nie mit leeren Händen, denn durch die Beerdigung und die Trauerfeierlichkeiten entstehen Kosten, die von allen gemeinsam getragen werden. Deshalb legten wir vorher Geld zusammen und übergaben es heimlich – so ist es üblich.

Nahe Verwandte müssen traditionell etwas mehr beitragen als entferntere Bekannte. Das ist oft schwierig, denn die meisten Leute hier haben kein Geld. Sie leben autark und das wenige Geld, das sie bekommen, wenn sie etwas verkaufen, reicht gerade, um das zu kaufen, was sie nicht selbst anbauen können. Shampoo zum Beispiel oder Öl und Zucker. Aus diesem Grund geben manche Leute statt Geld lieber ein Tier ab, um es für die Totenspeise zu schlachten. Unser Schaf im Wohnzimmer war eine solche Gabe – ein „Opfer" nennt man das hier.

Mit dem Kuss auf die Stirn wertschätzen die Menschen das Tier, das gleich sein Leben für unser Wohl geben wird. Und ins Ohr flüsterten sie ihm einen Dank- und Segensspruch dafür. Nach Ablauf der 40-tägigen Trauerzeit gibt es eine „40-Tage-Feier". Alle kommen noch einmal zusammen, es gibt dann noch einmal ein großes Opfer und eine Zeremonie in der Moschee. Danach soll für die betroffene Familie ein möglichst normales Leben weitergehen.

Diese Kultur birgt so viele Schätze! Von diesem Brauch des „Opferns" war ich (wieder einmal) beeindruckt. Ebenso davon, dass die Leute hier so zusammenstehen. Von der Trauer, bei der niemand allein gelassen wird. Auch wenn sicher der ein oder andere aus Pflichtgefühl kommt, nimmt jeder aktiv Anteil und hilft den Trauernden, durch diese anstrengende erste Zeit nach dem Verlust hindurchzukommen. Es hat ein bisschen was von „gemeinsam durch dick und dünn gehen", fand ich.

Der Brauch mit dem Schaf hatte für mich tiefe Symbolik. Ich bin ihm im Laufe der Zeit noch öfter begegnet – immer, wenn es etwas Besonderes zu feiern gab oder etwas Außergewöhnliches passierte, stellte die Dorfgemeinschaft ein Opfer zur Verfügung. Für mich weist dieser Brauch auf Jesus und seinen Opfertod am Kreuz hin. Er opfert sich, damit wir leben können. Daran glauben Muslime natürlich nicht. Aber an die Geschichte vom Auszug aus Ägypten schon! Auch hier findet sich dieses Opfer wieder, sogar als echtes Schaf beziehungsweise als Lamm: Um in der Nacht, als alle Erstgeborenen Ägyptens getötet werden sollten, verschont zu bleiben, sollte jede israelische Familie ein Schaf schlachten und dessen Blut an die Türpfosten streichen. So ging der Tod an ihnen vorbei und das Erstgeborene der Familie blieb am Leben (vgl. 2. Mose 12).

Auch bei Mose wird das Schaf, das geschlachtet wird, als „Opfer" bezeichnet. Hier in Afghanistan wird der Glaube durch solche Sprachgebräuche und Traditionen sehr direkt und greifbar. Die Gemeinschaft wird dadurch gestärkt, denn jeder wird dazu eingeladen. Das hilft mir, manche Bibelstellen besser zu verstehen oder auf das eigene Leben zu übertragen.

Vieles hier im Hinterland erweckt den Eindruck, als wäre man in biblische Zeiten zurückversetzt. Das simple Leben von und mit der Natur, die Kleidung, die so wirkt, als hätte sie sich über die letzten Jahrtausende nicht verändert, das weitgehende Fehlen von Motoren und modernen Fortbewegungsmitteln. Felder werden hier immer noch mit Ochs und Esel bewirtschaftet. Wenn der Schnee langsam zu schmelzen beginnt, sieht man sie überall.

Vieles scheint genauso beibehalten worden zu sein, wie es immer war. Es finden sich auch Antworten auf Fragen, die ich noch nie hatte: Zum Beispiel soll Aaron Gott einmal das Fett eines Widderschwanzes opfern (vgl. 3. Mose 9,19). Ich hatte bisher keine Ahnung, welches Fett damit gemeint war. Hier in Afghanistan findet man die Antwort: Es gibt hier Fettschwanzschafe. Diese Schafe haben hinten statt eines kurzen Stummels eine riesige Fetttasche, die munter hin- und herwackelt, wenn das Schaf läuft! Diese Fetttasche der „geopferten" Schafe wird auch hier gekocht und gegessen. Sie gilt sogar als Delikatesse. Solches Fett sollte Aaron also opfern …

Und noch ein biblisches Prinzip wird hier direkt angewendet. Es gibt das Gleichnis, in dem Jesus rät, sich an der Tafel nicht zu weit oben hinzusetzen, denn es könnte jemand anders kommen, der wichtiger ist als man selbst, und man wird vom Gastgeber vor allen nach unten gesetzt. Besser, man setzt sich weiter unten hin und wird dann vom Gastgeber nach oben versetzt. Es ist ein Rat, von dem wir lernen sollen, demütig zu sein und uns selbst nicht so wichtig zu nehmen (vgl. Lukas 14,8–11).

Hier in Afghanistan ist es eine ganz praktische Anweisung, denn die Sitzordnung wird tatsächlich so gehandhabt! Die Ehrenplätze eines Raumes sind die, die am weitesten von der Eingangstür entfernt liegen – oder die über der Fußbodenheizung. Danach nimmt die Rangordnung bis zur Tür hin ab. Es ist ein relativ kompliziertes System, das ich noch nicht ganz verstehe, doch eins ist klar: Es ist nicht egal, wo man sitzt. Und es kommt durchaus vor, dass die Gastgeberin einige Gäste versetzt!

Da die Menschen das Prinzip kennen, kommt es allerdings viel öfter vor, dass jemand nach oben versetzt wird als andersherum. Wie wichtig die Person ist, die den Raum betritt, kann man auch immer an der Reaktion der anderen ablesen. Für manche Frauen wird aufgestanden und sie begrüßt jede Einzelne. Bei anderen bleiben alle sitzen, die Frau begrüßt trotzdem noch jede Einzelne. Und wieder andere betreten den Raum und setzen sich mit einem „Salam!" in die Runde weiter unten in die Nähe der Tür. Es war interessant zu sehen, wie dieses Bild aus der Bibel hier so konkret umgesetzt wird!

Ich las die Bibel weiterhin jeden Tag und hatte dabei noch einige solche „Aha-Momente".

TEAMLEBEN

Der Tag der Trauerfeier in „Ober-Straßenlos" war ein Dienstag. Wir kamen durch die Verzögerung spät nach Hause und ich war froh, dass der Teamabend bevorstand! Wir fünf Ausländer saßen auch außerhalb der Meetings immer wieder zusammen, aber es konnten auch mal ein paar Tage vergehen, ohne dass wir viel Zeit miteinander verbrachten, denn unter der Woche hatte nach Feierabend jeder noch irgendetwas zu erledigen oder wir sprachen einfach einmal nicht über die Arbeit. Daher war der regelmäßige Teamabend unter der Woche wertvoll. Hier war die Zeit, um einiges zu besprechen. Außerdem wurde Organisatorisches aus Taloq weitergegeben (da wir nur im Büro Internet hatten, bekamen wir nur sehr wenig von der Außenwelt mit) und es wurden neue Pläne geschmiedet. Außerdem erfuhren wir, wo die anderen Teams der EAO Sardsang gerade standen.

Das Teamtreffen war meist ein reger Austausch, bei dem wir viel voneinander lernten, lachten und die besten Anekdoten weitergaben! Denn davon gab es immer reichlich. Nicht einmal Tara und Mikel wurde es langweilig, obwohl sie uns Jungen natürlich weit voraus waren. Mit ihrer Erfahrung halfen sie uns regelmäßig erheblich weiter. Ich mochte diese Dienstagabende sehr gerne!

Wenn abends nichts anstand, setzte ich meine inzwischen lieb gewonnene Tradition fort, ab 20.00 Uhr mit jeder Beschäftigung aufzuhören, um zu beten. Diese Gewohnheit war mir ein großer Schatz geworden. Denn während dieser Gebetszeiten tankte ich auf. Gleichzeitig kamen mir oft viele Ideen, wie man etwas lösen könnte, oder ich fand die Ruhe, die ich tagsüber manchmal vermisst habe. Dann zum Beispiel, wenn ich im Gespräch wieder einmal nichts verstanden habe oder die siebte Oma kam und bei der „Doktorin" Rat für ihre schmerzenden Knie suchte, gleichzeitig aber jeden Ratschlag wegdiskutierte ... Es war gut, diese Ruhe zu suchen.

Mittwochs war Besprechungsmarathon. Es war der letzte Arbeitstag der Woche. Wir reflektierten die vergangene und besprachen die kommende Woche erst im Leitungsteam, dann ging es im Plenum mit allen circa 40 einheimischen Mitarbeitern der unterschiedlichen Teams weiter. Diese Prozedur dauerte meist eine Weile und erforderte von allen große Konzentration. Es war mitunter eine Herausforderung, den Überblick zu behalten, doch es funktionierte am Ende immer ganz gut. Zum Abschluss gab es immer Tee und Kekse für alle – ein Highlight der Woche. Nicht wegen des Tees, sondern wegen der Kekse! Die gibt es erst seit ein paar Jahren in der Region.

Danach folgten kleinere Meetings. Der ganze Tag war eine einzige Besprechung. Aber auch hier kam der Spaß nie zu kurz, denn es gab immer irgendjemanden, der während der Meetings etwas lustig fand und das auch zum Ausdruck brachte. Oder es flog ein Papierknäuel durch die Luft (das Sprichwort, dass Afghanen nie erwachsen werden, stimmt wohl ... Entwicklungshelfer allerdings auch nicht!).

Mittags wartete stets ein großes Mittagessen auf uns. Im Gegensatz zu den Meetings waren jetzt Frauen und Männer wieder getrennt. Diese gemeinsamen Mahlzeiten mit den Frauenteams waren sehr schön! Alle einheimischen Kolleginnen waren untereinander gut befreundet, sahen sich im Alltag aber nicht sehr häufig. Deshalb nutzten wir alle diese Mittwoche, um uns auszutauschen. Darüber, was bei wem gerade los war, über Dorfklatsch zum Beispiel, oder man beriet sich über neue Stoffe, darüber, dass alles teuer geworden war und wie sich die eigenen Kinder entwickelten. Themen, über die man auf der ganzen Welt spricht.

Die Männer aßen immer nur kurz und fingen dann an, auf dem Parkplatz Volleyball – den Nationalsport der Region – zu spielen. Die Frauen blieben im Haus und unterhielten sich weiter. Oft auch darüber, dass man auch dringend mal anfangen müsste, Sport zu treiben. Die Erlaubnis dazu hätten sie übrigens schon lange gehabt!

Wenn alles fertig besprochen war, wurde der Nachmittag hauptsächlich dazu genutzt, um Rucksäcke mit Material für die kommende Woche zu packen und nötige Einkäufe zu erledigen. Das „Packen" war allerdings in der Regel eher ein „Suchen". Denn das Chaos in diesem Büro war gigantisch. Es gab zwar Regale, aber diese waren scheinbar wahllos befüllt mit allem möglichen Kram ohne jede Struktur.

Anfangs war ich naiv genug zu denken, dass das scheinbare Chaos hier sicher irgendeinen Sinn hatte, den nur Eingeweihte verstanden. Doch schon nach kurzer Zeit musste ich feststellen, dass dem nicht so war. Allerdings war mir das nicht so wichtig, denn meine einheimischen Kollegen waren für das Packen zuständig und irgendwie fanden sie am Ende doch immer alles, was sie brauchten.

Ich hatte in dieser Zeit zusammen mit Sam und Brit weiter Dari-Unterricht. Wir wollten endlich lesen und schreiben lernen! Doch das war viel schwerer als gedacht. Denn in der Schrift wurde nicht nur ein anderes Alphabet benutzt – nein, die Schriftsprache war auch eine ganz andere Sprache, mit anderen Vokabeln, anderer Satzstellung und anderen Ausdrucksweisen als die gesprochene. Langsam dämmerte uns, dass der Linguist wohl recht hatte, der uns anfangs sagte, dass es Jahre dauert, bis man hier gut lesen und schreiben kann.

Zwischendurch war noch ein wenig Zeit für Familie und Freunde zu Hause, denn hier im Büro war der einzige Ort, an dem ich Internet hatte. Und dann war da noch meine Organisation in Deutschland. Die Kommunikation dorthin war nach wie vor schwierig. Vor allem, wenn es um Finanzen ging. Meine Chefin in der EAO erschrak über den monatlichen Betrag, den ich zur Verfügung hatte, als ich ihn ihr einmal nannte. Jeder der Finanzleute der EAO in Kabul kannte meinen Namen, noch bevor sie mich persönlich kannten, denn auch dort war die Kommunikation mit Deutschland wohl recht chaotisch.

Ich wusste einfach nicht, wie viele Reserven auf meinem Konto waren, um die Schulden, die ich inzwischen hatte, zu tilgen. Ich ging nicht davon aus, dass es viel war. Deshalb reduzierte ich meine Kosten einfach auf das Minimum, kaufte mir nur einmal pro Woche Obst und wusch meine Kleidung selbst, statt sie zum Waschen zu geben. So konnte ich meine Kosten ein wenig reduzieren, um mit meinem Taschengeldkonto hier in Afghanistan wieder auf schwarze Zahlen zu kommen.

Auch mein Wunsch nach Urlaub wurde in Deutschland weiterhin nicht bewilligt. Inzwischen hätte ich eine kleine Auszeit gut gebrauchen können. Stattdessen wurde ich gefragt, ob ich noch länger in Afghanistan bleiben wollte. Angesichts dieser

Umstände und im Wissen darum, dass sich daran nichts ändern würde, verneinte ich diese Frage schweren Herzens noch einmal. Ich wusste, dass ich unter diesen Voraussetzungen ein Jahr lang durchhalten konnte, aber nicht länger. Auch wenn ich Afghanistan liebe, ist es eines der schwierigsten Länder der Erde.

Die kanadische Missionsorganisation ging mit ihren Mitarbeitern ganz anders um. Es tat mir ein wenig weh zu sehen, was eigentlich möglich wäre. Denn die Kanadier mussten sich weder um Finanzen noch um Organisatorisches kümmern. All das wurde in Kanada für sie geregelt, damit die Mitarbeiter sich ganz auf ihre Arbeit konzentrieren können.

Zum ersten Mal in meinem Leben empfand ich ein Gefühl, das ich nie für möglich gehalten hätte: Ich schämte mich ein wenig dafür, Deutsche zu sein. Denn jedes andere Land betreute seine Leute deutlich vorteilhafter als meines.

Ich hing dem Gedanken kurz nach, schob ihn aber sofort wieder beiseite, denn das wäre eine Abwärtsspirale geworden, aus der ich nicht mehr herausgefunden hätte. Nein. Ich war Deutsche und das war und ist gut so. Was hier passierte, muss man nicht schönreden, aber Menschen machen Fehler. Das macht auch vor Missionsorganisationen und Kirchen nicht halt. Ich wünschte mir einfach, dass sich das in Zukunft bessert.

Jetzt war erst einmal Feierabend und Wochenende. Wie schön! So wie wir morgens gekommen waren, so traten wir fünf Ausländer auch gemeinsam wieder den Rückweg an. Es ging vorbei an spielenden Kindern, die uns meist ein fröhliches „Salam!"

zuriefen. Manchmal spielten sie einfach weiter, manchmal wollten sie kurz hochgenommen werden, manche wollten, dass einer ein Foto von ihnen macht. Diesem Wunsch kamen wir zu gerne nach. Mit ihren zerzausten Haaren und den weiten, bunten Kleidern sahen sie allesamt zu süß aus!

Dann ging es den Hügel hinauf, am Gefängnis und der Polizeistation vorbei. Wobei Tara immer wieder beteuerte, dass sie gerne eine Gefängnisarbeit starten würde, ihr aber jede Zeit dazu fehle. Dann bogen wir in unsere Straße ab. Wir grüßten den Wachmann der katholischen Hilfsorganisation am Eingang der Straße (er hatte mir ganz am Anfang einmal beteuert, dass er auch auf unser Haus ein Auge habe. Früher sei schon einmal eine junge, unverheiratete Frau wie ich hier gewesen. Aber die sei viel schöner gewesen als ich. Danke, Mohamad!).

Unser Haus war in der letzten Straße des Ortes. Deshalb drehten wir uns nach dem langen Bürotag meist noch einmal um und genossen den schönen Ausblick auf die Ebene, die vor uns lag, auf den Fluss und die noch verschneiten Berge, in die die langsam untergehende Sonne noch einmal so schön hineinschien. Wir waren sehr gesegnet, hier leben und arbeiten zu dürfen!

Der Krieg schien hier weit weg zu sein. Es gab hier auch nichts, das einen Krieg rechtfertigen würde. Keinen Mohn, keine Bodenschätze und auch sonst nichts, weswegen man sich hätte streiten können. Die Taliban hatten hier nur aus Prestigegründen zwei Jahre lang geherrscht und das Gebiet bald wieder aufgegeben, als es woanders Probleme gab. Die Region ist wie eine friedliche Insel in diesem sonst so kriegsüberschwemmten Land. Es gibt einige solcher Inseln, aber sie werden immer weniger. Ein guter Friedensprozess wäre so wichtig für dieses Land!

Dann war Donnerstag. Ein Tag, an dem wir ausschlafen konnten. Wir putzten oder hatten Zeit für einen Spaziergang oder zum Sticken (Brits und mein neues Hobby), für Einkäufe oder Sonstiges. Von Anfang an war das aber auch der Tag, an dem Kranke aus Sardsang oder der näheren Umgebung kamen, um sich von Tara oder mir untersuchen zu lassen. Ab und zu zogen Tara und ich auch los und absolvierten Hausbesuche.

Einer der beeindruckensten war einer unserer ersten Besuche. Auch hier ging es um ein kleines Mädchen, das an epileptischen Anfällen litt. Dieses Mädchen war schon in vielen Kliniken gewesen, bis hin zur Provinzhauptstadt, doch keiner konnte ihr helfen. Wir schauten alle Arztbriefe und bisherigen Medikamente durch. Es war offensichtlich, dass die Ärzte keine Ahnung hatten, was der Kleinen fehlte, denn von Abführmitteln über Beruhigungstropfen, Antibiotika, Hustensaft und starkem Cortison war alles dabei. Doch die Anfälle kamen unverändert häufig, erzählte uns die besorgte Mutter.

Tara ließ kurzerhand ihre Kontakte spielen und organisierte der Familie einen Platz in der französischen Kinderklinik in Kabul. Dort konnten viele Diagnostiken und Operationen durchgeführt werden, die sonst keiner im Land machen kann. Unter anderem war dort eine Hirnstrommessung möglich, zu der unser Mädchen jetzt angemeldet war. Die Reise- und Behandlungskosten trug eine französische Hilfsorganisation. In den kommenden Monaten wurde diese Klinik noch für viele Kinder zum Segen! Leider wurde dieses Förderprogramm im selben Sommer eingestellt, denn es kamen nicht mehr genug Spenden.

Aber auch sonst kamen donnerstags alle möglichen Leute zu uns. Einen großen Teil meiner Freizeit verbrachte ich also damit, in meinem Wohnzimmer alle möglichen großen und kleinen Wehwehchen zu begutachten. Manche kamen mit

Hautkrankheiten, andere waren schwanger und wollten wissen, ob mit dem Baby alles in Ordnung war, wieder andere hatten Ohrenentzündungen, Infekte, Schlaganfälle, Fehlbildungen, Entwicklungsverzögerungen, Depressionen oder Krebs. Eigentlich war alles dabei.

Tara und ich bildeten ein sehr gutes Team, denn ich brachte etwas neuere Erfahrung aus der Intensivstation mit, sie hatte das althergebrachte Wissen, die Erfahrung in der Entwicklungshilfe und oft die richtigen Kontakte. Daneben hatten wir noch ein paar Bücher. Unter anderem eines, das ein deutscher Arzt vor Jahren einmal extra für die Bedürfnisse in Afghanistan angefertigt hatte.

So vergingen die Donnerstage meist wie im Flug. Trotz der zusätzlichen Arbeit waren sie aber eigentlich immer verhältnismäßig entspannt, denn im Gegensatz zu den Tagen in den Dörfern hatten wir zu Hause deutlich mehr Zeit und Ruhe. So blieb auch mal ein bisschen Zeit, um uns einfach mit den Leuten zu unterhalten oder einen Tee zu trinken. Diese Mischung genoss ich sehr.

Als der Frühling anbrach, brachten mir ein paar Patienten zum Dank manchmal Pilze mit. „Dieses Jahr gibt es viele Pilze, denn es donnert viel" war stets die Aussage. Ich war verwirrt. „Was haben die Pilze mit dem Donner zu tun?", fragte ich eine Patientin, die mit ihrem Sohn da war, um seine Ohren behandeln zu lassen. „Na ist doch klar, die Pilze kommen, wenn es donnert. Wenn es viel donnert, gibt es viele Pilze, donnert es wenig, gibt es kaum welche!" Ach so ist das also! Ich musste ein wenig schmunzeln.

Als ich bei nächster Gelegenheit meinen einheimischen Kollegen von dieser Theorie erzählte, bestätigten sie diese einstimmig. Auch alle Leute aus dem Dorf nickten zustimmend, als ich sie, nur zur Sicherheit, auch noch einmal darauf ansprach. „Ganz klar, die Pilze kommen, wenn es donnert! Das ist halt so!", und: „Nein, mit Regen hat das nichts zu tun, Lara, der Donner macht, dass die Pilze sprießen!", erklärten sie mir alle zusammen ganz ernst und waren dabei sichtlich stolz auf ihr Wissen.

Und unter dem Strich ist die Theorie auch irgendwie glaubhaft, denn es hat wirklich nur im Frühling gedonnert, zur gleichen Zeit, als es eben auch Pilze gab! Freitags war unser heiliger freier Tag, an dem wir darauf achteten, wirklich nichts zu tun beziehungsweise nur, wenn es um Leben und Tod ging, was sehr selten vorkam. Morgens versammelten wir Ausländer uns zum Gottesdienst, der aus Lobpreis und einer aufgenommenen Predigt bestand, anschließend aßen wir zusammen. Der restliche Tag bestand aus viel Siesta, Spaziergängen oder irgendetwas anderem. Mit dem Samstag ging dann die neue Woche wieder los.

UNANGEKÜNDIGTER BESUCH
UND NEUE HOFFNUNG

Anfang April fing eine neue Phase der GLISP-Kurse an. Alle Winterkurse waren beendet oder liefen dem Ende entgegen. Nun war es an der Zeit, die Dörfer, in denen im letzten Winter ein Kurs durchgeführt worden war, wieder zu besuchen, um herauszufinden, wie viel seitdem noch hängen geblieben war oder sogar umgesetzt wurde. Außerdem wollten wir die wichtigsten Inhalte noch einmal wiederholen. So fuhren wir in die unterschiedlichsten Dörfer.

Das ganze Team freute sich sehr auf das Wiedersehen. Alle waren gespannt zu erfahren, wie es den Dörflern in der Zwischenzeit ergangen war. Damit die Ergebnisse nicht verfälscht werden konnten, kamen wir in jedem Dorf unangekündigt an. Trotz dieses „Überfalls" wurden wir aber überall herzlich begrüßt, denn über die Zeit hinweg hatte sich ein sehr freundschaftliches Verhältnis zwischen dem jeweiligen Dorf und unserem Team aufgebaut.

In den ersten Minuten herrschte immer große Hektik. Wir wurden in das Gästezimmer der Dorflehrerin gelotst, diese sauste sofort los und wies sämtliche verfügbaren Kräfte an, schnellstmöglich allen Bescheid zu sagen, dass sie kommen und sich versammeln sollten. Frauen bei uns, Männer bei Massoud.

Eines dieser Dörfer war Soib e Chusch (deutsch: glücklicher Besitzer). Es lag gefühlt mitten im Nichts, wir hatten große Mühe, es zu erreichen. Weil es aber recht groß war, mussten wir öfter hinfahren, um alle Dorfbewohner zu erreichen. Mein

Dari und auch mein Dialekt waren inzwischen so gut geworden, dass ich einfachen Unterhaltungen und sogar dem Unterricht gut folgen konnte. So hörte ich bei jedem Fragebogen, den meine Kolleginnen ausfüllten, aufmerksam zu und staunte, wie viel die Teilnehmerinnen noch wussten.

Mittags servierte uns die Dorflehrerin ein sehr außergewöhnliches Mittagessen: Salat und Blumenkohl! Normalerweise gibt es das in der Region nie. Die alte Dorflehrerin Fatima klärte uns auf: „Wir sind hier sehr glücklich über unsere Treibhäuser! Eine ausländische Hilfsorganisation hat uns gezeigt, wie man sie baut, und viele Leute haben eines bekommen. Manche, so wie wir, bauen sogar eine Heizung ein, so können wir schon sehr früh etwas ernten. Am Anfang wussten wir noch nicht genau, was wir mit dem Blumenkohl und dem Brokkoli machen sollten. Wir dachten, das sei nutzloses Zeug, und haben es den Tieren gegeben. Dann kam die Hilfsorganisation noch einmal zurück und gab uns Kochkurse. Jetzt essen wir alles und es schmeckt uns wunderbar! Wir haben wirklich Glück gehabt!"

Ja, das haben sie tatsächlich! Ich war gerührt von der Ehrlichkeit dieser etwa 60-jährigen Frau. Damit aber noch nicht genug. Kurz nachdem sie mich quasi gezwungen hatte, die Beine zur Entspannung auszustrecken (eine Geste der Freundschaft), erzählte sie noch eine weitere Erfolgsgeschichte: „Als traditionelle Geburtshelferin und jetzt GLISP-Dorflehrerin nahm ich das Gelernte aus den Kursen sehr ernst. Immer wenn ich jetzt zu einer Geburt gerufen werde, setze ich alles um, was ich bei euch gelernt habe! Seitdem ist kein einziges Baby und nur eine einzige Frau bei der Geburt gestorben!", erzählte sie stolz und betonte noch einmal, dass die Frau, die gestorben war, im Krankenhaus starb. Nicht zu Hause.

Als Fatima sah, dass es Komplikationen gab, hatte sie umgehend einen Transport in das nächste Hospital geordert. Nur dort konnte die Frau leider auch nicht richtig versorgt werden.

Doch trotz dieses Vorfalls war diese geringe Sterblichkeitsrate eine große Verbesserung für das Dorf. Sogar Leute aus einem Nachbardorf kamen zu Fatima, um von ihr zu lernen. Nun sei die Sterberate auch dort gefallen, berichtete sie. Fatima war sichtlich stolz.

Ich auch. Es ist immer wieder extrem beeindruckend, was so einfache Kurse bewegen können. Nicht nur, dass Menschen leben, die sonst vielleicht aus einem vermeidbaren Grund gestorben wären. Es verändert die Menschen, wenn sie ihrem Schicksal nicht mehr hilflos ausgeliefert sind. Sie werden selbstbewusster, ihr Handeln wird zielgerichteter, sie erleben den Erfolg ihres Handelns! Zumindest in diesem Punkt.

Noch etwas ist mir in diesem Dorf das erste Mal wirklich aufgefallen: Die Afghanen hier lieben es zu reimen! Überall, mitten im Satz, bei ernsten oder bei heiteren Themen. Überall sind ganz simple Reime versteckt. Zum Beispiel fielen Sätze wie (frei übersetzt): „In der Apotheke-Lapotheke habe ich Medizin-Redizin gekauft!", oder: „Sorry, Fleisch-Meisch haben wir heute nicht." Zur Sicherheit fragte ich meine Kollegin Maiwand noch einmal, ob ich wirklich richtig verstand. Diese bestätigte, für sie war es die natürlichste Sache der Welt. Für mich war es Entertainment pur! Und es passte auch einfach zu den Menschen hier.

Fortan mochte ich Unterhaltungen im Dialekt noch viel mehr! Ganz zum Schluss der sieben Monate fing ich (aus Versehen) sogar selbst an zu reimen. Das wiederum war Entertainment für mein Umfeld ...

Doch Freud und Leid liegen in diesem Land immer eng beieinander. Am Ende des Tages erzählte Fatima uns noch kurz von einer Familie, deren Zwillingen bisher keiner helfen konnte. Vielleicht wollte der Doktor (also ich) einmal bei ihnen vorbeischauen? Der Zeitpunkt dafür war denkbar ungünstig, denn es war schon spät geworden und das Wetter verschlechterte sich zunehmend. Wir mussten auf eine festere Straße kommen, bevor der Frühlingsregen den matschigen Boden im Dorf zu sehr aufweichte.

Doch einige Tage später waren wir wieder im Dorf. Massoud, unser Fahrer, hatte die Befragung der männlichen Kursteilnehmer beendet und ich hatte nur wenig zu tun. Also beschlossen wir kurzerhand, gemeinsam die Familie aufzusuchen. Das war kulturell möglich, denn ich war Massouds Chefin. Es war ein kleiner Marsch den Hügel hinunter zu ein paar Häusern, die mir wegen ihres schlechten Zustandes schon vorher aufgefallen waren. Aus der Nähe sah alles noch etwas heruntergekommener aus.

Wie üblich machten wir uns vor der Haustüre durch ein lautes „Salam!" bemerkbar. Niemand antwortete. „Oe, Salam!", rief Massoud noch einmal. Nichts. Also traten wir durch die geöffnete Tür einfach ein.

Was ich drinnen sah, machte mich sprachlos: In dem großen Raum stank es, es war schmutzig, keiner war da, bis auf zwei Gaworas, traditionelle Kinderbettchen, in denen Säuglinge und Kleinkinder festgebunden und in den Schlaf geschaukelt werden. Aus ihnen drangen ganz leise, zarte Stimmchen. Wir liefen hin und zogen die Stoffdecke, die immer über die Gawora gelegt wurde, weg, um nachzuschauen, wer oder was da war.

Tatsächlich, hier waren zwei Babys! Beide genauso schmutzig und verlassen wie der Raum selbst. Es schienen die Zwillinge zu sein, von denen Fatima gesprochen hatte. Sie wirkten sehr krank und bestanden nur noch aus Haut und Knochen. Mit großen Augen sahen sie uns an. Als sie das Gesicht zum Weinen verzogen, warf ihre Haut so viele Falten, wie man es sonst nur bei alten Menschen sieht. Ihre Stimme war nur noch ein schwaches Wimmern. Wie konnte es nur so weit gekommen sein? Und weshalb war niemand da?

Massoud und ich waren angesichts der Situation etwas ratlos, als wenig später plötzlich doch noch die Mutter den Raum betrat. Ihr war die Situation etwas peinlich. Sie erzählte schnell, dass sie auf dem Feld zu tun gehabt habe. Wir stellten uns gegenseitig vor, dann setzten wir uns auf eine alte Wolldecke, die Mutter nahm beide Kinder heraus und fing an, uns ihre Leidensgeschichte zu erzählen:

Die beiden waren schon ein Jahr und zwei Monate alt. Sie kamen etwas zu früh auf die Welt, entwickelten sich aber zunächst gut. Dann wurden sie irgendwann krank, hatten Husten und tranken nicht mehr viel. Bald fingen beide an, Gewicht zu verlieren. Ein Arzt verschrieb einige Medikamente und eine Aufbaumilch. Doch diese Aufbaumilch vertrugen beide Kinder nicht, sie bekamen Brechdurchfall und auch die Medikamente blieben wirkungslos.

Schnell wurden beide so schwach, dass sie nichts mehr zu sich nehmen konnten. Deshalb fuhren sie kurze Zeit später mit der ganzen Familie in die Provinzhauptstadt, in der Hoffnung, dass ihnen dort geholfen würde. Tatsächlich nahmen die Ärzte dort beide Babys auf und gaben dem geschwächten Jungen sogar eine Bluttransfusion. Durch die Behandlung wurden beide Kinder etwas frischer und stärker.

Voller Hoffnung und mit weiteren Aufbauprodukten nahmen die Eltern die beiden wieder mit nach Hause – nur um dort festzustellen, dass alles wieder von vorn anfing. Die Kinder wurden schwach, tranken nicht, wurden krank, tranken noch weniger, nahmen ab, wurden deshalb schwächer und so weiter. Ein Teufelskreislauf.

Als die Eltern ihre Kinder jetzt wieder in die Dorfklinik brachten, wurden sie mehrfach abgewiesen. Die Mutter war ratlos. Eine weitere Reise in die Provinzhauptstadt konnten sie sich nicht leisten. Außerdem hatte es ja nicht viel genützt.

Ich war zunächst ungefähr genauso ratlos wie geschockt.

Als ich die Mutter nun sah und ihre Geschichte hörte, hatte ich Mitleid. Sie selbst sah aus, als wäre sie mindestens 60, dabei konnte sie höchstens 40 sein. Ihr Mann kam herein. Auch er passte ins Bild. Es waren einfache, arme Leute, die trotzdem ihre Kinder liebten und das Beste für sie wollten. Wahrscheinlich hatten sie ihr letztes Geld für die Behandlung der beiden ausgegeben. Nun war die Hoffnung der Verzweiflung gewichen. Tara erklärte mir später, dass es öfter vorkommt, dass Frauen ihre schwer kranken Kinder allein lassen, denn sie wollen sie nicht sterben sehen.

Nun, zum Sterben war es jetzt noch zu früh, fand ich. Vielleicht konnte man ja noch etwas machen? Allerdings war hier guter Rat teuer, denn die Dorfkrankenhäuser werden eigentlich von großen Hilfsorganisationen mit den nötigen Medikamenten und speziellen Aufbauprodukten versorgt.

Deshalb war es eigentlich deren Aufgabe, diese Kinder zu behandeln, nicht meine. Wenn jemand herausfand, dass ich mein eigenes Programm für stark unterernährte Kinder eröffnete (dafür würde dieser Einzelfall bereits genügen), könnte nicht nur ich, sondern meine gesamte Organisation große Probleme bekommen, bis hin zur Schließung des ganzen Zweigs in Sardsang. Das wollte ich auf keinen Fall riskieren. Hilfe zu leisten war in diesem Fall also auch ein Politikum.

Das war das eine Problem. Das andere war, dass ich bisher auch nur die Mittel kannte, die die Familie bereits erhalten und ausprobiert hatte. Sie zeigten mir die Überreste, und um es mir zu beweisen, fütterte die Mutter das Mädchen mit der Erdnusspaste. Sie behielt die Paste nicht einmal im Mund ... So erbat ich mir ein wenig Bedenkzeit.

Dann fuhren wir nach Sardsang zurück. Mir war etwas mulmig zumute, denn es war Mittwoch. Würde ich die beiden nach dem Wochenende wirklich noch einmal antreffen?

Kaum zu Hause angekommen, lief ich direkt zu Tara, um ihr von der Geschichte zu erzählen. Tara hörte sich mein Leid an, wollte aber aus den genannten politischen Gründen nichts tun. Die EAO hatte das lokale Krankenhaus hier aufgebaut, Tara selbst hatte noch darin gearbeitet. Die Mittel, die sie damals zur Verfügung hatten, waren einfach, aber ausreichend, um eine einigermaßen gute Versorgung zu gewährleisten. Auch für mangelernährte Säuglinge und Kleinkinder. Das war Taras Fachgebiet gewesen. Als Supervisorin hatte sie die Abteilung geleitet und hatte offensichtlich große Freude daran gehabt.

Doch eines Tages hatte die Regierung in Kabul beschlossen, dass es solche kleinen Missionskrankenhäuser nicht mehr geben sollte. Stattdessen sollte jeweils nur eine NGO den ganzen Distrikt versorgen. Es war der Versuch, etwas Ordnung in das Chaos zu bringen. Die EAO hätte den Zuschlag für den Distrikt in Sardsang auch bekommen, nur leider war und ist die Organisation zu klein für solch ein Mammutprojekt. Deshalb mussten die damaligen Kollegen das Krankenhaus einer anderen, einheimischen NGO überlassen. Diese zog als erste

Amtshandlung alle guten Geräte und Maschinen in die Provinzhauptstadt ab, sogar das halbe Mobiliar verschwand. Der Grund
dafür ist keine Zentralisierung der Gesundheitsversorgung,
sondern ein Rassenkonflikt.

Quer durch den Distrikt verläuft eine unsichtbare Grenze
zweier Stämme, die sich nicht leiden können. Mit dem Abtrans-
port der Gerätschaften aus der Klinik sorgte der andere Stamm
dafür, dass „unser" Stamm gesundheitlich schlechter dastand.
Zack, da ist er wieder, der Krieg. Man braucht keine Waffen
dafür!

Nachdem ich Tara die ganze Geschichte der Familie zweimal
erzählt hatte, gab sie mir doch noch einen wertvollen Tipp, wie
ich dennoch versuchen könnte, den beiden hageren Figürchen
zu helfen. Es war ein Nachtrag im Buch des deutschen Doktors.
Die meisten Maßnahmen waren in dieser speziellen Situation
nicht umsetzbar. Deshalb suchte ich in der Kategorie „Wenn es
keine andere Möglichkeit gibt". Hier stand ein Rezept für eine
Aufbaumilch, gemischt aus herkömmlicher Pulvermilch, Zucker und Öl nebst der Gabe von einigen Vitaminen und Antibiotika. Das war zumindest einen Versuch wert!

Den Rest des Abends verbrachte ich damit, die Rezeptur von
„Gramm" auf „Teetassen" umzurechnen, damit die Familie die
Milch später selbst zubereiten konnte, falls die Zwillinge das
Gemisch vertrugen. Ich war optimistisch, dass der Plan funktionieren würde. Und noch ein Glücksfall sollte meinem Plan,
die Zwillinge „wieder dick zu machen", helfen. Als wir am Sams-
tagmorgen wieder nach Soib e Chusch aufbrachen, nahmen
wir den „Doktor" der lokalen Gesundheitsstation mit zu seiner

Wirkungsstätte. Es war in diesem Fall kein Geringerer als Fata, der Bruder meiner Kollegin Rada! Er arbeitete normalerweise als Krankenpfleger im Krankenhaus in Sardsang, doch an diesem Tag begann seine sechswöchige Rotation in den Außenbezirk.

Fata war ein fröhlicher und vertrauenswürdiger Mann und außerdem sehr hilfsbereit, denn er verdankte seine Ausbildung der EAO. Ich erzählte ihm vom bedauernswerten Zustand der Zwillinge in seinem neuen Wirkungskreis und er versprach sofort, sie zu behandeln, sollten sie noch einmal in der Gesundheitsstation auftauchen.

Außerdem erklärte er, dass es seit Monaten große Lieferschwierigkeiten bei der Aufbaumilch gab. Offiziell wurden in Kabul einige Kartons verschickt, doch sie kamen nur sehr selten wirklich an. Und wenn doch, dann war der Weg vom Lager zum Patienten meist auch noch sehr weit. Die Päckchen versickerten meist irgendwo im System. Vielleicht war auch das der Grund, warum die Familie immer wieder abgewiesen wurde. Fata selbst wollte mit dieser Korruption nichts zu tun haben, deshalb bekam er einige Monate später große Probleme und verlor beinahe seinen Job.

Als ich an diesem Tag bei der Familie ankam, waren zwar weder die Kinder gewaschen noch war die Wohnung geputzt, aber wenigstens waren alle am Leben! Die Mutter und eine große Schwester waren anwesend und sie freuten sich sogar, mich zu sehen.

Ich überbrachte ihnen die freudige Botschaft, dass ich eine andere Möglichkeit gefunden hatte, wie wir versuchen könnten, die beiden wieder fit zu bekommen. Und auch von meiner Unterhaltung mit Fata berichtete ich. Weil ich selbst wissen wollte, wie die Kinder die Milch vertrugen, schritten wir einfach direkt zur Tat, kochten Wasser ab und bereiteten das Gemisch zu. Löffelchenweise träufelten wir die Nahrung zuerst dem kleinen Mädchen ein. Sie war wenig begeistert, doch mit ein bisschen Überredungskunst schaffte sie es schließlich, eine ganze Viertel Tasse zu trinken. Für den Anfang war das ganz gut!

Dann kam der etwas kräftigere Junge an die Reihe. Er wusste mehr mit der Flüssigkeit im Mund anzufangen und trank löffelchenweise fast eine halbe Tasse. Beiden schien die Milch auf den ersten Blick gut zu bekommen. Und weil sie noch wach waren und ich noch Zeit hatte, badeten wir die beiden noch zusammen und wickelten sie in frische Kleidung.

Abschließend nahm ich der Mutter noch das Versprechen ab, mit den Kleinen zu Fata in die Klinik zu gehen, um sich die dringend benötigten Medikamente zu holen. Der Vater der Kinder war inzwischen dazugekommen und ließ sich auch noch einmal alles gründlich erklären. Ich betete noch für die Familie, dann brachen wir auf. Ich war wirklich gespannt, was passieren würde.

„Heute hast du viel Sawab gesammelt, Lara!" war die lobende Bemerkung von Gul und den anderen, als ich ihnen auf dem Heimweg von meiner Aktion erzählte. „Ich? Wieso?" „Na ja, du hast jemandem geholfen und du hast die Kinder gebadet. Jemanden zu baden bringt viel Sawab!"

Von „Sawab" hatte ich schon gehört. Es ist eine Art „Pluspunktesammlung" bei Allah. Je mehr Sawab man sammelt, desto eher bekommt man irdischen Segen und kommt später ins Paradies. Aber das mit dem Bad war mir neu.

Gul erklärte, dass verschiedene Taten verschieden viel Sawab bringen. Jemanden zu baden bringt sehr viel. Andere Dinge, wie jemandem Brot zu geben, bringen wenig oder kein Sawab.

Gul war sich auf jeden Fall sicher, dass ich ein guter Mensch sei und deshalb sehr viel Sawab habe. Allah sei mir also sicher zugewandt. Nur ... ich bin keine Muslima. „Der Gott der Bibel möchte nicht, dass wir Sawab sammeln", erklärte ich Gul und den anderen.

Solche Gespräche über den Glauben waren inzwischen normal geworden. Deshalb traute ich mich sehr frei zu erzählen: „Der Gott der Bibel liebt uns nicht, weil wir Gutes tun, sondern weil er uns nun mal einfach liebt. Wenn wir etwas Gutes tun, freut er sich, aber es macht keinen Unterschied an seiner Liebe zu uns. Und dann ist da noch Jesus. Er ist gestorben, damit wir leben können, ins Paradies kommen und uns das nicht selbst verdienen müssen. Wir könnten es nicht einmal. Denn wir glauben, dass unsere Sünden zu schwer wiegen, als dass wir sie wiedergutmachen könnten. Deshalb sammeln wir Christen kein Sawab. Aber trotzdem vielen Dank, dass du mich darauf hingewiesen hast. Jetzt verstehe ich euch besser!", erklärte ich.

Was wir glauben, ist für sie sehr unverständlich. Ihre Welt besteht aus Aktion und Gegenaktion. Man bekommt nichts geschenkt, sondern man macht alles für einen bestimmten Zweck. Unverdiente Gnade ist das genaue Gegenteil davon. Diese Gnade zu verstehen und annehmen zu können, ist immer wieder ein Wunder.

Wir unterhielten uns noch eine ganze Weile über Sawab, Muslime, Christen, die Bibel und den Koran. Es war wie immer ein sehr offener Austausch. Keiner wollte den anderen zu etwas zwingen oder überreden. Es war einfach eines der Themen, über die man sprach. Nur die Witze ließ man dabei weg. Und irgendwann kam das Thema wieder auf Mode, Krankenhäuser, die Arbeit oder etwas anderes. Es war eben auch nur ein ganz normaler Tag.

Ein paar Tage später kam ich wieder zurück, um nach den Zwillingen zu sehen. Und siehe da, die beiden sahen tatsächlich schon deutlich frischer aus! Sie bekamen die Milch zwar nicht regelmäßig, aber es schien zu reichen und sie vertrugen sie gut. Und sie waren tatsächlich zu Fata in die Klinik gegangen. Ich war sehr erstaunt und dankbar. Wieder zeigte etwas so Simples eine gute Wirkung.

Solange wir in Soib e Chusch tätig waren, schaute ich immer wieder bei der Familie vorbei. Zum Schluss schienen die beiden wenigstens über dem Berg zu sein! Welche Langzeitschäden die Kinder durch diese lange Krankheitsphase davontragen werden, ist noch nicht abzusehen. Aber immerhin fingen sie an sich zu entwickeln, drehten sich selbst auf den Bauch und zurück, hoben den Kopf selbst und so weiter. Ich wünsche ihnen von Herzen viel Glück!

Die beiden Zwillinge von Soib e Chusch wurden für mich zu einer Art Pilotprojekt. Denn an meinen Donnerstagen kamen nun immer wieder extrem unterernährte Babys und Kleinkinder. Sie kamen alle zu mir, nachdem sie eine Odyssee an Klinikbesuchen hinter sich hatten und ihnen keiner helfen konnte oder wollte.

Eines von ihnen war so schwach, dass ich mir schon sicher war, dass es bald sterben würde. Die Milch gab ich der

Mutter eigentlich nur noch mit, damit sie nicht tatenlos dabei zuschauen musste. Doch auch dieser Junge hat sich erholt – sogar so gut, dass wir zum Schluss tatsächlich Angst hatten, er würde uns zu moppelig werden. Auch das Wesen des Babys war nach der Behandlung wie ausgewechselt. Es war eine wahre Freude!

So etwas zu sehen, macht mich wirklich glücklich. Es sind die Momente, in denen ich weiß, dass sich der ganze Stress, den es bedeutet, hier zu sein, auf jeden Fall lohnt!

FLIEẞEND WASSER UND APRIKOSEN

Viele der Dörfer, in die wir zur Kurswiederholung fuhren, hinterließen Eindruck bei mir. Besonders ein Dorf, das noch viel weiter weg war als Soib e Chusch. Es lag viel versteckter und war viel kleiner. Als wir dort ankamen, dachte ich, dass wir spätestens jetzt ganz sicher das Ende jeder Zivilisation erreicht hätten – wenn nicht sogar das Ende der Welt. Hier gab es außer einer Handvoll Häuser wirklich nichts mehr. Der Weg, der zum Dorf führte, war nur als schwacher Trampelpfad zu erkennen.

Als wir ankamen, wurden wir dort durch ein Labyrinth aus ineinander verschachtelten Häusern geführt. Über Dächer hinauf und die Treppen wieder hinunter, bis wir am Ziel waren. Dort war auf den ersten Blick alles, wie ich es erwartet hatte: sehr einfach, die Wände unverputzt, alle Einrichtungsgegenstände auf althergebrachte Weise selbst hergestellt. Es gab nur Dinge zu essen, die man sich selbst anbauen kann, und so weiter.

Und doch gab es hier einen kleinen, aber feinen Unterschied. Als nach Kursende die Männer des Hauses zu unserer Runde dazustießen (was grundsätzlich selten vorkam), fiel das Thema ganz beiläufig auf das fließende Wasser, das sie hier in den Häusern hatten.

Moment – hatte ich richtig verstanden? In der ganzen Region trägt jeder Mensch ganz selbstverständlich sein Wasser vom Brunnen ins Haus, um es dort zu benutzen, und hier, am Ende der Welt, gab es fließendes Wasser? Ich fragte zur Sicherheit noch einmal nach.

Die Antwort des Familienoberhauptes kam prompt. Langsam, damit ich es auch wirklich verstand, erklärte er: „Ja, wir haben ein Rohrsystem im ganzen Dorf. Jeder Haushalt hat fließendes Wasser aus einem Wasserhahn. Den kann jeder auf- und zudrehen, wie er möchte. Wir haben die Rohre vor ein paar Jahren selbst verlegt!", erklärte er mir ganz selbstverständlich, aber nicht ohne Stolz.

„Hattet ihr Hilfe von einer Organisation?", hakte ich nach. „Nein, das haben wir selbst gemacht. Die Rohre haben wir auf dem Markt gekauft und an einer Quelle oberhalb des Dorfes angeschlossen. Jetzt läuft das Wasser durch die Rohre direkt zu uns ins Haus. Das Geld dafür haben wir alle zusammengelegt."

„Respekt! Aber im Winter friert es wahrscheinlich oft ein, oder?" war meine letzte Frage. „Nein, auch nicht. Das Wasser fließt das ganze Jahr über. Wir haben die Rohre isoliert."

In diesem Moment war ich sprachlos. Nicht einmal Taloq hatte so ein gutes Rohrsystem! Man muss wirklich einmal an das Ende der Welt fahren, um zu lernen, dass die Menschen, die dort leben, alles andere als einfach gestrickt sind!

Ich war beeindruckt von ihrem Erfindergeist und ihrer Kreativität. Sie hatten etwas geschafft, das in der ganzen Region keiner überhaupt erst versucht hatte. Und das in Eigenregie und ohne ein Vorbild, das sie hätten kopieren können.

Ein anderes Mal war Mabul unser Ziel. Schon morgens waren die Kolleginnen ganz aufgeregt, denn Mabul sei eines der schönsten Dörfer weit und breit. Ich müsse unbedingt mit dorthin kommen! Es gebe dort Aprikosenbäume, Melonenplantagen,

Äpfel in Hülle und Fülle, Bienenvölker und einen Fluss, der das ganze Jahr über sehr viel Wasser führt. „Die Menschen dort haben ein sehr gutes Leben", versicherten sie mir einstimmig.

Also los, das wollte ich mir auf keinen Fall entgehen lassen! Auf der gesamten Fahrt schwärmten die fünf mir vor, wie schön das Leben doch sein müsse, wenn man so vieles hat. Wenn man nicht sparen muss, das Wasser nie knapp wird, und überhaupt, so viel Grün ist doch etwas Schönes!

Wir fuhren eine ganze Weile. Der Weg führte irgendwann von der Hauptstraße weg ein sehr enges, steiles und steiniges Tal herunter. Unten angekommen war auch schon der Fluss zu sehen. Der war tatsächlich viel breiter und voller als die anderen kleinen Bäche hier. Wunderschön und glasklar.

Doch noch waren wir nicht am Ziel: Es folgte eine weitere Abzweigung, die noch tiefer ins Tal führte. Noch mehr Weg, noch mehr Steine, doch es wurde merklich wärmer. Meine Spannung wuchs. Bis wir schließlich ankamen in Mabul.

Meine Kolleginnen hatten nicht zu viel versprochen: Es war wirklich schön hier! Ein schmales Tal mit hohen Felswänden links und rechts, der Fluss in der Mitte, auf den die Sonne schien und ihn glitzern ließ. Jetzt am Frühlingsanfang waren noch keine Früchte erkennbar, doch schon beim Aussteigen wurde mir klar, dass wir hier in einer anderen Welt angekommen waren.

Es war eine kleine Welt. Durch die steilen Felsen war sie vom Rest der bekannten Welt abgeschnitten. Hier unten waren auf den schmalen Ebenen überall kleine Plantagen. Die Kolleginnen analysierten begeistert, welcher Baum welche Früchte tragen würde und auf welchem Acker letztes Jahr was angebaut worden war.

Aus Sardsang kommend, wo Obst und Gemüse bis vor Kurzem beinahe unbekannt und auch jetzt noch sehr selten und wertvoll waren, fühlten wir uns ein bisschen wie auf der Vorstufe zum Paradies. Einfach vor die Tür gehen und eine Aprikose pflücken, das war für meine Kolleginnen zu Hause undenkbar. Sie mussten selbst ihre kleinen Treibhäuschen, in denen sie ein paar Tomaten zogen, abschließen, damit kein Dieb kam und sie ihnen wegaß. Hier in Mabul dagegen wurde nichts abgeschlossen. Hier muss niemand stehlen – dachten wir.

Doch unser Traum vom Paradies bekam noch am selben Tag Risse. Im Gegensatz zu sonst wurden wir von der hiesigen Dorflehrerin nämlich lange nicht so herzlich empfangen wie sonst. Sie begrüßte uns mit einem: „Och, das auch noch!" Die zweite Dorflehrerin bemühte sich erst gar nicht zu uns.

Asma, die uns empfing, meinte, dass eine Befragung in ihrem Haus praktisch unmöglich sei, keiner würde so weit laufen (ihr Haus lag am Eingang des Dorfes). Wir sollten lieber in die Moschee im Dorfzentrum gehen, das würde eher klappen.

Gesagt, getan. Wir liefen also zur Moschee, die gleichzeitig auch als eine Art „Wohnzimmer" der Dorfbewohner fungierte, und Asma lief herum und informierte die Bewohner.

Wir warteten eine ganze Weile, bis schließlich ungefähr fünf alte Mütterchen zur Tür hereinwackelten. Sie waren erfreut, uns zu sehen, standen unserem Fragebogen gerne Rede und Antwort und nutzten die Gelegenheit für eine Konsultation beim „Arzt". Wieder eine Weile später kamen ein paar Teenager. Der Rest blieb der Versammlung fern.

Nach zwei oder drei Stunden brachen wir ab und aßen bei Asmas Familie zu Mittag. Asmas Familie war sehr freundlich, aber reservierter als viele andere. Der Fernseher lief die ganze Zeit lautstark, was es mir schwer machte, der Unterhaltung zu folgen.

Dieser Fernseher war der einzige richtige Fernseher, den ich in meiner Zeit in Sardsang gesehen habe. Den meisten fehlte es an genügend Strom. Mabul dagegen hatte ein Wasserkraftwerk bekommen. Alle Haushalte waren 24 Stunden pro Tag ans Stromnetz angeschlossen.

Am Nachmittag versuchten wir erneut, die Befragung zu vervollständigen. Für die Statistik war es wichtig, so viele Teilnehmer wie möglich zu befragen, denn sonst kann man die Effektivität der GLISP-Kurse nur schwer beurteilen. Das wiederum hätte Konsequenzen für unsere Geldgeber: Ohne Ergebnisse würden sie vielleicht nicht mehr so großzügig für das Projekt spenden.

Meinen Kolleginnen war es zudem ein großes Anliegen, das Wissen nach einem Jahr noch einmal aufzufrischen. Doch die Leute blieben aus. So gingen wir selbst auf die Straßen des Dorfes und suchten nach den Frauen. Bis auf zwei waren aber alle verschwunden.

Also gaben wir erneut auf, machten aber aus der Not eine Tugend und nutzten die Zeit für einen Spaziergang durch das Paradies. Wir bestaunten die Obstfelder, die Bienenvölker und das viele Holz, das hier überall lag. Es war wirklich schön. So komplett anders als der Rest der Gegend. Wir genossen den schönen warmen Frühlingstag und unsere Freundschaft und hielten alles in Selfies fest.

Zurück im Dorf stand unser Fahrer schon bereit, um uns abzuholen. Im Auto lösten Rada und Gul das Rätsel um die

Situation im Dorf schließlich auch für mich auf, denn ich hatte ja beim Mittagessen nichts mitbekommen: In Mabul war ein heftiger Streit ausgebrochen. So heftig, dass die Bewohner nicht mehr miteinander reden wollten – geschweige denn miteinander in einem Raum sitzen oder gemeinsam lernen.

Die Auseinandersetzung drehte sich wohl vor allem um Landbesitz. Ein Bauer hatte die Zäune einfach verschoben, um noch mehr anbauen zu können. Das gefiel dem Besitzer des Feldes nebenan natürlich überhaupt nicht, aber beide fühlten sich im Recht. Unterm Strich ging es also einfach darum, wer am Ende des Jahres mehr ernten und verkaufen kann. Also um Geld. Wie überall auf der Welt. Ich war genervt!

Es ist doch ein Phänomen: Kaum geht es Menschen irgendwo ein bisschen besser, schon sind Neid und Zwietracht vorprogrammiert. Das ist bei uns im Westen nicht anders. Uns geht es so gut, wir haben alles, was wir brauchen, und trotzdem sind wir unzufrieden, fühlen uns benachteiligt. Diese Geschichte ist so alt wie die Menschheit selbst, doch scheinbar haben wir nie dazugelernt.

Meine genialen Kolleginnen haben es übrigens nach einigen weiteren Anläufen, mit viel Geduld und gutem Zureden trotz allem doch noch geschafft, alle Kursteilnehmerinnen zu befragen und die nötigen Stunden zu wiederholen. Ihr diplomatisches Geschick und ihre Geduld verdienen meinen größten Respekt!

Den meisten anderen Dörfern ging es wirtschaftlich nicht so gut wie Mabul. In jedem Dorf, das wir ein Jahr nach Kursende wieder besuchten, war mindestens ein Drittel der Teilnehmer weggezogen. Meist in eine große Stadt wie Kabul. Dort ist es zwar ungleich gefährlicher als hier im Hochland, doch es gibt wenigstens die Hoffnung darauf, dass irgendjemand irgendwann eine Anstellung als Tagelöhner findet.

Andere hatten diese Möglichkeit nicht. Deren oft einzige Lösung war es, ihre älteren, unverheirateten Söhne für einige Zeit zum Arbeiten in den Iran zu schicken. Da es im Iran für Afghanen aber auch nicht sehr viel Arbeit gibt, heuern viele von ihnen beim dortigen Militär an. Afghanen sind bekannt dafür, gute und zähe Kämpfer zu sein. Sie werden im Iran kurz ausgebildet und dann nicht selten als Soldaten in den Krieg nach Syrien geschickt.

Während meiner kurzen Zeit auf dem Land kam es immer wieder vor, dass eine Familie gerade um einen Sohn trauerte, der kurz vorher im Syrienkrieg gefallen war. Die Hinterbliebenen bekommen dann eine kleine Abfindung und ein Foto. Das war's. Angesichts der vielen trauernden Mütter bekam der Syrienkrieg für mich noch einmal eine andere Bedeutung.

Muss es wirklich sein, dass ein afghanischer Hirtenjunge sein Leben in einem Krieg verliert, der mit seinem Land und seinem Leben nichts zu tun hat? Dem jungen Mann sind der Iran und die große Weltpolitik ja egal, er hat nur leider keine andere Möglichkeit, wenn er seiner Familie beim Überleben helfen möchte! Ohne das Geld, das die Jungs ihren Familien schicken, würden einige von ihnen nicht über die Runden kommen.

Anfangs hatte ich noch gestaunt, dass die simple Lebensweise mit dem Prinzip der Selbstversorgung aufgeht. Doch nun wurde ich Stück für Stück eines Besseren belehrt. Diese Lebensweise ging früher auf, heute oft nicht mehr. Die Ernte geht jedes Jahr zurück, was an der Überbewirtschaftung der

Felder liegt (das hatte mir ein Ranger im Nationalpark später erklärt).

Außerdem mussten in den letzten Jahren viele Tiere geschlachtet werden, weil nicht mehr genug Futter da war. Das wiederum geschieht, weil es immer längere Dürreperioden gibt. Es werden immer mehr Graswiesen in Ackerflächen umgewandelt, damit die Menschen etwas zu essen bekommen.

Auch das Wasser wird immer knapper. Viele Bäche und Brunnen trocknen im Sommer aus. Das ist auch der Grund dafür, dass die Leute fast ausschließlich Ziegen und Schafe halten. Die sind genügsamer. Früher war das wohl anders, da gab es noch viel mehr Kühe, Pferde und Hühner. Die Pferde werden heute durch kleine Motorräder oder Esel ersetzt. Die allermeisten Hühner, die früher wohl für gutes Einkommen sorgten, starben vor einigen Jahren an einer großen Seuche. Jetzt gibt es nur noch hier und da ein paar wenige. Die Nachzucht wird sehr lange dauern. Für Kühe reicht das Wasser nicht.

Gleichzeitig mit diesem Rückgang der Einnahmen sind die Ausgaben erheblich gestiegen: Mehl muss nun hinzugekauft werden, der Preis dafür steigt jedes Jahr. Die Kinder kosten mehr Geld, denn jede Familie versucht, wenigstens eines auf die Universität zu schicken, um ihm einen Ausweg aus der Armut zu ermöglichen. Zu alledem werden die Leute nun wohl öfter krank als früher, deshalb benötigen sie mehr Geld für Medikamente.

Das alles ist ein Teufelskreislauf, der mich sehr betroffen machte. Ihn aufzuhalten ist sicher möglich, aber dazu braucht es Mut, kluge Köpfe und vor allem viel Zeit. Meine sieben Monate waren nicht viel Zeit.

Wenn ich mir dieses Gesamtbild ansah, kam mir schnell die Frage: Lohnt sich meine Arbeit denn überhaupt? Oder ist sie nur ein Tropfen auf dem heißen Stein? Ich wünschte mir einen Plan, der den Menschen hier noch viel umfassender helfen würde, und kam mir dabei selbst klein vor.

Was konnte ich hier nur ausrichten? Die Antwort war: Gar nichts!

Das musste ich mir immer wieder vor Augen halten. Ich hatte in Taloq über Blicke nachgedacht. Unter welchem Blick stehe ich? Und worauf blicke ich? Blicke ich auf das, was ich nicht kann, auf den großen Berg an Dingen, die gemacht werden müssen? Oder blicke ich einfach auf das, was vor mir liegt? Die Bereiche, auf die ich Einfluss nehmen kann?

Es gab Tage, an denen existenzielle Sorgen geballt an mich herangetragen wurden. Dann dauerte es immer einen Moment, bis ich wieder die richtige Perspektive hatte. Es machte etwas mit mir, wenn ich merkte, dass die Menschen, die ich lieb gewonnen hatte, Not litten. Ich fühlte mich hilflos. Nicht, dass sie die Hilfe von mir erwartet hatten. Die meisten wollten einfach nur erzählen, was ihnen auf der Seele lag. Aber meine erste Reaktion darauf war meistens: „Mensch, da muss man doch was tun!"

Aber geht es immer um das Tun? Gerade dann, wenn das schwierig ist? Vielleicht geht es auch ein bisschen um das Dasein, um das Zuhören, darum, dass man das Gegenüber ernst nimmt und ihm das Gefühl gibt, wenigstens gesehen und gehört worden zu sein!

Manchen schien schon allein das irgendwie gut zu tun, denn wenn einer von seinem Leid erzählte, kamen meistens noch zwei oder drei mit dazu und erzählten auch ihre Geschichte. Wir redeten kurz darüber und meistens kamen wir irgendwann gemeinsam auf den Konsens, dass die Menschen hier sehr stark sind. „Oh ja, das ist auch nötig" war meistens das Argument.

Manchmal fanden wir sogar gemeinsam eine Möglichkeit, wie sie sich selbst etwas helfen konnten. Immerhin.

Am Ende des Tages dachte ich oft über diese Gespräche nach. Und meistens konnte ich mich wieder aufrichten und sagen: „Herr, es sind deine Menschen, nicht meine. Tu du etwas, greif ein!" Es ist gut, wenn man Verantwortung abgeben kann.

Wie gesagt: In diesem Land liegen Freud und Leid immer eng zusammen. „Man muss sich einfach daran gewöhnen", meinte Mikel einmal.

DIE AFGHANISCHEN SEMMELKNÖDEL

Seit Beginn meiner Zeit in Sardsang war mir eine Sache ein Dorn im Auge: der Abschluss der Ernährungskurse. Die Ernährungskurse fanden jeweils direkt im Anschluss an den GLISP-Kurs statt. Eine finnische Hebamme hatte sie entwickelt, weil so viele Babys um die Abstillzeit herum in die Mangelernährung rutschen, mit fatalen Konsequenzen. Denn das Gehirn eines Kindes entwickelt sich nicht richtig, wenn es an Ernährungsmangel leidet. Selbst wenn es überlebt, hat es ein Leben lang mit Folgen wie Unkonzentriertheit, Aggressivität und schlechten Leistungen in der Schule zu kämpfen.

Das ist vermeidbar, doch viele afghanische Mütter wissen nicht, ab wann sie ihr Baby an normales Essen gewöhnen können (oder sollen) und was ein guter Speiseplan für ein Kleinkind ist. Außerdem fehlt das Bewusstsein dafür, ab wann ein Kind zu dünn ist, denn wenn alle Kleinkinder gleich dünn sind, wird das normal.

In den Ernährungskursen wird erklärt, wie man richtig stillt, wann man mit dem Zufüttern beginnen kann und wie man Gemüsebrei einfach und vitaminschonend zubereiten kann. Die Kurse werden in der Regel sehr gut angenommen, denn die Breirezepte werden vor den Augen der Teilnehmer zubereitet und dann zum Probieren verteilt. Und wo es etwas zu essen gibt, da sind die Leute immer glücklich!

Der Abschlusstermin dieser Kurse war leider immer extrem chaotisch. Es sollte etwas gekocht werden, Urkunden wurden verteilt, ein Lehrfilm gehörte noch dazu, genauso wie eine ganze Lehrstunde! Viel zu viel für einen Nachmittag. Außerdem war die Aufmerksamkeit unserer Teilnehmer nach einer Stunde erschöpft. Sie fingen dann an, miteinander zu quatschen, oder liefen einfach fort, um ihrer anderen Arbeit nachzugehen.

Deshalb schlug ich vor, diese eine Stunde einfach auf zwei Termine zu verteilen. Der Vorschlag wurde angenommen und auch von der Leitung über mir genehmigt. So entspannte sich die Situation sichtlich.

Die zweite Veränderung war schwieriger. Denn in Abwesenheit der finnischen Hebamme wurde aus einem Kartoffel-Gemüse-Bratling für größere Kinder, der mit wenig Fett in der Pfanne zubereitet werden sollte, ein im Fettbad frittiertes Kartoffelding, dessen Zubereitung sehr viel Zeit in Anspruch nahm und am Ende auch noch ziemlich ungesund war. Ich wunderte mich anfangs sehr darüber, doch meine einheimischen Kolleginnen behaupteten steif und fest, dass Tanja ihnen das genau so beigebracht hätte!

Als ich Tara darauf ansprach, konnte diese kaum glauben, was sie hörte. „Diese Schlawiner, das hat Tanja ihnen ganz sicher nicht beigebracht! Niemals! Wahrscheinlich haben sie das Rezept selbst ein wenig angepasst!"

Das Rezept durfte also geändert werden. Nun musste eine andere Lösung her. Eine, die man nicht „anpassen" konnte. Ich musste etwas finden, das den Leuten hier schmeckt, es musste billig sein und halbwegs nährstoffhaltig, außerdem musste man es einfach und schnell zubereiten und gut aufbewahren können. Die Idee hinter den Bratlingen war, dass die Mutter morgens für ihre Kinder etwas vorbereiten konnte, das der Nachwuchs dann tagsüber essen konnte, wenn sie selbst den ganzen Tag auf dem Feld arbeitete.

Nach einer Weile kam mir die Lösung: Semmelknödel! Logisch! Die Zutaten sind ähnlich wie bei den Bratlingen und die Zubereitung geht sogar schneller.

Im bayrischen Original kommt als Geschmacksnote immer etwas Speck mit hinein. Das war hier nicht möglich, aber man könnte den ja durch Kräuter oder Spinat ersetzen. Beides ist erhältlich und billig. Durch die Eier, die im Rezept unverzichtbar sind, ist auch ein wenig Eiweiß enthalten. Ich bin keine Ernährungswissenschaftlerin, aber angesichts der Umstände schienen mir die Semmelknödel eine ganz gute Sache zu sein.

Als Nächstes galt es zu versuchen, ob die Knödel auch mit den Zutaten hier gut herzustellen waren und ob sie den Leuten auch schmeckten. Also besorgte ich etwas Fladenbrot und legte es genauso wie zu Hause zum Trocknen aus – leider verschimmelte es. Mist. Noch mal. Etwas anders gelagert, jetzt funktionierte es. Aber die Semmelknödel fielen beim Kochen immer auseinander. Das war also auch nichts. Also versuchte ich es noch einmal mit frischem Brot. Und siehe da – es funktionierte! Gleich am nächsten Morgen ließ ich meine kanadischen Kollegen probieren. Ihnen schmeckte es, das machte mir Mut.

In der nächsten Phase des Projekts bereitete ich bei nächster Gelegenheit eine große Menge Knödel zu, um sie so vielen einheimischen Kollegen wie möglich zum Probieren zu geben. Vom Wachmann über den Projektmanager bis hin zu jeder einheimischen Kollegin aus allen Teams mussten alle probieren. Alle mochten die Teile – bis auf Rada. Sie meinte, dass ihr frittierte Sachen einfach besser schmeckten. Na ja, gut.

Als ich erzählte, wofür die Knödel gedacht waren, stieß ich allerdings auf ein unerwartetes Problem: Die gesamte Frauenrunde war sich sicher, dass in keinem einzigen afghanischen

Haushalt jemals Brot für Semmelknödel übrig blieb! Sie bestätigten einander gestenreich, indem sie sich gegenseitig fragten: „Gul, bleibt bei dir etwa Brot übrig?" „Nein, bei mir nie. Meine Familie ist so gierig, die essen alles bis auf den letzten Krümel auf!" „Bashira, bleibt bei dir Brot übrig?" „Nein, bei mir auch nicht. Nie! Khaditscha, bei dir etwa?" „Nein!" So ging es eine ganze Weile. Auslöser der Diskussion war, dass ich behauptet hatte, man könne gut das übrige Brot, das nach jeder (!) Mahlzeit zusammengelegt und aufgehoben wurde, für die Knödel verwenden. Ich hatte dieses übrige Brot auch schon in Futtertrögen für Tiere gesehen.

Grundsätzlich war mir die Meinung meiner einheimischen Kollegen immer sehr wichtig. Wenn sie einen Einwand hatten, ging ich sonst sofort darauf ein. Doch bei dieser speziellen Diskussion hatte ich meine Zweifel. Auch weil sie so extrem theatralisch war.

Wieder suchte ich Rat bei Tara. „Diese Schlawiner" war wieder ihr Kommentar. Es blieb immer Brot übrig. Das Problem war wahrscheinlich eher die Veränderung. Unseren Afghanen war es sehr recht, wenn immer alles so blieb, wie es immer war. An neue Dinge oder Innovationen glauben sie meistens nicht.

Tara erzählte mir ihr Leid, dass sie schon öfter etwas Neues versuchen wollte, manchmal auch größere Dinge. Als sie vor zehn Jahren in Sardsang ankam, gab es weit und breit noch keinen einzigen Laden, der Obst und Gemüse anbot. Deshalb wollte sie zusammen mit einer Frau aus dem Dorf einen Gemüseladen eröffnen.

Damals sahen aber alle schwarz für diesen Plan. „Es wird eh nicht funktionieren", meinten die Kollegen. „Die Leute hier wissen doch gar nicht, was man mit diesen Dingen anfangen soll. Sie werden nichts kaufen, alles wird schlecht werden!", hieß es von allen Seiten. Heute, zehn Jahre später, steht ein Gemüse-laden neben dem anderen und alle überleben! Es hat sich längst herumgesprochen, wie man Obst und Gemüse isst.

Tara riet mir, meinem Team einen Kompromiss anzubieten. Wir sollten die Knödel in einem Dorf versuchen. Wenn sie dort nicht gut ankämen, sollten wir die Sache vergessen.

Das klang nach einem Plan! Ich schlug den Handel vor und er wurde angenommen. Also bereiteten wir uns vor und „afgha-nisierten" das Rezept noch weiter. Inzwischen hatten wir uns sogar auf einen afghanischen Namen für die Speise geeinigt: „Qurut e Nan" – Qurut aus Brot. Qurut ist eine Nationalspei-se. Es sind etwa tischtennisballgroße weiße harte Kugeln, die in vielen Arbeitsschritten aus Buttermilch hergestellt werden. Qurut schmeckt sehr außergewöhnlich, aber ich kenne keinen Afghanen, der ihn nicht mag (und keinen Ausländer, der ihn freiwillig isst)!

Meine Kolleginnen hatten schnell gelernt und bereiteten die Knödel in unserem Testdorf bereits ohne Rezept zu. Die Dörf-lerinnen kommentierten jeden Arbeitsschritt neugierig und waren gespannt, was das werden würde. Dann die Erleichte-rung: Ihnen schmeckte das Ergebnis! Die erste Bemerkung einer Teilnehmerin war: „Mensch, jetzt können wir das übrig gebliebene Brot ja noch verwenden!"

Grinsend blickte ich zu meinen Kollegen und sagte erst mal nichts ... Sie auch nicht. Die Knödel waren fortan Teil des Pro-gramms.

Zum Dank schenkten uns die Dörfler frisch gepflückte Min-ze vom Feld. Es war inzwischen wirklich Frühling geworden, überall wurde es grün, Blümchen sprossten, die Bäume ent-lang der Wasserläufe bekamen neue Blätter und auf den Wie-sen wuchsen alle möglichen Kräuter. Es roch herrlich!

Hin und wieder hielten wir nach Feierabend auf der Rückfahrt an und pflückten so viele Kräuter wie möglich. Tagsüber saßen wir ja viel. Da tat etwas Bewegung am Abend ganz gut.

Nebenbei bekam ich manchmal einen spontanen Kurs in afghanischer Kräuterkunde. Vor allem Gulandom und Momina hatten ein großes Wissen darüber, welche Kräuter essbar waren und welche Gräser heilende Wirkung hatten. Es war richtig interessant. Jetzt im Frühling sah man viele Leute, die wie wir durch die Wiesen liefen und Kräuter sammelten. Die frischen Kräuter wurden getrocknet und für den Winter eingelagert. Oder eben sofort gegessen!

AFGHANISCHE IMPROVISATIONSKUNST

Eigentlich war ich erst drei Monate da, doch mir kam es manchmal vor, als hätte ich nie woanders gelebt. Ich kam mit der Sprache und auch mit dem Dialekt immer besser zurecht und auch mein Verständnis für die Kultur hier wurde immer besser. Die Veränderung mit den Knödeln war ein erster Schritt heraus aus der Zuschauerperspektive hinein in eine Rolle, in der ich das Projekt aktiver prägen wollte. Ich fühlte mich definitiv am richtigen Platz!

Brit und Sam hatten sich inzwischen auch gut eingelebt. Sam war viel mit Mikel auf den Feldern. Außerdem hatte er nebenbei einen Weg gefunden, seine IT-Kennnisse einzusetzen: Er digitalisierte unseren Kurs-Fragebogen in einer App, die auch offline funktionierte, sodass mein Team nicht alles von Hand aufschreiben und dann in eine Excel-Liste eintragen musste. Diese Neuerung würde uns viel Zeit und Nerven sparen!

Brit war häufig mit dem anderen Frauenteam unterwegs und hatte sich die Sparkurse zur Hauptaufgabe gemacht. Dabei taten sich einige Frauen zusammen und legten gemeinsam kleine Beträge in eine Kasse. Wenn eine von ihnen krank wurde oder sonst eine größere Summe Geld benötigte, konnte sie sich etwas aus dieser Gemeinschaftskasse nehmen. Es funktionierte wie eine Art Versicherung. Allerdings lief dieses Programm nicht sehr gut, deshalb mussten einige Veränderungen her.

Über all diese Dinge redeten wir natürlich auch an freien Tagen. Aber nicht immer. Häufig genossen wir einfach eine Wanderung und bestaunten die Natur. Es gab wirklich schöne

Flecken, die wir einfach zu Fuß von zu Hause aus erreichen konnten! Meistens ging es vorbei an Bauern, die ihre Felder pflegten, und an Ziegen- und Schafherden, die jetzt im Frühling wieder aus den Ställen getrieben wurden (ja, die Fettschwanzschafe). Häufig waren kleine Kinder die Hirten der Tiere.

Alles schien auch ein wenig unwirklich. Die Frage vom Anfang war geblieben: Waren wir hier wirklich noch auf demselben Planeten?

Wenige Monate nachdem wir die Befragungen der Dörfer abgeschlossen hatten, war es an der Zeit für einen neuen Zyklus im GLISP-Programm, denn alle Winterarbeit war nun abgeschlossen. Nun galt es, den „Sommerzyklus" vorzubereiten.

Der Sommerzyklus unterschied sich etwas vom Winterzyklus, denn im Sommer bildeten wir keine Dorflehrer aus. Das lag daran, dass für die Ausbildung der Dorflehrer normalerweise ein Supervisor aus Taloq anreist, doch dieser Supervisor kam immer nur einmal im Jahr im Herbst. Deshalb war die Ausbildung der Dorffrauen und -männer im Frühling nicht möglich. Dieses Jahr hätte mein Team erstmalig die Erlaubnis gehabt, Dorflehrerinnen selbst auszubilden (sie sind über die Jahre wirklich sehr gut geworden!).

Doch das ließ die Zeit nicht zu. Es gab jede Menge vorzubereiten, außerdem mussten die Fragebögen aus den Dörfern noch digitalisiert und neues Material hergestellt werden. Wir setzten uns also zusammen und überlegten bei Tee und Bonbons, wie wir unsere Utensilien so organisieren könnten, dass es später möglichst einfach wird und nichts vergessen oder übersehen werden kann. Es war kein sehr einfacher Prozess, denn es gab vieles zu bedenken.

Außerdem waren wir ja immer noch in Afghanistan, was bedeutete, dass wir in unserer Auswahl sehr limitiert waren. Vieles, was in Deutschland kein Thema ist, ist hier schlichtweg nicht greifbar: vernünftige Taschen zum Transport des Materials zum Beispiel oder Puppen.

Sich zu organisieren und Strukturen zu schaffen, fällt Afghanen sichtlich schwerer als uns Deutschen. Afghanen leben mehr im Augenblick, während wir Deutschen gedanklich öfter schon in der Zukunft sind. Nun waren beide Kulturen gefragt. Wir mussten uns fragen, was brauchen wir in der Zukunft? Und wie können wir das jetzt unter den gegebenen Umständen vorbereiten?

Im Moment ging es vor allem um die Sets mit Demonstrationsmaterial, das benutzt wird, um die Unterrichtsstunden anschaulicher zu gestalten. Vieles davon war alt geworden oder zerschlissen. Außerdem beschlossen wir, dass insgesamt mehr Sets bereitgestellt werden sollten.

Dann machten wir eine gründliche Bestandsaufnahme, sortierten aus und schrieben auf, was benötigt wurde. Danach zogen wir los, um in Sardsang neues Material zu shoppen. Das war eine große Freude, denn wie überall auf der Welt gehen auch afghanischen Frauen sehr gerne einkaufen. Massoud hielt sich meistens raus und kam nur zu den Beratungen und zum Planen dazu. Er schraubte lieber am Geländewagen herum, denn er war Hobbybastler, was in dieser Gegend sehr wertvoll ist!

Unsere erste Adresse war das „Plastikfruschi", der Plastikladen im Dorf. Ich liebte diesen Laden, denn er war eine einzige große vollgestopfte Wundertüte! Von neuen Schuhen über

Wasserpistolen, Teller aus China und Mitbringsel für die Liebsten gab es hier wirklich alles! Der Laden war winzig, deshalb wurde sogar die Decke als Stauraum für die vielen Gegenstände genutzt. In Tüten verpackt wurde die Ware nach oben gepinnt. Überall funkelte und glitzerte es.

Der Ladenbesitzer selbst war richtig jung, kaum zwanzig. Er hatte immer ein breites Lachen und einen guten Spruch auf den Lippen. Weil wir so viel bei ihm einkaufen wollten, bat er uns in seinen Laden und servierte uns Tee. Nach einiger Zeit kamen wir mit einer großen Bestellung wieder heraus. Ein Wachmann aus dem Büro holte die Ware später ab.

So ging es für uns gleich weiter. Wir brauchten noch Stoff für all die Dinge, die genäht werden mussten. Das waren vor allem Puppen. Bisher dachte ich immer, dass kleine Mädchen überall auf der Welt mit Puppen spielen. Deshalb hatte ich es lange nicht für möglich gehalten, dass es hier keine Puppen für uns geben könnte. Doch es war wirklich so! Also suchten wir Stoff in Hautfarbe und Stoffreste für Puppenkleidung und gaben alles einer Schneiderin.

Zum Schluss benötigten wir noch Sporttaschen für das Material der Ernährungskurse. Auch das ist in diesem Land eine Herausforderung, denn es gibt hier keine Sporttaschen. Und wenn doch, dann sind sie von so schlechter Qualität, dass man sie höchstens als Einmalartikel verwenden kann.

Also setzten wir uns erneut zusammen und dachten darüber nach, wie wir mit deutschem Präzisionsdesign und afghanischer Improvisationskunst selbst etwas Passendes herstellen könnten. Wir entwarfen neue Taschen auf einem Papier und fanden den passenden Stoff dafür im Secondhand-Stoffladen. Auch dieser Stoff landete zügig bei der Schneiderin. Diese freute sich sehr über den großen Auftrag! Sie wohnte in der Nähe des Büros. Ihr Haus war extrem ärmlich und die ganze Familie so dünn, wie ich es auch in Afghanistan selten gesehen habe.

Die Taschen wurden dann sehr, sehr stylish und obendrein viel praktischer als herkömmliche Sporttaschen! Die ganze Organisation war ein bisschen neidisch darauf und wir natürlich sehr stolz.

KULTURELLE UNTERSCHIEDE ÜBERWINDEN

Hin und wieder gab es allerdings auch kleine Missverständnisse. Eines von ihnen war der Tisch. Als ich neu nach Sardsang kam, fiel mir sehr bald auf, dass hier nicht einmal die Büroräume mit Möbeln ausgestattet waren. Keine Tische, keine Stühle, nichts. Bald sah ich aber auch, dass das offensichtlich nicht nötig war, denn alles wurde auf Sitzkissen oder gleich auf dem Teppichboden erledigt.

Das funktionierte insgesamt gut, hatte aber den Nachteil, dass alles immer ein bisschen krumm und schief war. Häufig waren Dokumente auch zerknittert oder hatten Eselsohren, denn es latscht immer einer über die Zettel, die im Weg herumliegen.

Deshalb sprach ich jetzt in dieser Zwischenzeit das Problem an und fragte das Team, was sie denn von einem Tisch halten würden? „Ja, es wäre eine gute Sache, einen Tisch zu haben. Alles wäre ein wenig gerader und man kann angenehmer schreiben!" war die Antwort.

Tara hatte gerade an diesem Morgen angekündigt, dass sie in einem alten Büroraum aussortierte und ein Tisch übrig war. Deshalb schickte ich die Mädels gleich los, um zu sehen, ob dieser Tisch ihrer Meinung nach geeignet wäre. Ich war sehr glücklich, so schnell eine Lösung gefunden zu haben.

Doch es kam anders. Sehr entschlossen kamen mehrere afghanische Teammitglieder zurück und meinten: „Nein, Lara, so einen Tisch haben wir nicht gemeint. Der hat ja ganz lange

Beine, wie soll man denn damit arbeiten? Wir brauchen einen mit kurzen Beinen, um den man sich gut setzen kann! Malik holt gerade einen."

Kaum hatten sie ausgesprochen, kamen Malik und Massoud auch schon mit dem neuen Tisch zur Tür herein. Alle waren der Überzeugung: „Das ist ein guter Tisch!" Sehr zufrieden stellten sie ihn in die Mitte, legten demonstrativ ein Blatt darauf und alle setzten sich im Schneidersitz auf dem Boden drum herum. JETZT war eine gute Lösung gefunden!

Eigentlich logisch. Das ganze Leben der Menschen in Afghanistan spielte sich auf dem Boden ab. Wieso jetzt plötzlich anfangen, sich mit einem Stuhl an einen hohen Tisch zu setzen?

Dieses kleine Missverständnis war mir eine weitere Lehre, wie wichtig es ist, die Kultur hier in alle Bereiche des Lebens einzubeziehen. Ich möchte den Afghanen helfen, ja, aber das muss auf eine Weise passieren, die zu dem Leben der Leute hier passt. Nicht indem ich versuche, die Afghanen deutsch zu machen! Ich schrieb mir diese Lehre hinter die Ohren und nahm mir vor, künftig noch mehr darauf zu achten.

Eine völlig fremde Kultur zu begreifen, ist eine langwierige Sache, die ein ganzes Leben beanspruchen kann. Es ist einfach, die oberflächlichen Dinge zu sehen. Sich ein Kopftuch aufzusetzen zum Beispiel oder sich, statt auf einen Stuhl, auf ein Sitzkissen am Boden zu setzen.

Doch Kultur ist viel mehr. Es ist eine Art, an die Dinge heranzugehen, eine Art, zu denken und zu empfinden. Kultur ist das, was jeder für selbstverständlich hält. Etwas, über das sich zu unterhalten überflüssig erscheint, weil es (scheinbar) nichts zu klären gibt.

Wir als Ausländer in einem fremden Land müssen akzeptieren, dass wir immer wieder auf Situationen treffen, in denen diese Selbstverständlichkeiten aufeinanderprallen. Eben weil sie doch nicht so selbstverständlich sind. Ein offensichtliches Beispiel war die Situation mit dem Tisch für unser Frauenbüro. Ich hatte ganz selbstverständlich an einen Tisch mit langen Beinen gedacht, an den man sich mit einem Stuhl setzt. Für die afghanischen Kollegen war es selbstverständlich, dass der Tisch kurze Beine haben muss, damit man am Boden sitzend daran arbeiten kann.

Aber die meisten Beispiele sind nicht so offensichtlich. Es ist die Art, zu reden, Freude oder Leid auszudrücken. Oder die Einstellung zu diesem oder jenem. Zum Beispiel ist es für Afghanen das Schlimmste, allein zu sein. Es wird unbedingt zu jeder Zeit vermieden. Deshalb sind Afghanen öfter in etwas größeren Gruppen unterwegs, damit mehrere Dinge gleichzeitig erledigt werden können, ohne dass jemand allein wäre.

Wenn eine meiner Kolleginnen abends noch etwas für das Abendessen einkaufen musste, dann gingen die anderen Kolleginnen immer mit, damit sie nicht allein gehen musste. Bei uns ist das ganz anders, wir Westler mögen es von Zeit zu Zeit ganz gerne, etwas Zeit nur für uns zu haben. Es ist eine Kulturfrage. Wir, die Gäste, müssen das respektieren und berücksichtigen.

Ganz am Anfang meiner Zeit in Afghanistan hatte Fred mir erklärt, dass wir hier wieder werden wie Kinder, die wirklich alles ganz neu lernen müssen. Wir dürften nichts für selbstverständlich halten und sollten immer offen für Neues sein. Das galt natürlich besonders für uns Neuankömmlinge, aber auch für die alten Hasen. Wir sollten neugierig sein, nachfragen, wenn wir etwas nicht verstehen, und auf keinen Fall vorschnell verurteilen.

Diese Haltung hat sich für mich als sehr weise erwiesen. Denn es schafft Nähe zu den Afghanen und gleichzeitig die nötige Distanz, um alles erst einmal in Ruhe kennenlernen zu dürfen. Es sagt auf eine schöne Art und Weise: „Ich bin anders als du", aber ohne zu verurteilen.

Wie viel ich allerdings aktiv übernehmen würde, das blieb mir selbst überlassen. Um Nähe zu schaffen und um die Afghanen wertzuschätzen, habe ich sehr vieles einfach übernommen. Allem voran die äußerlichen Dinge. Natürlich trug ich Kopftuch, natürlich hielt ich mich an die Begrüßungen und Höflichkeitsregeln (soweit ich sie kannte) und so weiter.

Auf manche anderen Dinge achtete ich nicht so sehr. Wenn ich spontan noch etwas vom Markt benötigte, holte ich es einfach. Dass ich die paar Meter allein unterwegs war, war für mich und für alle anderen okay. Die Pflichten des Islam ließ ich komplett aus, auch das war für alle in Ordnung.

Oft fragte ich mich bei Dingen, die für mich neu waren, ob sie gesund sind oder nicht. Einige Angewohnheiten der afghanischen Kultur stammen aus den lang anhaltenden Konflikten und sind deshalb nicht besonders hilfreich, zum Beispiel der Hass auf die anderen Ethnien oder die Art, von sich selbst als Verlierer zu denken ... Wenn ich bewusst auf etwas Ungesundes gestoßen bin, habe ich versucht, das nicht anzunehmen. Das hat mal mehr und mal weniger gut funktioniert, je nach Thema.

Gutes wollte ich übernehmen. Doch dabei trat ich täglich in tausend Fettnäpfchen. Das Übernehmen einer fremden Verhaltensweise birgt seine Tücken. Missverständnisse sind an der Tagesordnung, aber die geben dem Alltag auch irgendwie die richtige Würze, oder?!

Als ich noch in Afghanistan war, dachte ich, dass ich insgesamt sehr deutsch geblieben sei. Doch das war natürlich nicht so. Unbemerkt übernahm ich die Art zu sprechen, die

Tonlage, Gesten, teilweise sogar das Schamgefühl der afghanischen Frauen. Zurück in Deutschland hat es richtig lange gedauert, bis ich wieder kurze Hosen oder Röcke tragen konnte, ohne mich billig zu fühlen.

Aber ich übernahm auch ein Stück weit die afghanische Gelassenheit, die denkt: „Es kommt eh alles so, wie es kommen muss", und: „Ich mache die Arbeit einfach Stück für Stück und denke nicht über das ganze Ausmaß nach." Darüber bin ich sehr froh!

FEIERTAGE MIT BUZKASCHI

Anlässlich des Landwirtschaftstages im Mai hatte der Bürgermeister von Sardsang spontan beschlossen, ein großes Fest zu veranstalten. Vormittags gab es einen großen Festakt mit Musik, Gedichten und einem Vortrag der Landwirtschaftsministerin (!). Nachmittags sollte ein großes Buzkaschi-Spiel stattfinden.

Buzkaschi (= Ziegenfangen) ist der große Nationalsport der Afghanen. Ich kenne die Regeln nicht genau, aber es geht ungefähr so: Die Teilnehmer sind in zwei Teams aufgeteilt, jeder von ihnen sitzt auf einem Pferd und jedes Team versucht, eine tote Ziege über das Spielfeld zu einer Fahne zu bringen und so einen Punkt zu bekommen. Es wurde erst morgens bekannt, dass am selben Tag ein Spiel stattfinden soll. Das ganze Dorf war deshalb völlig aus dem Häuschen, denn seit vor fünf Jahren einmal jemand dabei gestorben war, hatte es kein Buzkaschi mehr gegeben! Umso größer war jetzt die Freude.

Das Spielfeld lag etwas außerhalb des Dorfes – die Leute pilgerten massenweise dorthin. Auch Brit, Sam und ich wollten uns das nicht entgehen lassen. Als wir ankamen, war das Spektakel schon in vollem Gange. Es war wirklich eine echte tote Ziege im Spiel! Und ungefähr zehn Reiter.

Alles lief unglaublich schnell: Derjenige, der die Ziege hatte, versuchte so schnell wie möglich abzuhauen und die, die sie wollten, waren sehr entschlossen, sie ihm abzunehmen. In einem wahnsinnigen Tempo galoppierten die Reiter über das Spielfeld. Immer wieder schnitt die gegnerische Mannschaft dem, der die Ziege hatte, den Weg ab. Es kam zum Zusammenstoß aller Teilnehmer, es wurde gerufen und geschimpft, dann ging es im selben Tempo wieder weiter.

Vom Pferd abzusteigen war wohl verboten, denn wenn die Ziege zu Boden fiel, war das ein Problem. Wo das Spielfeld anfing und wo es aufhöre, war auch nicht ganz klar. Deshalb ging das Spiel teilweise durch die Zuschauerreihen hindurch. Es dauerte dann leider nicht lange und ein Unfall war passiert, deshalb wurde das Spiel zügig nach dem nächsten Punkt beendet.

Schade, aber vermutlich war das besser so! Für mich war es trotzdem eine großartige Sache, dieses Spiel einmal live gesehen zu haben. Ich hatte schon so viel darüber gehört! In Taloq und in anderen Großstädten gibt es eigene große Buzkaschi-Arenen, doch die sind für Frauen leider nicht zugänglich.

Dieser Tag berührte mich irgendwie. Er zeigte mir, dass diese Gesellschaft trotz aller Schwierigkeiten trotzdem noch funktioniert. Und dass sie sich ihre Würde und ihren Stolz nicht nehmen lässt. Der Festakt morgens hatte mich schon beeinduckt, denn es wurde zum Besten gegeben, was diese Gegend ausmacht. Neben eigenen Gedichten und Liedern, die mit Stolz vorgetragen wurden, gab es lange Reden von Schülersprechern, Lehrern, Beamten und natürlich der weiblichen Landwirtschaftsministerin. Dass es eine Frau in eine solch hohe Position geschafft hat, ist etwas Besonderes! Vieles ist so sehr frauenfeindlich in diesem Land. Und doch gibt es kleine Hoffnungsschimmer, wie diese Ministerin!

Das halbe Dorf war zum Festakt gekommen und man konnte sehen, wie gut den Menschen hier solch ein Ereignis tat. Nicht dass deshalb alles gut wäre – Armut, Korruption und Missernten werden weiter bestehen bleiben. Trotzdem ist es ein schönes Gefühl zu sehen, dass die Regierung auch einmal etwas für die Dorfgemeinschaft tut.

Und dann natürlich das Buzkaschi. Ich habe das Gefühl, dass jede Gesellschaft etwas braucht, das alle bewegt. Bei uns ist das vielleicht der Fußball, dort eben das Ziegenfangen. Es sorgt dafür, dass die Menschen zusammenkommen und die gesamte Gegend über dieses eine Thema spricht. So wird jeder für einen Moment aus seinem Alltagstrott herausgerissen und erlebt zusammen mit allen Nachbarn, der Familie und den Kollegen etwas ganz anderes. Ähnlich wie bei uns die WM 2006. In Sardsang hat es auch dafür gesorgt, dass die Afghanen wieder an die guten Dinge in ihrem Land erinnert wurden. Nirgends ist alles nur schlecht. Und das ist doch schön!

NEUE GEGEND, NEUE DÖRFER

Jetzt, da alle Vorbereitungen für den Sommer langsam zum Ende kamen, machten wir uns auf, um uns unsere potenziellen neuen Dörfer für die Sommerkurse aus der Nähe anzuschauen.

Diese Sommerdörfer lagen sehr versteckt und waren nur sehr schwer zu erreichen, im Winter sind sie sogar völlig von der Außenwelt abgeschnitten. Vor circa drei Jahren war GLISP dort schon einmal gewesen, mit dem Gedanken, dass diese Dörfer wegen ihrer Abgeschiedenheit in der Gegend Priorität hatten. Doch damals stellte sich heraus, dass die Leute an den Kursen nicht teilnehmen wollten, wenn sie für die Teilnahme kein Geld bekamen.

Das passiert manchmal. Hintergrund dieser Haltung ist, dass manche Hilfsorganisationen Geld bar auf die Hand verteilen, damit sich die armen Leute selbst etwas kaufen können. Der Gedanke der Hilfsorganisationen ist nobel, aber es funktioniert oft nicht. Denn die wirklich armen Leute müssen das Geld postwendend an ihre Gläubiger abgeben und sind hinterher genauso arm wie vorher. Häufig ist auch Korruption im Spiel und das Geld erreicht die, die es wirklich brauchen, gar nicht erst. Und wenn das Geld tatsächlich mal am Ziel ankommt, kaufen sich die Leute davon häufig Dinge, die nicht sehr hilfreich sind. In meiner Zeit in Afghanistan habe ich einige solcher Geschichten mitbekommen.

Was meinen Kollegen bei ihrer ersten Ankunft in diesen Dörfern zu schaffen machte, war das, was die Dörfler von der NGO damals gelernt hatten. Nämlich: Hilfsorganisationen geben Geld! Und das erwarteten sie auch von der EAO. Doch GLISP gibt Wissen, kein Geld. So kam es damals nicht zu den Kursen und das Team wählte andere Dörfer aus.

Kurz darauf verstarben zwei Frauen aus diesen Dörfern während der Geburt. Das brachte die Dorfvorsteher ins Nachdenken: Vielleicht hätte man den Tod der Frauen verhindern können? Eine Versammlung wurde einberufen und kurze Zeit später lag eine Petition im Büro der EAO mit der Bitte, dass man die „Hebammenkurse" nun doch haben möchte. Die Petition war von allen Dorfvorstehern, Gesundheitshelfern und Mullahs der Region unterschrieben.

Da das unserem Team aber nicht möglich war, wiederholten die Dorfvorsteher die Petition einige Male und kamen schließlich sogar persönlich im Büro vorbei und fragten nach, wann wir denn Zeit hätten, zu ihnen zu kommen.

Diesen Sommer war es also so weit!

Wir fuhren los und wussten erst einmal nicht, was uns erwarten würde. Die Region lag in einer ganz anderen Richtung als die, in die wir sonst gefahren waren. Der Weg war auch jetzt im Frühling nur schwer passierbar. Oft war er steil, oft schmal, links der Berg, rechts der Abhang oder durch Felsspalten hindurch. Es gab immer einige Leute auf schwer bepackten Eseln oder Motorrädern, denen wir ausweichen mussten.

Doch die Sicht, die man von oben hatte, war gigantisch. Man konnte über das ganze Tal blicken, das jetzt immer grüner wurde. Gras und Kräuter bildeten einen schönen Teppich über den kahlen Bergen. Das Tauwasser füllte die Bäche wieder auf, sodass entlang der Flüsse und Bäche neue Bäume gepflanzt werden konnten. Von oben waren die Baumlinien wie grüne Adern erkennbar. Manchmal blieben wir kurz stehen und genossen die Aussicht. „Sardsang e sharif", flüsterte Rada manchmal, „heiliges Sardsang". Die Leute hier mögen ihre Heimat trotz allem!

Ab dem Pass hatten wir kein Telefonnetz mehr. Normalerweise würden wir unter diesen Umständen nicht weiterfahren, so lautete die Sicherheits-Regel der EAO. Aber weil die Region allgemein so friedlich war, durften wir doch noch weiter.

Dann kamen wir am ersten Dorf an. Bis hierher war das Team das letzte Mal gekommen. Dieses Mal wurden wir freundlich empfangen. Von einigen herumstehenden Männern wurden wir erst einmal in die Moschee geführt, die ja auch als Treffpunkt für alles Mögliche genutzt wird. Wir bekamen Tee und Süßigkeiten serviert, während andere losliefen, um den Dorfvorsteher zu holen. Dieser traf auch kurze Zeit später zusammen mit einigen anderen Dorfältesten ein.

Massoud übernahm das Wort. Er stellte uns noch einmal offiziell vor und trug unser Angebot vor, die Kurse diesen Sommer durchzuführen. Der Dorfvorsteher ließ sich das Vorgehen der Kurse genau erklären, während er gemütlich auf dem Sitzkissen lehnend auch eine Tasse Tee zu sich nahm.

Das Ganze dauerte nicht sehr lange. Dann verabschiedeten wir uns mit dem Versprechen, nächste Woche wiederzukommen, um nachzufragen, ob er die Kurse unter diesen Voraussetzungen in seinem Dorf gestattete oder nicht. So war es wohl üblich.

Dieselbe Prozedur führten wir noch bei drei weiteren Dörfern am Wegesrand durch. Wir fragten die Dorfältesten und Passanten, wo es weitere Dörfer gab, in denen wir unsere Kurse durchführen könnten. Auf den ersten Blick führten alle weiteren Wege ab hier scheinbar ins Nichts. Aber falsch. Wir bekamen von circa zehn Leuten 20 Richtungen genannt, in die wir fahren könnten. Jeder wollte, dass wir in seinen Heimatort kommen. Weil uns alle Himmelsrichtungen offenstanden, entschieden wir uns einfach spontan für „geradeaus".

Wir kamen an ein Dorf, das von außen aussah, als stünden nur ein paar verstreute Häuser verlassen in der Gegend herum. Doch wir stellten fest, dass darin so viele Menschen wohnten, dass ein großer Kurs voll werden würde. Ich staunte nicht schlecht!

Danach kamen wir an der Schule vorbei, die am Fuße eines Berges stand. Oben am Berg war ein einsames Haus zu sehen – oder war dahinter noch mehr?!

Ein Lehrer sah uns wohl beim Diskutieren zu und kam zum Wagen gelaufen. Als er unser Anliegen erfuhr, war er sehr erfreut und erklärte uns, dass oben auf dem Berg noch ein sehr großes Dorf lag. Die Einwohner bräuchten aufgrund der abgelegenen Lage unbedingt Kurse. Und nach dem Dorf hinter dem Berg läge sehr versteckt noch ein weiteres Dorf. Dorthin gebe es bisher keine Straße, aber wir sollten es auf keinen Fall auslassen!

So fuhren wir also den Berg hinauf zu diesem einsamen Haus, das sich als Haus eines sehr einflussreichen Mannes herausstellte. Er war bereits auf dem Hadsch, der muslimischen Wallfahrt, gewesen, weshalb ihn alle nur „Hodschi" (Pilger) nannten. Er hatte vier Frauen und sehr viele Kinder.

Er lud uns zu sich ein und wir Frauen durften uns ein wenig ausruhen, während Massoud und Hodschi sich das Dorf ansahen. Massoud kam sehr beeindruckt wieder zurück. „Ihr glaubt nicht, wie groß dieses Dorf ist", meinte er. „Und Hodschi hat mir bereits ein Zimmer gezeigt, in dem wir die Kurse durchführen könnten, es ist sehr gut!", fügte er begeistert hinzu, setzte sich und wir bekamen ein tolles Mittagessen serviert.

Hodschis Haus war eines der am modernsten eingerichteten Häuser, das ich auf dem Land bisher gesehen hatte. Die Wände waren sauber verputzt und gestrichen. Das Zimmer, in dem wir saßen, hatte große Fenster und an jedem Fenster waren schicke Vorhänge nach iranischem Vorbild angebracht, alles piekfein und relativ neu!

Als wir nach dem Essen noch einmal ums Haus liefen, wartete wieder ein atemberaubender Blick ins Tal auf uns, denn hinter dem Haus lag eine Schlucht. Von dort aus sah man weit auf die andere Seite dieses Tales. Nichts als unberührte Natur.

Wieder einmal hatte ich das starke Gefühl, am Ende der bekannten Welt angekommen zu sein. Nur wusste ich inzwischen schon, dass dieser Eindruck täuscht. „Weiter hinten im Tal leben die Leute halbnomadisch", erklärte Gulandom, und eine Tochter des Hauses bestätigte die Aussage: „Ja, die Leute dort machen sich jetzt bereit, um auf die Sommerweiden zu ziehen. Dort leben sie den ganzen Sommer über in Zelten und hüten ihre Tiere. Aus der Milch machen sie den besten Qurut der Welt!"

„Es gibt hier wirklich jeden Tag etwas Neues zu erfahren", dachte ich. Es gab hier also noch Halbnomaden. Die Chance, dass ich sie kennenlernen würde, war allerdings nicht sehr hoch – schade.

Wir verabschiedeten uns von Hodschi und seiner Familie und zogen weiter zum nächsten Dorf. In den kommenden Tagen besuchten wir noch ein paar davon. Sogar das ganz versteckte Dorf ohne Straße fanden wir. Als wir dort das erste Mal ankamen, waren alle Frauen gerade vollauf damit beschäftigt, Toshaks für die nächste Hochzeit anzufertigen.

Die Toshaks sind die afghanische Version von Matratzen. Es

gibt hier keine Betten, man legt stattdessen einfach ein Toshak auf den Boden und legt sich darauf, fertig.

Wenn ein Mädchen heiratet, werden neue Toshaks angefertigt, um den neuen Haushalt auszustatten. Weil in afghanischen Haushalten öfter mal Besuch kommt beziehungsweise mit der Zeit immer mehr Kinder dazukommen, fertigen die Leute nicht nur ein oder zwei Toshaks an, sondern immer acht oder zehn. So ist die neu entstehende Familie für alle Fälle gerüstet.

Die Herstellung der Toshaks ist so viel Arbeit, dass das ganze Dorf mithelfen muss. So sahen wir an diesem Tag viele Frauen zusammensitzen – manche, um Baumwolle mit Stöcken weich zu klopfen, andere nahmen Maß und schnitten die Stoffe zurecht, wieder andere nähten, räumten auf oder bewirteten die Helfer. Die Männer lieferten alles Material an und waren fürs Grobe zuständig. Das Ganze schien Spaß zu machen! Alle waren mit großem Vergnügen bei der Sache.

Auch hier trugen wir den Dorfältesten unser Anliegen vor, mussten aber eigentlich nicht auf eine Antwort warten – wir sollten die Kurse am allerbesten noch heute beginnen!

In der nächsten Woche starteten wir dann durch. Wir fuhren alle Dörfer noch einmal ab, holten die Zustimmungen der Dorfältesten ein und begannen, Bestandsaufnahmen durchzuführen: Wie viele Menschen lebten in wie vielen Haushalten? Wer von ihnen könnte am Kurs teilnehmen? Und wie stand es um die aktuelle Gesundheit der Menschen hier?

Dafür ermittelten wir den Zustand aller schwangeren Frauen und Kleinkinder. Es gab auffällig viele unterernährte Kinder in dieser Region. Unser Vorrat an Aufbaunahrung war schon im

ersten Dorf erschöpft. In einem der Dörfer waren sogar 80 %
der Kinder durch die Mangelernährung akut gefährdet. Die Situation machte uns betroffen.

Eine Frau nahmen wir sofort mit ins Krankenhaus. Sie selbst
fühlte sich lediglich etwas müde, in Wahrheit zeigte sie aber
alle Anzeichen einer Schwangerschaftsvergiftung und wäre in
derselben Nacht tatsächlich fast gestorben. Das erfuhren wir
etwas später vom Apotheker in Sardsang, der ursprünglich aus
diesem Dorf stammte.

Er bedankte sich vielfach für die Hilfe und versprach, dass er
als Autoritätsperson mithelfen wolle, dass alle Frauen an den
Kursen teilnahmen. Sie sollten Gefahrenzeichen in Zukunft
selbst erkennen.

Obwohl die Dörfer alle relativ klein waren, kamen wirklich sehr
viele hoch motivierte Frauen zusammen. Das ist nicht selbstverständlich, denn um an den Kursen teilzunehmen, mussten
sich die Frauen wirklich Zeit freischaufeln. Eine normale afghanische Frau hat keine Zeit für Freizeit oder Bildung.

Deshalb war es im Vorhinein so wichtig, das Einverständnis
der Männer einzuholen. Sie bestimmen, was die Frauen machen sollen. Wenn sie bestimmen, dass die Kurse es wert sind,
dann akzeptieren sie, dass an den Tagen der Kurse weniger Arbeit fertig wird. Wegen der vielen Sommerarbeit gibt es leider
keine Sommerkurse für Männer. Das „Brunnenbau"-Team unserer Organisation will sie im kommenden Winter nachholen.
Sie werden dann zu Fuß in die Dörfer laufen ...

Nachdem nun nach und nach alle Vorbereitungsarbeiten,
Statistiken und Analysen gemacht waren, konnten wir mit den

eigentlichen Kursstunden beginnen. Die ersten Lektionen waren noch sehr einfach. Hauptsächlich wurde der Gedanke erklärt, dass es für jedes Problem eine Lösung gibt.

Dass die ersten Stunden so einfach waren, war auch gut, denn die Frauen mussten hier zuerst mal ganz andere Dinge lernen: sich in einen Kreis zu setzen, bei dem alle gut sehen können zum Beispiel, sitzen bleiben, zuhören, sich trauen, auf Aufforderung etwas zu sagen oder etwas zu wiederholen, usw. Die meisten Frauen waren zum ersten Mal in ihrem Leben in der „Schule". Dementsprechend verhielten sie sich auch wie Erstklässler. Sie waren ganz aufgeregt, tuschelten, kicherten, redeten, standen auf ... Kurz gesagt: Es war ein echter Gackerhaufen!

Damit hatte ich nicht gerechnet. Bisher hatte ich ja nur Kurse gesehen, die schon fast am Ende waren und deshalb wussten, wie es läuft. Analphabet zu sein bedeutet so viel mehr, als nicht lesen und schreiben zu können! Die Frauen hier haben nie gelernt, sich über einen längeren Zeitraum zu konzentrieren, sie wissen nicht, wie man ein Bild ansieht (Bücher sind hier sehr unüblich), und sie haben überhaupt kein Selbstvertrauen in ihre geistigen Fähigkeiten. Wenn sie etwas gerade Erklärtes wiederholen sollten, versteckten sie sich häufig hinter ihrer Nachbarin oder zogen den Schleier ins Gesicht und kicherten, weil sie sich selbst nicht zutrauten, dass sie sich etwas merken könnten. Diese Szenen beobachtend erkannte ich, was für einen Unterschied Schulbildung macht!

Doch gemeinsam erarbeiteten wir uns diese grundlegenden Dinge. Denn der Intellekt war nicht das Problem. Mein Team wiederholte alle Regeln mit einer Engelsgeduld. „Meine Liebe dahinten, bitte sitzen bleiben!" „Du im gelben Kopftuch, wie heißt du? Hör bitte zu!" „Wir machen einen Kreis, sodass uns alle gut sehen können!" – all diese Sätze wiederholten sie bestimmt 20-mal pro Stunde. Mit Erfolg! Der Sitzkreis saß jeden Tag schneller. Die Aufmerksamkeit wurde Stück für Stück besser.

Jetzt ging es nur noch um das Lernen an sich. Anfangs hat das Wiederholen des Anspiels noch ewig gedauert. Teilweise trauten die Frauen sich nicht zu reden, aus Angst, einen Fehler zu machen. Deshalb stellte das Team immer wieder die Frage in den Raum, ob es schlimm sei, Fehler zu machen, wenn man dabei ist, etwas zu lernen. „Nein" war immer die Antwort, „genau, und wir lernen alle zusammen." So brach das Eis immer mehr. Die Teilnehmerinnen wurden selbstbewusster und mutiger, fingen sogar an, Fragen zu stellen und aus ihrem Erfahrungsschatz zu erzählen. Es war beeindruckend zu sehen.

Auch die Stunden selbst wurden immer länger und komplexer. Doch das machte nichts, denn inzwischen hatten die Teilnehmerinnen verstanden, dass alles machbar war, und sie hatten gelernt, dass es im Unterricht um Geschichten geht, die sie alle kennen. Die meisten von ihnen wurden dann zu Hause selbst zu Lehrerinnen und erzählten weiter, was sie gelernt hatten. Ungebildet waren sie, ja. Aber keineswegs dumm.

So vergingen die Wochen, es lief insgesamt ganz gut. Das Dorf, das am Anfang so extrem schwer zu erreichen war, hatte inzwischen extra für uns eine neue Straße gebaut, damit wir von „Hodschis" Dorf direkt zu ihnen fahren konnten. „So ist es praktischer für euch!", meinten sie. Die Straße war mindestens einen Kilometer lang. Beide Dörfer hatten sich für den Bau zusammengetan! Ich war überwältigt von ihrem großen Einsatz und entwickelte noch einmal mehr Respekt vor den Afghanen: Wenn sie sich einmal etwas in den Kopf gesetzt haben, dann bringen sie es auch zu Ende. Egal, was dafür nötig ist! Sie sind ein sehr besonderes und starkes Volk.

Ich selbst war nach wie vor eher als Supervisorin denn als Lehrerin tätig, ging mal bei dem einen, mal bei dem anderen Zweierteam mit. Ich beantwortete Fragen, die meine afghanischen Mitarbeiter nicht beantworten konnten, beobachtete den Unterricht und überlegte, wo man noch etwas verbessern könnte. Außerdem war ich vor und nach dem Unterricht nach wie vor der „Landarzt".

Der Bedarf an medizinischer Behandlung aller Art war auch hier riesig. Meist war ich nach Unterrichtsende noch mindestens eine Stunde lang damit beschäftigt, mir Patienten anzusehen. Vormittags und nachmittags. Dieser Nebenbeschäftigung kam ich nach wie vor sehr gerne nach. Hier sieht man allerhand Krankheiten, die es bei uns gar nicht (mehr) gibt!

Inzwischen waren meine Sprachkenntnisse schon so weit, dass ich die Dörfler ohne Hilfe verstand. Das machte mich schon ein bisschen glücklich. Durch die Arbeit lernte ich sie auch auf einer sehr persönlichen Ebene kennen. Nicht selten ging jemand mit mir in einen Nebenraum, um mir etwas zu erzählen. Abseits der „sozialen Kontrolle" der anderen trauten sie sich, freier und offener zu sprechen.

Andere Male sollte ich Patientinnen vor der versammelten Gruppe untersuchen und jede der Anwesenden erzählte mir, wie es zu dieser Krankheit gekommen war oder was die Dorfgemeinschaft schon alles versucht hatte, um das Leiden zu lindern. Aber egal, ob einzeln oder in Masse, es war immer interessant. Mittlerweile kannte ich sogar schon einige Kräuter, die gegen dieses und jenes halfen, die empfahl ich manchmal weiter, damit sich die Leute für Kleinigkeiten keine teuren Medikamente kaufen mussten.

Kräuterkunde wurde in diesen Dörfern oft kaum mehr angewendet oder gar weitergegeben, da die Menschen dachten, dass sie überholt sei. Pillen aus der Packung würden sicher besser helfen. Doch oft war das Gegenteil der Fall. Billige Medikamente aus Pakistan oder Indien sind nicht selten gestreckt, sodass sie kaum mehr wirken oder im schlimmsten Fall sogar Schaden verursachen.

Je länger ich im Land war, desto mehr wurde mir bewusst, wie komplex man hier denken muss, um den Menschen irgendwie helfen zu können. Und mir wurde bewusst, wie wichtig es ist, ihre Sprache und Kultur zu kennen. Die Hälfte der Information wäre mir sonst verborgen geblieben!

Mittags trafen wir uns immer in einem angemieteten Raum, um Mittag zu essen. Weil wir jetzt durch den Unterricht sehr häufig in denselben Dörfern waren, kochten wir uns jetzt unser eigenes Essen. Wir wollten auf die Dauer niemandem zur Last fallen. Fürs Kochen war Massoud zuständig, denn der war jetzt ja ohne die Männer-GLISP-Kurse tagsüber arbeitslos!

Und er hatte über die verschiedenen Sommer hinweg einiges gelernt. Vor allem, wie man Eier kocht, darin war er ein echter Profi. Die Familie, der das Zimmer gehörte, stellte zudem noch fast jeden Tag Salat aus dem eigenen Garten bereit! Ich genoss diese Mittage zusammen mit dem Team sehr, denn es war bisher nicht oft vorgekommen, dass das ganze GLISP-Team wirklich in Ruhe zusammensitzen konnte. So unterhielten wir uns immer über Gott und die Welt. Über die paar Monate hinweg waren wir gute Freunde geworden.

Gleichzeitig lernte ich nie aus. Vor dem Eingang unseres Mittagsquartiers stand ein kunstvoll verziertes, mannshohes Fass aus Ton. Das Team war von Anfang an begeistert davon, denn anscheinend war das früher ein normaler Aufbewahrungsort für Mehl gewesen. Jeder Haushalt hatte ein solches Tonfass besessen. Doch inzwischen waren die Tonfässer sehr selten geworden, denn alle benutzten stattdessen Plastikbehälter.

Rada öffnete aus Spaß einmal den Deckel, um zu sehen, ob das Fass noch aktiv genutzt wurde. Und was sie sah, begeisterte sie noch mehr: Das Fass war tatsächlich randvoll mit Mehl und obenauf lag der Kieferknochen eines Schafes und einige kunstvoll verzierte Metallgegenstände. Grinsend und wortlos machte sie mich auf ihren Fund aufmerksam.

Ich war reichlich erstaunt und muss auch so ausgesehen haben, denn sie schloss den Deckel und flüsterte mir die Erklärung zu: „Das ist ein uralter Brauch, normalerweise macht das heute keiner mehr. Die Knochen sind eine Art Bitte um Segen, dass das Mehl niemals ausgehen möge." Schon kamen die anderen zu uns. Sie kannten diesen Brauch alle, aber die wenigsten hatten es tatsächlich schon einmal gesehen.

RAMADAN UND ZUCKERFEST

Ein paar Wochen nach dem Start der Kurse war es allerdings vorbei mit Mittagessen, denn der Fastenmonat Ramadan stand vor der Tür. Wann er konkret losgehen sollte, wusste anfangs niemand so genau, denn alle warteten auf ein Signal aus Saudi-Arabien. Wenn die obersten Imame dort bestimmen, dass Ramadan anfängt, dann fängt er auch wirklich an.

Es stellte sich sogar heraus, dass es zwei verschiedene Termine für den Start des Fastens gibt. Einen für die wirklich Motivierten und einen, den jeder einzuhalten hat. Zwischen den beiden Daten lagen zwei Tage.

Aufgrund des Fastens stellten wir in der ganzen EAO unsere Arbeitszeiten etwas um. Wir fingen morgens etwas früher an, damit wir mittags früher wieder aufhören konnten. Tara und Mikel meinten, dass im Ramadan üblicherweise alles etwas entschleunigt ist. Die Leute bleiben lieber in ihren Häusern, besuchen sich nicht so viel wie sonst und warten insgesamt einfach darauf, dass der Tag vorbeigeht. Das fand ich auch nicht schlecht.

So ging es also los! Als wir am ersten Tag im Büro ankamen, war auf den ersten Blick eigentlich alles wie immer. Manche Männer hatten Masken über Mund und Nase, damit sie nicht aus Versehen Staub „essen". „Die Afghanen sind sehr hingegebene Menschen", dachte ich mal wieder, „sie machen wirklich keine halben Sachen!"

Auf dem Weg ins erste Dorf ließ ich mich sicherheitshalber noch einmal über den Ramadan aufklären. Natürlich wusste ich schon einiges darüber, aber ich hatte gelernt, alles noch einmal zu hinterfragen. So erklärten mir meine fünf Mitarbeiter im Auto die Wichtigkeit des Fastens im Islam. Demnach werden jedem Muslim – wenn er anständig fastet – nach Ende des Ramadans alle Sünden aus dem letzten Jahr vergeben.

Und alle guten Taten, die man während dieser Zeit tut, werden doppelt vergolten. Hier kommt wieder das Sawab ins Spiel, das ich für mich mit einer Art „Konto" vergleiche. Ich hatte immer mehr das Gefühl, dass es den Menschen hier in vielen Dingen des Alltags um Sawab geht. Dinge, die viel Sawab geben, werden intensiver betrieben als die, die nicht viel bringen. Aber das ist verständlich. Für die Menschen geht es darum, sich den Eintritt in das Paradies zu verdienen!

Kinder, Alte, Kranke und Schwangere müssen nicht fasten, erklärte Massoud weiter. Aber hat ein Kind einmal angefangen zu fasten, darf es nicht mehr aufhören. Die meisten Kinder tasten sich deshalb Jahr für Jahr langsam heran. Sie fasten erst einige Stunden am Tag, dann einige Tage des Ramadans. Wenn ein Erwachsener zum Beispiel durch eine Krankheit am Fasten gehindert wird, muss er diesen Tag an einem anderen Tag im Jahr nachholen. Aber dieses Fasten unter dem Jahr gilt dann nicht so viel, als wenn er/sie im Ramadan gefastet hätte. Deshalb versuchen alle, den Ramadan wirklich durchzufasten.

Gut, dass mein fantastisches Team mir das noch einmal so ausführlich erklärte, denn was wir in den Dörfern vorfanden, war genau das: Frauen, die das Fasten mit aller Gewalt durchziehen wollten! Morgens waren sie noch relativ fit, denn nachts darf ja gegessen und getrunken werden. Sie waren zwar etwas müde, da die Abende gewöhnlich etwas länger sind und die Tage früher beginnen, doch es war gut möglich, sie zu unterrichten.

Gegen Mittag wurden sie verständlicherweise etwas müder und unaufmerksamer. Aber der Unterricht musste nie abgebrochen werden. Auch später nicht, als der Ramadan schon fortgeschritten war. Wie bereits erwähnt: Wenn ein Afghane sich einmal etwas in den Kopf gesetzt hat, dann zieht er das auch durch. Also wird auch gelernt!

Doch nach dem Unterricht wurde ich regelrecht überrannt. Alle klagten über seltsame Schlappheit und fehlenden Antrieb, viele über Schwindel oder Übelkeit. Vor allem die ganz jungen Mädchen waren mitgenommen. Obwohl sie die Erlaubnis hätten, nicht zu fasten, wollten sie alle nicht darauf verzichten, genauso wie die Schwangeren. Sie wussten alle, dass sie sündige Menschen waren, und wollten sich die Vergebung verdienen. Es kostete viel Überredungskunst und die Hilfe meiner muslimischen Kollegen, wenigstens die Schwangeren dazu zu bringen, tagsüber etwas zu essen und vor allem zu trinken. Im Laufe des Monats zeigten viele der Schwangeren Anzeichen für Komplikationen durch den Flüssigkeitsmangel. Aber irgendwie haben sie es doch alle geschafft.

Der Ramadan bot aber auch ein paar Vorteile. Alle waren hauptsächlich damit beschäftigt, den Tag gut herumzubringen, ohne sich groß anzustrengen. So kam es, dass wir hin und wieder auf der Rückfahrt aus den Dörfern aus dem Auto ausstiegen und noch einen Spaziergang machten.

Diese Spaziergänge wurden meistens größer als geplant und meistens entdeckten wir schöne neue Plätze. Außerdem war es immer eine kleine Kräuterwanderung. Das Wissen von Gul und Momina schien unerschöpflich, sie kannten wirklich fast jeden Grashalm!

Rada wollte häufig wissen, wie der Körper funktioniert, wie Krankenhausabläufe eigentlich sein sollten und wie der

Arbeitsalltag im Krankenhaus ist. Ihr Mann war seit Jahren in Kabul, um Medizin zu studieren. Sie machte sich Sorgen um die Zukunft und vor allem darum, dass er nicht mehr zu ihr zurückkommen könnte, jetzt, wo er einmal das Stadtleben entdeckt hatte! Afghaninnen müssen immer fürchten, dass ihr Mann sich woanders ein neues Leben aufbaut und sich dort einfach eine Zweitfrau nimmt.

All das sind Themen, die man in Afghanistan immer wieder streift. Doch solange nichts Konkretes bekannt ist, versucht man, sich einfach nicht verrückt zu machen. Das gelingt mal besser und mal schlechter.

Außerdem erzählten die Mädels mir von den Anfängen der GLISP-Kurse mit Tanja, der finnischen Hebamme. Damals war das Interesse an den Kursen wohl noch nicht sehr groß. Die Teilnehmer kamen sehr unregelmäßig oder gar nicht. Keiner setzte das Gelernte um. Es ist vermutlich das gleiche Phänomen wie mit den Gemüseläden: Wenn etwas noch nicht bekannt ist, glaubt hier einfach keiner daran!

Bis nach Jahren endlich die ersehnte Wende kam. Irgendwer hatte wohl angefangen, die Tipps aus den Kursen umzusetzen – und es hatte funktioniert! Diese Erfahrung machte unser GLISP-Team vertrauenswürdig und eine Art Dominoeffekt setzte ein. Die, die gute Erfahrungen gemacht hatten, erzählten das ihren Verwandten und Bekannten weiter, diese setzten das Wissen wieder um und machten gute Erfahrungen und erzählten es wiederum weiter. Eine schöne Sache! Man muss Geduld haben, aber ist das Eis erst einmal gebrochen, stehen die Türen offen!

Zu Hause angekommen machte jeder von uns Ausländern das Gleiche: essen! Aus Rücksicht auf unser Umfeld nahmen wir unterwegs auch kaum etwas zu uns, es sei denn, es wurde uns etwas angeboten (was manchmal vorkam, denn alle wussten ja, dass wir keine Muslime sind). Und dann schlafen.

Obwohl wir nicht aktiv am Ramadan teilnahmen, waren wir fünf in dieser Zeit meistens auch ziemlich müde. Ob es an der allgemeinen Anspannung oder am warmen Wetter lag – keine Ahnung. Aber ohne ein Mittagsschläfchen ging es kaum. Anschließend versammelten wir uns bei einer starken Tasse Kaffee in meinem Wohnzimmer, um für die Muslime zu beten. Es gibt tolle Gebetsanleitungen, die durch den Ramadan führen und jeden Tag einen anderen Aspekt oder ein muslimisches Volk in den Mittelpunkt stellen. Das war eine schöne Sache!

Meistens blieben wir nach dem Gebet noch eine Weile zusammen sitzen und genossen die Nachmittagssonne. Anschließend blieb noch ein bisschen Zeit für den Garten, für den ein oder anderen Kranken, der an die Tür klopfte, oder für die Vorbereitung der nächsten Arbeitstage. Langweilig wurde es eigentlich nie.

Inzwischen war noch jemand bei uns eingezogen: Tozer, ein süßer, beiger Hundewelpe! Tozer war Sams Geschenk an Brit. Die beiden liebten ihren Hund! Und auch für mich war er ein Segen, denn ich hatte endlich einmal jemanden, mit dem ich deutsch reden konnte! Immer wenn sonst keiner da war, brachte ich ihm deutsche Kommandos bei. Das schlaue Kerlchen lernte sie sehr schnell, schneller als die englischen Kommandos. So kam es, dass der Hund zweier Kanadier in Afghanistan jetzt eben deutsch spricht. Na ja, ich bin stolz drauf!

Von Zeit zu Zeit hatten wir noch andere Haustiere, die waren allerdings deutlich kleiner und kamen ungebeten: Flöhe. Wir hatten sie alle regelmäßig. Es war immer so, dass einer sie mitbrachte, und bevor er/sie es merkte, hatte sich die Plage schon ausgebreitet.

Leider gab es hier ja immer noch keine Waschmaschine. Deshalb befreite ich all meine Decken, Kissen, Kleidung und so weiter von Hand von den Viechern. Das erste Mal fand ich das noch lustig, später eher nicht mehr. Aber andererseits hatte das den großen Vorteil, dass in meiner Wohnung immer alles frisch gewaschen und sauber war. Immerhin! Vielleicht war das mit der Grund, weshalb ich so selten mit anderen Krankheiten zu kämpfen hatte.

Noch während des Ramadans kam die Mutter einer Mitarbeiterin des anderen Frauenteams unserer Organisation von einer Pilgerreise aus dem Iran zurück und es wurde ein Fest ihr zu Ehren veranstaltet. Die alte Frau wurde mit Blumengirlanden geschmückt, Geschenke wurden überreicht und es gab ein nettes Zusammentreffen von vielen Nachbarn und Verwandten.

Die Gastgeber überreichten jedem Gast ein Gastgeschenk, das in diesem Fall aus Stoff und ein paar Süßigkeiten bestand. Mit so etwas Großem hätte ich nie gerechnet! Erst wusste ich nicht, ob wir das überhaupt annehmen durften, doch Tara gab Brit und mir ein Zeichen, dass es höflich war, das Geschenk anzunehmen. Gleich am nächsten Tag brachten wir drei den Stoff zur Schneiderin, in der Hoffnung, dass die Kleider bis zum Zuckerfest am Ende des Ramadans fertig würden.

Diese Schneiderin gehörte entfernt zum Team der EAO und war außerdem eine liebe Freundin. Natürlich fertigte sie uns die Kleidung pünktlich zum Fest! Spätestens jetzt waren wir wirklich afghanisch. Denn in dieser Kultur ist es durchaus üblich, „beste Freunde" zu haben und diese Freundschaft durch das Tragen der gleichen Kleidung zur präsentieren. Wir hatten bei der Feier alle den gleichen Stoff bekommen, daraus entstanden jetzt drei gleiche Kleider, die sich nur im Schnitt etwas unterschieden.

Zu „Eid e Ramadan", dem Zuckerfest, zogen wir sie zum ersten Mal an. Wir hatten großen Spaß damit! Wie bei Feiertagen üblich, liefen wir von Haus zu Haus und besuchten Freunde, Nachbarn und Mitarbeiter. Überall, wo wir auftauchten, kam uns ein Grinsen über unser gleiches Outfit entgegen. „Die sind wie wir!"

Das Fest dauerte drei Tage lang. Wir hatten eine imaginäre Liste von Leuten, die wir besuchen wollten, und arbeiteten diese systematisch ab. Erst enge Mitarbeiter und Freunde, dann entferntere. Am zweiten Tag schnappte Gul mich und wir besuchten zusammen noch einige ihrer Freundinnen. Ein paar von ihnen kannte ich schon, entweder aus meiner Donnerstags-Praxis oder von früheren Besuchen. Wir hatten uns vor dem Ramadan fast jede Woche getroffen, um gemeinsam Tee zu trinken und zu ratschen. Gul meinte, dass wir das jetzt dringend wieder anfangen müssten, und wir vereinbarten gleich für kommenden Donnerstag einen Termin, bei dem sie mir unbedingt zeigen wollte, wie man Fladenbrot backt.

Am dritten Tag des Festes nahmen wir Ausländer uns eine Auszeit. Wir hatten zusammen etwa dreißig Familien besucht, das dürfte fürs Erste reichen. Wir entschieden uns an diesem Tag für einen Ausflug in die Berge und machten ein Picknick. Es gab nach wie vor wunderschöne Plätze, die wir drei Neuen noch nicht kannten. Wir wanderten zu einer Quelle, die ganz unverhofft unterhalb eines Gipfels lag. Der Platz hatte fast etwas Geheimnisvolles, denn um die Quelle herum war buchstäblich nichts außer Geröll und Staub. Nur direkt am Wasser war es grün, es gab Blumen, Gräser und Büsche, die blühten! Wunderschön – mal wieder!

Mikel packte seine Militärmahlzeit aus und setzte seinen Kaffee auf. Hier oben konnten wir sehr offen reden, denn die Chance, dass uns jemand zuhörte, war quasi bei null. So ließen wir die vergangenen Tage Revue passieren. Der Besuch bei einem unserer Wachmänner hatte uns berührt. Ihm wurde nachgesagt, dass er dem Islam abgeschworen und sich dem Christentum zugewandt hätte, was auch tatsächlich stimmte. Folglich wurde er von allen stark gemieden. Wir waren der einzige Besuch, den er und seine Familie an diesen Feiertagen bekam. Sie selbst hatten nicht einmal damit gerechnet und waren ganz aus dem Häuschen gewesen!

WO DER GLAUBE ZUM PROBLEM WIRD

Es ist nicht leicht, in diesem Land einen anderen Glauben zu leben als den Islam. Tara und Mikel hatten etliche Geschichten auf Lager, was insbesondere Christen hier passiert, sobald sie ihren Glauben öffentlich machen. Ein halbes Jahr vor unserer Ankunft musste eine Familie fliehen, weil sie die ständigen Bedrohungen und Attacken nicht mehr aushielt.

Manche schaffen es, ihren Glauben geheim zu halten, doch das ist nicht einfach. Steht jemand im Verdacht, die Religion gewechselt zu haben, wird er ständig beobachtet und immer wieder gezielt provoziert. Zum Beispiel durch die regelmäßigen Gebete, die jeder Muslim drei- bis fünfmal täglich beten muss. Da öffentlich gebetet wird, fällt jeder, der nicht mitmacht, sofort auf.

Viele Konvertiten stehen so ständig im Konflikt zwischen der konsequenten Nachfolge Christi und der Rettung ihres Lebens und dem ihrer Familie. Um den Glauben geheim zu halten, schicken viele Christen ihre Kinder sogar auf die Koranschule und erzählen ihnen nichts, bis sie „ein bisschen intelligenter" geworden sind – also Geheimnisse für sich behalten können.

Viele lügen ihre engsten Verwandten an, um auf eine kleine Versammlung Gleichgesinnter gehen zu können. Doch auch das ist nicht sicher. In der Zeit, als ich da war, hatte sich in Kabul wohl ein Kuckuck in eine kleine christliche Versammlung eingeschlichen. Kurz darauf standen Bilder einer Taufe auf Facebook. Die Konsequenz: ein Toter, zwei Familien auf der

Flucht, die restlichen drei Personen werden sich erst einmal nicht mehr versammeln.

Die Versammlung in Sardsang war bisher von solchen Ereignissen verschont geblieben, aber die Geheimhaltung hatte einen hohen Preis.

Die Kirche in Afghanistan wächst, ja. Es ist unglaublich, auf welch wundersame Weise die Leute zum Glauben an Jesus kommen! Aber sie wächst unter extrem schwierigen Umständen und sie wächst einsam. Es gibt kaum Leute, die all diese neuen Gläubigen anleiten und im alltäglichen Glauben stärken könnten. Das ist etwas, das mir wirklich nahegeht. Ich hoffe und bete, dass das eines Tages besser wird. Es muss sich keiner bekehren, es ist und bleibt eine freiwillige Sache. Aber ich würde mir wünschen, dass die, die sich aus freien Stücken dafür entschieden haben, ihren Glauben auch ausleben und darin wachsen können.

Christenverfolgung ist so ein großes Wort geworden, finde ich. Es ist ein Wort, das mit großer Angst behaftet ist, aber auch mit einer gewissen Verklärtheit. Zu der Zeit, als ich in Afghanistan war, stand das Land auf Platz zwei des Verfolgungsindexes von Open Doors. Für uns hier im Westen ist das etwas, das erschrecken lässt. Aber auch irgendwie Bewunderung auslöst.

Oft hörte ich zu, wie andere über Christenverfolgung sprechen. Es war immer etwas schwärmerisch, von Wundern und Wachstum war die Rede. Von Menschen, die radikal ihrem Glauben nachgehen und bei jeder Gelegenheit für ihn einstehen, egal, was dann passiert. „Je größer der Druck ist, desto größer auch der Segen", meinte ein Bekannter. All das hat mich vor der Ausreise neugierig gemacht: Wie ist es denn nun wirklich?

Es hat eine Weile gedauert, bis ich Kontakt zu der afghanischen Kirche bekam. Als es so weit war, empfand ich es als große Ehre. Dann stellte ich schnell fest, dass alles erstaunlich nüchtern abläuft. Ja, es gibt die großen Wunder, Träume und Visionen, durch die die Menschen zum Glauben gekommen sind. Diese Erlebnisse haben das Leben dieser Menschen von Grund auf verändert, doch irgendwann tritt der Alltag wieder ein und das neue Leben will in genau diesem Alltag gelebt werden. Das ist die Herausforderung, vor der die Kirche steht.

Der Alltag ist nicht glamourös oder voller Wunder. Und eine innige Beziehung zu Jesus entsteht meist nicht von heute auf morgen, sondern sie wächst langsam. Durch das Lesen der Bibel, durch Austausch, durch Gebet, durch Lehre.

All das ist – zumindest in Afghanistan – schwierig. Die meisten Erwachsenen sind Analphabeten. Das bedeutet: Selbst wenn sie sich eine Bibel besorgen konnten, können sie sie nicht lesen. Es gibt Hörbibeln, doch es ist schwierig, diese zu besorgen.

Auch der Austausch ist schwierig, denn ein Treffen zu organisieren ist eine Herausforderung. Man darf außen auf keinen Fall hören, was drinnen geredet wird. In kleinen Dörfern, in denen automatisch jeder jeden beobachtet, ist es deshalb extrem kompliziert, sich überhaupt zu versammeln, denn es muss immer eine gute Ausrede für das Treffen gefunden werden. Keiner darf Verdacht schöpfen.

Wenn eine ehemals muslimische Person sich zu Jesus bekennt, dann muss das Beten quasi neu gelernt werden. Im Islam ist Beten ein Zitieren von etwas Vorgegebenem. Was die

Person dabei denkt oder fühlt, ist ganz egal, es geht darum, dass man es macht. Im christlichen Glauben ist Gebet im besten Fall ein Herz-zu-Herz-Austausch mit dem lebendigen Gott. Das muss man lernen.

Und schließlich braucht es gesunde, gute Lehre für die Gläubigen, um im Glauben zu wachsen. Doch es gibt kaum Priester oder Pastoren oder etwas in dieser Art. Deshalb bedienen sich die Gläubigen an aufgenommenem Material, das sie über kleine Fernseher oder über Audio hören oder sehen. Dieser Vorrat ist schnell durchgehört. Nachschub zu besorgen ist sehr schwierig.

Im Iran gibt es einen christlichen Fernsehsender. Ein Bekannter wollte sich unbedingt eine Antenne kaufen, um ihn empfangen zu können. Doch letztendlich hat er es nicht getan, denn die Antenne müsste in eine ganz andere Richtung zeigen als alle anderen Antennen. Das wäre viel zu auffällig. So musste die kleine Versammlung leider darauf verzichten.

Man merkt, es ist wirklich nicht einfach. Trotzdem durfte ich feststellen, dass geistliches Wachstum auch hier möglich ist – wenn man etwas klug ist. Man kann frei sprechen und alles tun, was hilft, im Glauben zu wachsen. Nur muss man dabei aufpassen, dass die Nachbarn, die Familie oder Verwandtschaft nichts davon mitbekommen. Handys werden einfach in einen anderen Raum gelegt, damit niemand mithören kann, und Treffen finden grundsätzlich unregelmäßig und teilweise mit großen zeitlichen Abständen statt. Man muss mit diesen Einschränkungen leben und versuchen, das Beste daraus zu machen.

Im Laufe der Zeit gewann ich für mich den Eindruck, dass es insgesamt ein wichtiger (wenn nicht sogar der wichtigste) Teil der missionarischen Arbeit ist, die lokale Kirche zu stärken, damit die Menschen dort zu reifen, mündigen Christen werden, die wiederum Licht in ihrem Umfeld sein können. Oder indem wir die einzelnen Gläubigen miteinander vernetzen.

Keiner der Christen, die ich kennengelernt habe, ist durch missionarische Aktionen zum Glauben gekommen. Alle Christen, die ich kannte, waren entweder in einem Traum dem lebendigen Jesus begegnet oder sie haben im Leben eines Bekannten einen Unterschied gesehen und so lange nachgefragt, bis er/sie es erzählt hat.

Um auf die Christenverfolgung zurückzukommen: Eigentlich braucht man keine Angst davor zu haben. Aber verklären muss man sie auch nicht. Es ist hart, seinen Glauben, der einem so viel Kraft und Hoffnung gibt, verstecken zu müssen. Doch ich glaube auch, dass Jesus einem die Kraft gibt, das auszuhalten. Und ich denke, dass wir als weltweite Gemeinde zusammenhalten sollten. Wir sollten den Christen, die unter diesen Umständen glauben müssen, zur Seite stehen, sie stützen und ihnen das Gefühl geben, dass sie nicht allein sind. Ich denke, das ist wichtig.

SOMMER IN DEN BERGEN

Nach dem Zuckerfest ging es wieder weiter mit dem ganz normalen Alltag. Inzwischen liefen die Kurse in den neuen Dörfern ganz gut. Die Leute hatten gelernt, wie man lernt, konnten die erste Fortschritte verzeichnen und waren dadurch noch motivierter!

Auch ich war inzwischen fast schon routiniert in meiner neuen Rolle.

Mittlerweile war es Sommer geworden und die Zeit des „Grasschneidens" war gekommen. Im Hochland Afghanistans gibt es noch keine elektrischen Mähwerkzeuge, deshalb schneiden die Leute jeden Grashalm noch immer mit der Hand ab und legen sie in Büscheln zum Trocknen zusammen. Die Büschel werden dann zusammengeschnürt und entweder auf dem Rücken oder auf dem Esel nach Hause getragen – das ist unglaublich viel Arbeit, besonders auf den großen Wiesen und an steilen Hängen! Zweimal die Woche zum „Hebammenkurs" zu kommen ist währenddessen kaum drin, denn das Heu muss pünktlich fertig werden, bevor später die Weizenernte losgeht!

Die Frauen kamen trotzdem, doch es dauerte immer länger, bis wirklich alle da waren und es losgehen konnte. Wir überlegten eine Weile, was wir dagegen tun könnten. Denn es war für alle ärgerlich, kostbare Zeit mit Warten zu vergeuden. Bis Rada die rettende Idee kam. Sie führte eine neue Regel ein: Wer in Zukunft als Letzte (und damit am spätesten) zum Unterricht kam, musste Kashkeu für alle zubereiten. Kashkeu ist eine Art Nudel-Knoblauch-Joghurt-Suppe und eine Spezialität der Region.

Rada und die anderen waren begeistert von dieser genialen Idee und setzten die neue Regel sofort um. „Das funktioniert sicher nicht", dachte dieses Mal ausnahmsweise ich, ließ sie aber machen, schließlich kann man es ja mal versuchen. Und es hat tatsächlich funktioniert. Am nächsten Tag waren alle Kursteilnehmerinnen auf die Minute pünktlich – bis auf die beiden, die den Auftrag für den Kashkeu hatten.

Gerade als ich mich doch auf eine kleine Wartezeit einstellte und Tee nachgoss, wurde ein großes Tischtuch ausgerollt, und Schüsseln wurden verteilt. „Die werden doch nicht ..." Doch tatsächlich! Ein riesiger Bottich wurde hereingetragen. Sie hatten mindestens 40 Liter Kashkeu zubereitet! Die Verspätung kam nur zustande, weil der Bottich samt Schüsseln und Tischtuch so schwer zu tragen waren.

Die Freude im Raum war riesig! In diesem Dorf war der Zusammenhalt ohnehin immer sehr gut, deshalb hatten sie die neue Regel einfach aus Spaß tatsächlich umgesetzt und quasi aus der Not eine Tugend gemacht. Die Suppe schmeckte richtig gut! Die Dorffrauen aßen natürlich wieder eine Portion, die einen Bären satt gemacht hätte, deshalb waren die 40 Liter für 20 Personen überhaupt nicht übertrieben!

Dieser Tag war einer von denen, an denen ich nirgendwo lieber gewesen wäre als hier zusammen mit genau diesen Menschen irgendwo am Ende der Welt! Ich aß meine Spatzenportion, lehnte mich zurück und genoss den Augenblick. Es ist so anders hier, so simpel, manchmal so kompliziert und trotzdem so vertraut!

Das Szenario muss sich herumgesprochen haben, denn Hodschis Dorf zeigte sich ebenfalls reumütig und servierte auch

Kashkeu. Es war ein großer Spaß für alle. Und die Aktion zeigte Wirkung. Fortan waren alle Teilnehmerinnen wieder pünktlich und motiviert bei der Sache. Das bisschen Gras schneidet sich wohl von allein.

VERTRAUTE GESICHTER,
GLEICHE THEMEN UND EMOTIONEN

In Hodschis Dorf machte sich neben dem Suppenspaß eine große Sorge breit. Ein kleines Mädchen war sehr krank. Ihr Bauch blähte sich immer weiter auf, während der Rest des Körpers immer dünner und schwächer wurde. Ich konnte ihr nicht helfen und hatte sie deshalb in die Kinderklinik nach Kabul geschickt. Doch selbst dort konnte nicht geholfen werden, sondern erst in einer anderen Klinik der Stadt. Nachdem sie dort einen Monat lang behandelt worden war, kam sie vermeintlich geheilt zurück.

Aber der Erfolg hielt nicht lange an, denn der Bauch schwoll wieder an und alles ging von vorne los. Die Mutter kam verzweifelt auf mich zu und suchte Rat. Ich schätzte, dass das Mädchen an irgendeiner Erkrankung litt, die vermutlich auch in Deutschland nur schwer zu behandeln wäre. Alle Berichte aus Kabul waren nichtssagend. Bisher hatte keiner die Ursache des Leidens gefunden. Eine erneute Fahrt in die Hauptstadt konnte die Familie sich nicht leisten.

Die Situation verschlechterte sich jeden Tag. Tara wusste ausnahmsweise auch keinen Rat. Glücklicherweise kündigten sich Finn und seine Frau Elfi gerade an, das waren Kollegen aus Taloq. Elfi war Ärztin, sie war sehr erfahren und gut vernetzt. Ihr wollte ich das Mädchen zeigen, bevor ich ihm tatenlos beim Sterben zuschauen musste. Als Elfi kam, kam die Mutter mit dem Mädchen extra nach Sardsang. Doch leider wusste auch Elfi keinen Rat. Auch sie vermutete eine seltene Erkrankung und konnte nicht sagen, ob man die Krankheit überhaupt würde heilen können. Innerhalb Afghanistans konnte wohl auf jeden Fall keiner helfen. So fuhr die Mutter mit dem Mädchen auf dem Arm nach Hause.

Eine Woche später ist das Kind gestorben.

Am Morgen darauf wurden wir zur Trauerfeier eingeladen. Weil das Mädchen erst ein Jahr alt war, wurde kein Schaf geopfert, sondern es gab nur eine Tasse Tee und Süßigkeiten. Das Wohnzimmer war trotzdem brechend voll. Der Tod dieses Mädchens ließ niemanden kalt, das ganze Dorf hatte die ganze Zeit über mitgefiebert. Sie hatten sich gefreut, als die Familie nach Kabul fuhr. Es gab ein kleines Freudenfest, als sie von dort zurückkamen.

Und jetzt das. Es traf mich. Dieses Mal waren es nicht irgendwelche Leute, die trauerten. Es waren bekannte Gesichter. Von fast jedem kannte ich den Namen, viele hatten mir Einblicke in ihr Leben geschenkt. Nun saßen wir gemeinsam da und trauerten. Es war eine stille, aber friedliche Trauer. Wir hatten alle alles versucht.

Nach diesem Moment des Innehaltens ging der Alltag irgendwie weiter. Immer wieder saßen wir nach den Kursen, wenn alle schon weg waren, noch einen Moment mit irgendwem zusammen.

Ich erinnere mich an ein Gespräch mit einer älteren Dame und deren Schwieger-Enkelin. Irgendwie fiel das Thema auf die Ehe und wie sie in dieser Kultur verstanden wird. Die ältere Frau beklagte sich, dass eine Frau, wenn sie heiratet, automatisch zum Besitz des Mannes wird. Er bestimmt, wie sie aussehen soll, was sie tragen soll, wo sie sich aufhalten und was sie machen soll. Was sie selbst möchte, ist völlig zweitrangig.

Sie meinte, dass die Frau hier die Dienerin des Mannes sei. So stünde es auch im Koran, deshalb hätten sie keine Chance, etwas daran zu ändern. Die jüngere Frau und meine Kolleginnen stimmten der Alten zu. „So ist es", sagten sie immer wieder. „Egal, was der Mann möchte, die Frau muss es tolerieren. Wir haben ja alle die Frau mit dem blauen Auge gesehen, die gerade noch hier saß." Stimmt.

Ich erzählte, wie es in unserer Gesellschaft ist, dass wir zumindest versuchen, Mann und Frau gleichwertig zu behandeln. Und dass in der Bibel steht, dass der Mann zwar das Oberhaupt der Familie sein soll, aber auch, dass der Mann die Frau so lieben soll, wie Christus die Gemeinde liebt. Also eine hingebungsvolle Liebe, die alles für das Wohl des anderen tut.

Das beeindruckte die Frauen, denn so etwas hatten sie alle noch nie gehört. Wir tauschten uns noch eine ganze Weile darüber aus. Wo steht was, wie wird es umgesetzt, was würden wir uns wünschen? Und wie sollte es denn eigentlich sein? Es war ein ehrliches, offenes, tiefes und langes Gespräch, an das ich noch lange zurückdachte.

Am Ende stelle ich doch immer wieder fest, dass wir Menschen auf der ganzen Welt irgendwie gleich sind. Eine Art Gewissen scheint tief in uns verankert zu sein. Zum Beispiel, dass wir es als Unrecht empfinden, wenn eine Frau geschlagen wird. Oder dass eine zweite Frau eine Frau zu viel ist.

Ich kann mich lebhaft daran erinnern, dass meine Kolleginnen sich einmal während einer Autofahrt nach Hause wahnsinnig über eine Hochzeit aufregten, die am kommenden Wochenende stattfinden sollte. Ein Mann aus der Nachbarschaft hatte entschieden, dass er eine Zweitfrau möchte. Er konnte es sich auch leisten, denn er besaß einen Laden auf dem Basar. Ein passendes Mädchen war schnell gefunden und die Hochzeit wurde geplant.

Bei uns im Wagen ging es rund! Meine Kolleginnen schimpften wie die Rohrspatzen. Was der ersten Frau damit angetan wurde! Sie sei ja so eine nette und liebe Frau, sie arbeite immer fleißig, ihr Haushalt sei tipptopp, sie hatte auch einige Kinder und sich nichts zuschulden kommen lassen. Und jetzt musste die Arme eine zweite Frau bei sich zu Hause ertragen. So etwas müsse eigentlich verboten gehören, meinten sie. Vielleicht sollten sie ja morgens vor dem Haus demonstrieren gehen, um die Heirat doch noch zu verhindern? Ganz vorsichtig erkundigte ich mich, was eigentlich mit der neuen Frau sei. Da wurde mir erklärt, dass sie der Heirat zugestimmt hätte. Was blieb ihr auch anderes übrig?

Die Hochzeit fand dann tatsächlich statt. Ein Teil meiner Kollegen ist hingegangen. Nicht um zu demonstrieren, sondern um am Hochzeitsmahl teilzunehmen. So eine kostenlose Mahlzeit mit Fleisch lässt man sich nur ungern entgehen. Und auch wegen dem Nachbarschaftsverhältnis …

Ich fand aber natürlich auch nicht schön, was passiert war. Meiner Meinung nach sollte eine Ehe zwischen einem Mann und einer Frau stattfinden, die einander treu sind, egal was passiert. Nicht, dass das immer einfach ist. Aber es ist irgendwie richtig, denke ich. An der Tradition, zwei Frauen zu haben, kann ich nichts Gutes finden.

Und trotzdem hat mich dieses Ereignis erstaunlich wenig berührt. Ich konnte nur wenig Unterschied finden zu dem, was zu Hause in Deutschland passiert. Durch Scheidungen können Männer (und Frauen) auch beliebig oft heiraten. Eine Frau beziehungsweise bei uns auch ein Mann kann beliebig eingetauscht werden, das ist gar kein Problem.

Treue hat damit in meinen Augen in Afghanistan und in Deutschland ungefähr denselben Stellenwert. Nur, dass es in Afghanistan nicht schöngeredet wird und dass nur die Männer diese Freiheit genießen. Hier und dort liegt es am Einzelnen, wie er oder sie das Leben gestaltet.

Obwohl Frauen in diesem Land ein so hartes Leben führen, unentwegt arbeiten und allerhand erdulden müssen, habe ich selten erlebt, dass eine von ihnen bitter geworden wäre. Es war teilweise wirklich schrecklich, welche Schicksale und Dramen sie mir erzählten. Sowohl hier auf dem Land als auch in der Stadt.

Ich habe sie über die Zeit alle kennengelernt, die Kinderbräute, Zwangsverheirateten, die, die als Bezahlung hergegeben wurden, und auch die, die sitzen gelassen wurden, weil sie etwas falsch gemacht haben oder keine Kinder bekommen konnten. Sie ertragen ihr Schicksal meist mit einer Stärke und Würde, die ihresgleichen sucht. Hätte ich einen Hut, ich müsste ihn vor jeder Einzelnen ziehen.

Ich hätte wirklich gerne etwas mehr von der männlichen Sicht auf die Dinge erfahren. Gerne wäre ich dafür öfter mit Massoud in die Männer-GLISP-Stunden gegangen. Leider war ich dafür nicht lange genug da. Massoud hat das oft bedauert. Inzwischen wäre es kulturell nämlich gut möglich gewesen mitzukommen, denn ich wurde inzwischen auch außerhalb der EAO von allen als Leiterin des Programms anerkannt.

MEIN NEUESTES HOBBY

Nicht nur thematisch kam ich immer mehr in der Gesellschaft an, sondern auch ganz praktisch. Als das Grasschneiden vorbei war, ging das Scheren und Verarbeiten der Wolle los. Klassischerweise entstehen aus der Wolle der Schafe meistens große Filzmatten, die als Sitzkissen dienen. Sie werden in Gemeinschaft hergestellt.

Eines Morgens war ein Dorf ganz aufgeregt deshalb. Wir sollten die Unterrichtsstunde so schnell wie möglich hinter uns bringen, denn die Arbeit dulde keinen Aufschub. Also unterrichteten wir ohne Umschweife alles, was nötig war, und als wir damit fertig wurden, tranken wir keinen Tee wie sonst, sondern alle brachen zum Filzen auf und luden uns ein mitzumachen.

Rada ließ sich das nicht zweimal sagen und auch ich war neugierig. Am Ziel hatten sich bereits einige Frauen versammelt und bereiteten einen Kräutersud zu. Ein noch unfertiger Filzteppich, der auf dem Dach eines Hauses zum Trocknen ausgelegt war, wurde eingerollt und mit einer Schnur festgezurrt. Dann wurde er mit dem heißen Kräutersud übergossen und los ging es.

Alle knieten sich eng an eng hinter den Teppich und fingen auf Kommando des Gießers gleichzeitig an, sich mit vollem Gewicht auf den Teppich zu stützen, um ihn hin- und herzurollen. Das sah anstrengend aus! Aber mir blieb keine Zeit zum Beobachten, denn ehe ich mich versah, saß ich mittendrin und war auch mit am Rollen. Es machte viel mehr Spaß als gedacht, sodass ich in Windeseile zur Ober-Rollerin wurde!

Afghanen lieben es, sich aus allem einen Spaß zu machen, und so erzählte andauernd irgendwer einen Witz oder machte sich über die Rollmethode eines anderen lustig. So wurde aus der Arbeit quasi ein Dauergelächter. Eine andere Kollegin machte Fotos. Sie war die Einzige, die nicht mitrollen musste, denn durch eine Krankheit waren ihre Knochen und ihre Wirbelsäule stark verformt und gekrümmt. Jeder dachte deshalb, dass sie schwächlich sei. Doch in Wirklichkeit konnte sie viel mehr, als man dachte!

Abends zeigte ich die Bilder meines neuen Hobbys dann stolz den anderen Ausländern. Es war wieder einmal Besuch bei uns. Diesmal zwei befreundete englische Familien, die in Taloq wohnten. Sie waren vor der Hitze dort geflohen. Anlässlich des englischen Nationalfeiertags feierten wir damals sogar ein kleines internationales Fest. Wir hängten ein Bild der Queen auf, es gab irgendein englisches Gericht und Putin, eine kanadische Spezialität.

So aßen wir dann in gemütlicher Runde am Lagerfeuer. Das Besondere an diesem Lagerfeuer war eigentlich nur, dass es nicht aus Holz bestand, sondern aus alten Büchern, die Tara aussortiert hatte. Holz wäre für Feuer zu wertvoll gewesen ...

Es war Sommer geworden. Langsam lief meine Zeit in Afghanistan ab. Auch wenn ich noch nicht daran denken wollte, dieses Land zu verlassen, zweifelte ich nicht an meiner Entscheidung. Die Erlebnisse der letzten Monate hatten trotz aller Begeisterung an meinen Ressourcen gezehrt. Ich fühlte mich immer häufiger erschöpft. Es fiel mir zunehmend schwerer, allen meinen Aufgaben nachzukommen und dabei meinen Ansprüchen gerecht zu bleiben.

Ich wollte auf keinen Fall nur Dienst nach Vorschrift machen. Der würde nichts bewirken und auch das Vertrauen, das ich mir Stück für Stück aufgebaut hatte, würde nach kurzer Zeit verloren gehen.

Rückzug war also keine Option. Eine Pause wäre gut gewesen, einmal kurz weg von allem und Körper und Seele baumeln lassen. Doch das war auch keine Option, denn die Sendeorganisation hatte ihre Meinung nicht geändert, und das, obwohl sogar ich jetzt wusste, dass genug Finanzen da waren.

Ich hatte das Gefühl, dass alle an mir zerren: die Arbeit, die Menschen hier, die Organisation mit all ihren Verpflichtungen, die Menschen zu Hause, die Organisation in NRW, alle wollten sie etwas von mir.

Einerseits war es natürlich schön, so gebraucht zu werden, andererseits hatte ich das Gefühl, dass ich immer weniger zu geben hatte. Natürlich waren da all die Geschichten, die ich Tag für Tag erlebte, doch die Energie, diese Geschichten auch zu erzählen, schwand immer mehr. Ich war immer voller Tatendrang gewesen, doch jetzt lag ich an freien Nachmittagen manchmal einfach nur da und ließ mich mit irgendwelchen Podcasts aus meiner Festplatte berieseln.

Hilfe war kaum in Sicht. Meine Kirche schien mich vergessen zu haben, die Organisation in NRW fühlte sich nicht zuständig und meinen Freunden waren auch die Hände gebunden, und das Internet hier war so schlecht, dass längere Gespräche praktisch nicht möglich waren.

Wie haben das seinerzeit die großen Missionare gemacht? Wie die Propheten? Am Ende fand ich mich bei Elia wieder, dem großen Propheten, der so große Werke getan hatte und schließlich unter dem Ginsterstrauch lag und nicht mehr konnte. Ich las diese Geschichte in 1. Könige 19 nur zufällig, denn bisher war sie mir nie wichtig gewesen. Aber jetzt half sie mir weiter.

Ich war lange nicht so groß wie Elia und meine Werke ganz sicher nicht so eindrucksvoll und doch konnte ich die Geschichte auf mein Leben übertragen. Ähnlich wie Elia hatte Gott mich im Verborgenen gestärkt, bevor ich Dinge getan habe, die ich aus eigener Kraft nie hätte meistern können.

Und ähnlich wie bei Elia hatte eine winzige Sache gereicht, um mich am Ende aus der Bahn zu werfen. Bei Elia war es die Drohung einer Königin. Bei mir das fehlende Verständnis aus Deutschland für meine Situation beziehungsweise mein Bedürfnis nach einer Atempause.

Am Ende lagen wir beide da. Elia unter dem Ginsterstrauch und ich in meinem Wohnzimmer auf der frisch entflohten Sitzdecke. Ich hatte meinen Platz gefunden und doch würde ich ihn in wenigen Wochen schon wieder verlassen müssen.

War ich zu sensibel? Oder hatte ich zu wenig Biss? Selbstzweifel machten sich in mir breit und ließen mich innerlich noch tiefer zu Boden sacken. In diesem Land kommt man ständig an seine Grenzen, sowohl physisch als auch psychisch. Fast jeden Tag erfuhr ich Geschichten, die mir zu denken gaben. Ich sah Dinge, die in Deutschland einfach zu behandeln oder zu lösen wären. Hier war das aber nicht möglich. Natürlich versuchte ich, mich an den Dingen zu freuen, die funktionierten. Doch das fiel mir immer schwerer.

Andererseits wollte ich jetzt nicht liegen bleiben. Nicht jetzt. Also aufstehen, weitermachen. Gott hatte mich hergeschickt, also musste Gott mir jetzt auch die Kraft dazu geben. Und so war es auch. So wie Gott Elia damals am Ginsterstrauch mehrmals etwas zu essen geschickt hatte, so schickte er mir jetzt auch wieder neue Kraft. Entweder durch ein ermutigendes Wort von Kollegen oder durch gutes Essen oder durch andere kleine Dinge, die mich immer wieder daran erinnerten, dass es sich lohnt, durchzuhalten. Was danach kommen würde, war erst einmal egal.

Trotz der zunehmenden Erschöpfung wollte ich hier noch alles fertig bekommen, was ich mir vorgenommen hatte. Es waren kleine Dinge. Ein paar Lehreinheiten für unser Team und Ordnung in das Büro bringen, zum Beispiel.

Als noch nicht klar gewesen war, dass ich nach einem Jahr wieder gehen würde, hatten wir größere Pläne für mich. Tara wollte, dass ich einen völlig neuen Kurs beginne. Tanja, die finnische Hebamme, hatte zusammen mit einer englischen Kinderkrankenschwester einen Kurs zur „Gesundheit von Kindern" angelegt, der auf die Umsetzung wartete.

Ich hätte das Projekt gerne übernommen. Aber um den Kurs sicher ins Laufen zu bringen, hätte ich einige Jahre da sein müssen. Deshalb also Kurswechsel und kleiner denken. Mein Ziel war es, etwas zu hinterlassen, das bleibt. Oder zumindest etwas, das meinen Leuten in Zukunft die Arbeit erleichtern würde!

Also los. Es standen ein paar schöne Sachen an. Als Erstes hielt ich einen Kinder-Erste-Hilfe Kurs für unsere Angestellten. Tara hatte mich eines Tages einmal dafür angefragt und diesen Wunsch erfüllte ich ihr sehr gerne. In Taloq hatte ich diesen Kurs schon einmal gehalten, so musste ich mich nicht einmal mehr vorbereiten – welch ein Glück!

Und wie Erste-Hilfe-Kurse so sind, wurde auch dieser hier sehr spaßig. Gemeinsam mit allen Angestellten der EAO besprachen wir die Mund-zu-Mund-Beatmung, die Herzdruckmassage, den Heimlich-Griff und, weil sie hier so häufig vorkommen, auch das Vorgehen bei einem epileptischen Anfall. Alle Mitarbeiter waren mit Feuereifer dabei und reanimierten wie die Weltmeister.

DIE TALIBAN IM EIGENEN HAUS?!

Meine donnerstägliche Wohnzimmer-Praxis hatte sich inzwischen sehr etabliert und es kamen immer mehr Patienten. Brit machte sich hin und wieder einen Spaß daraus: Sie backte einen Kuchen und eröffnete kurzerhand ein Gartenkaffee für die wartenden Patienten. So hatten alle etwas vom Trubel und ich selbst hatte etwas mehr Zeit für den Einzelnen, weil draußen keiner ungeduldig wartete.

Es kamen alle möglichen Leute, die meisten waren zuvor von einer Person meines Vertrauens angekündigt worden. Das war wichtig, denn in diesem Land darf man sich keine Fehler erlauben, indem man die falschen Menschen ins Haus lässt.

Eines Tages bekam ich allerdings wirklich Angst, denn an diesem Nachmittag war ich überzeugt davon, dass ein Mitglied der gefürchteten Taliban bei mir im Wohnzimmer saß. Die Taliban tragen als Erkennungszeichen oft einen schwarzen Turban und sehr traditionelle Kleidung. Genau so einer kam jetzt zu mir, um seinen kleinen Sohn behandeln zu lassen, und unser Wachmann hatte ihm auch noch die Tür geöffnet!

Ich beschloss, erst einmal ruhig zu bleiben, denn wenn der Mann wirklich zur Taliban gehören sollte, könnte ich jetzt, wo er bereits vor mir stand, ohnehin nichts mehr tun. Vermutlich würden dann auch noch einige weitere Männer vor der Tür oder im Ort stehen, sodass eine Flucht unmöglich wäre. Tausend Gedanken schossen mir durch den Kopf.

Wie immer ließ ich die Familie herein. Der Mann setzte sich und erzählte freundlich, dass er sich Sorgen um seinen Sohn mache und sich deshalb wünsche, dass ich ihn untersuche. Er habe gehört, dass ich eine gute Ärztin sei …

Leider stellte sich heraus, dass ich dem Jungen überhaupt nicht helfen konnte, denn er war schwer geistig und körperlich behindert – für eine Genesung hätte ein mittelgroßes Wunder geschehen müssen. Das traute ich mich aber nicht zu sagen, denn ich wusste nicht, wie der vermeintliche Talib reagieren würde!

In meiner Not zog ich Tara zurate. Sie kam sofort herüber, sah sich das hagere Kleinkind an und kam zum selben Ergebnis. Durch ihre riesige Erfahrung fand sie einen sehr diplomatischen Weg, mit der Familie offen über das Problem zu sprechen, ohne das Unaussprechliche aussprechen zu müssen. Die Familie reagierte gefasst, vermutlich wussten sie selbst, dass keiner dem Kind wirklich helfen konnte.

Dann fing der Mann an, mit uns über den Glauben zu reden. Obwohl es ein sehr offenes und respektvolles Gespräch war, verließ ich den Raum, um Tee zu kochen. Dieser Besuch schien länger zu werden, da lässt man Gäste nicht auf dem Trockenen sitzen. Das hatte ich gelernt und diese Tradition kam mir jetzt mehr als gelegen.

Tara redete mit den Leuten noch eine ganze Weile, während ich in der Küche versuchte, mich zu beruhigen. „Wird schon werden", dachte ich mir schließlich und ging zurück ins Gästezimmer. Zu meiner Überraschung war die Stimmung noch immer nicht gekippt. Im Gegenteil, es ging sogar sehr herzlich zu! Nach einer Tasse Tee verabschiedeten sich die drei wieder und gingen friedlich fort. Mir fiel ein Stein vom Herzen! Tara und ich schauten uns erleichtert an, das war noch einmal gut gegangen!

Später erzählte ich meinen afghanischen Kollegen von dem Vorfall. Die lachten aber nur und erklärten mir, dass mein Gast kein Talib war, sondern ein Mitglied einer anderen Volksgruppe, die im ganzen Land verteilt lebt. „Die Ismaeliten tragen schon immer schwarze Turbane. Auch schon vor der Gründung der Taliban", meinte Massoud auf dem Weg ins Dorf. Allerdings sei es sehr gut gewesen, dass ich die Familie so gut behandelt habe, denn die Ismaeliten gehörten zur höchsten Volksgruppe, die es gibt!

„Wie meint ihr das?", fragte ich erstaunt. „Gibt es höhere und niedrigere Volksgruppen?"

„Ja, manche Volksgruppen gelten mehr als andere. Unsere gehört zu den sehr niedrigen. Andere denken, dass sie etwas höher stünden, aber das tun sie in Wirklichkeit nicht, deshalb haben sie eigentlich kein Recht, uns ständig zu unterdrücken", erklärte Massoud.

„Die Ismaeliten sind die Höchsten, denn sie stammen direkt vom Propheten ab. Es bringt sehr viel Sawab, wenn man in ihrer Nähe ist!" Wow! Die Sache wurde immer interessanter. Das Team ging auf mein Interesse ein und erklärte mir die Rangordnung noch etwas genauer.

Früher hatten diese Rangordnungen wohl noch mehr Bedeutung als heute. Unsere Volksgruppe war damals die Gruppe der Diener. Sie durften kein Land besitzen und keine Schule besuchen, während das für andere ganz selbstverständlich möglich war. Mit dem Sturz des Königs damals hätte sich das alles geändert. Aber trotzdem gebe es natürlich immer noch höhere und niedrigere Volksgruppen. Da waren die Kollegen sich sehr einig!

Ich war erstaunt, all das zu hören. Es erinnerte mich eher an das hinduistische Kastensystem als an den Islam! Doch sooft ich auch nachfragte, ich hatte alles richtig verstanden. Wieder einmal musste ich feststellen, dass ich bisher wirklich nur an der Oberfläche dieser so andersartigen und fremden Kultur gekratzt hatte. Die Menschen hier leben in solch einer anderen Welt! Sie zu verstehen, würde wahrscheinlich ein Leben lang dauern ...

Bisher hatte es für mich wirklich keine Rolle gespielt, welcher Ethnie meine Freunde angehören. In Taloq wusste ich es oft nicht einmal! Ich wusste, dass es in Afghanistan viele verschiedene Ethnien gibt, die ganz verschiedene Traditionen und oft sogar ihre eigene Sprache haben. Doch in meiner Wahrnehmung waren sie alle in erster Linie Afghanen. Ich hatte zwar verschiedene Geschichten über Konflikte zwischen den verschiedenen Ethnien gehört, doch all das war für mich noch sehr surreal und unvorstellbar. Und hier in Sardsang spielte es noch weniger eine Rolle, denn hier gehörten sowieso alle zur selben Ethnie, die Grenze zum nächsten Stamm lag etwas weiter entfernt.

Die zwei großen Volksgruppen der Region um Sardsang lagen seit jeher im Clinch miteinander. Die Angehörigen des einen Stammes redeten kein Wort mit den Angehörigen des anderen. Manchmal kam es vor, dass Reisende auf der Straße eine Panne hatten und meine Kollegen nicht weiterhalfen, weil es nicht „ihre Leute" waren.

Für mich waren das immer seltsame Situationen. Doch ich wollte mich als Ausländerin nicht einmischen. Im Gegenteil, meine Kollegen baten mich in diesen Situationen immer, mein Gesicht ein bisschen zu verstecken, damit niemand merkt, dass eine Ausländerin im Auto sitzt. Das hätte die Situation wohl noch verschärft ...

Jetzt allerdings sollte die Frage nach der Ethnie wichtig werden, denn ein neuer „Nachbarschaftsstreit" war ausgebrochen: Einige von „denen" hatten Frauen von „uns" entführt und forderten Lösegeld für die Freilassung. Dieses Lösegeld wollten und konnten die betroffenen Familien jedoch nicht bezahlen. Also entführten andere aus „unserem" Stamm Frauen von „denen".

Daraufhin ließen „die" ihre Geiseln frei, doch jetzt wollte „unser" Stamm Schmerzensgeld von „denen", weil die jungen Frauen jetzt nicht mehr verheiratet werden konnten. Vorher wollten sie ihre Gefangenen nicht wieder freilassen. Doch der andere Stamm dachte gar nicht daran, Schmerzensgeld zu zahlen, sondern entführte wiederum neue Frauen, um die eigenen Frauen wieder freizubekommen.

So ging das eine ganze Weile hin und her. Wer damit wirklich angefangen hat und warum, kann wohl keiner mehr wirklich sagen, denn der andere Stamm behauptete steif und fest, dass „unser" Stamm die erste Entführung aufgrund von diesem und jenem verdient habe. Innerhalb kürzester Zeit war die ganze Region in Aufruhr und bald gab es den ersten Toten.

Eigentlich herrscht weitgehend Frieden in der Region, doch dieser Frieden ist offensichtlich sehr fragil! Jeden Morgen vor Aufbruch in die Dörfer wurden aktuelle Informationen über den Stand der Entführungen ausgetauscht. Hauptinformationsmittel dabei: Facebook! Auf dieser Plattform wurden sämtliche Informationen geteilt. Manchmal wurden auch Bilder der Gefangenen hochgeladen, um den Druck zu erhöhen.

Im Auto schimpften die Kollegen, wie schlimm und gemein der andere Stamm sei. „Unser" Stamm sei immer der leidtragende. Das war die einstimmige Meinung. Auch die anderen Leute in Sardsang und die in den Dörfern dachten so.

Ich hörte der Diskussion einige Tage lang schweigend zu, für mich klang keine der beiden Seiten besser oder schlechter. Egal, wer angefangen hatte: Beide Stämme hatten sich auf eine dumme Sache eingelassen und keiner wollte der Erste sein, der aufhört. Ich war mir nicht sicher, wie ich mit dieser Situation und vor allem mit meinen schimpfenden Kollegen umgehen sollte. Sollte ich etwas sagen? Und wenn ja, was? Oder sollte ich mich als Ausländerin besser aus der Sache raushalten?

Als ich in der hitzigen Debatte einmal die Chance hatte, zu Wort zu kommen, entschied ich mich kurzerhand dafür, meine Gedanken laut auszusprechen, und fragte, was das Ziel der Debatte sei. Ist es eine Lösung, Böses immer mit Bösem zu vergelten? Oder sorgt das nicht für immer noch mehr Leid?

Auf diese Fragen hin wurde es kurz still in unserem Auto.

Kurz darauf reagierte Zaida überraschend verständnisvoll. „Du hast recht, Lara, wir Afghanen machen uns immer gegenseitig das Leben schwer. Wahrscheinlich sind wir da nicht besonders klug!" Damit hätte ich nicht gerechnet. Doch Konsequenzen hatte diese Einsicht nicht, außer dass die hitzige Diskussion an diesem Tag nicht mehr weitergeführt wurde.

Einige Wochen später fand in der Moschee von Sardsang ein großes Treffen aller Anführer der beiden Stämme statt. Es wurde lange und ausführlich über eine Lösung für diesen Konflikt diskutiert, sogar eine lokale Berühmtheit kam dazu, was zeigte, dass die Situation ernst war. Das Treffen zog sich über Tage hin. Was genau besprochen wurde, wurde nicht bekannt. Doch am Ende gab es eine Lösung! Und fürs Erste kehrte Ruhe ein.

Einige Monate später eskalierte die Situation leider erneut sehr heftig. Eine meiner Kolleginnen verlor dabei ihr Leben.

Amina war eine liebevolle und starke Frau, die wir alle sehr gernhatten.

GIBT ES EINE LÖSUNG
FÜR DEN KRIEG?

Immer wieder fragte ich verschiedene Menschen – Afghanen und Entwicklungshelfer – nach ihrer Meinung, ob es einen Weg aus dem Krieg in diesem Land geben könnte.

Viele Afghanen sahen die Lösung in der Bildung. „Wenn wir nur genug lernen und wissen, wie es geht, dann wird es besser werden!", habe ich manchmal gehört. Ob das stimmt, möchte ich nicht beurteilen.

Doch wenn die Lösung wirklich in der Bildung liegt, dann ist der Frieden in Afghanistan noch weit entfernt. Eine Kursteilnehmerin aus dem Dorf, das zuerst den Kashkeu zubereitet hatte, war Lehrerin an der lokalen Schule. Sie berichtete immer wieder, wie schwierig es ist, hier zu unterrichten. Außer einer alten, kaputten Tafel und kaputten Schulbänken gibt es eigentlich nichts. Kein Unterrichtsmaterial, keine Bücher, nicht ausreichend Lehrer und viel zu große Klassen. Und damit jammerte sie noch auf vergleichsweise hohem Niveau, denn viele Dörfer oder Stadtviertel haben nicht einmal ein Schulgebäude. Sie unterrichten in Ruinen oder in Zelten – ohne Tische und Stühle, auf dem Boden. Schule in Afghanistan gleicht also einer ständigen Improvisation.

„Außerdem gibt es auch in der Schule viel Korruption", erzählte die Lehrerin. Eltern bezahlen dafür, dass ihre Kinder als anwesend abgehakt werden, während sie eigentlich auf dem Feld arbeiten. Und auf der anderen Seite findet neues Unterrichtsmaterial nur selten den Weg ins Klassenzimmer. Im

Winter ist die Situation noch viel prekärer, denn viele Schüler schaffen den langen Schulweg nicht. Und die Schüler, die ihn bewältigt haben, können sich vor Kälte kaum konzentrieren, denn die allermeisten Schulen werden nicht beheizt.

Die Lehrer, die noch unterrichten, tun dies praktisch auf ehrenamtlicher Basis, denn ihren Lohn bekommen sie nur äußerst selten. Diese Gelder versickern meist irgendwo auf dem Weg von Kabul aufs Land. Eine andere Lehrerin zeigte das einmal bei der Polizei an – ihr Ehemann landete dafür im Gefängnis und ist bis heute nur auf Bewährung frei …

Haben Schüler tatsächlich einmal einen Schulabschluss in der Tasche, können sie an einer Universität studieren (vorausgesetzt, die Eltern können sich das leisten). In der Hoffnung, der Armut zu entkommen, ziehen viele junge Afghanen in die Städte, um sich dort höher ausbilden zu lassen.

Dafür nehmen sie ein erhebliches Sicherheitsrisiko auf sich. Wer zum Beispiel in Kabul das Haus verlässt, weiß nicht, ob er abends noch einmal nach Hause kommt oder nicht – besonders wenn er zur schiitischen Volksgruppe der Hazara gehört. Doch diese Gefahr hält niemanden ab. Die Leute studieren lange und fleißig, bis sie ihren Abschluss in der Tasche haben.

Danach kommt nicht selten die große Enttäuschung: Die Arbeitslosigkeit erwartet sie. Es gibt viel zu wenige Jobs, denn Afghanistans Infrastruktur liegt am Boden. Genauso wie Wirtschaft und Industrie. Es gibt schon immer wieder engagierte Versuche, Unternehmen zu gründen, und manche davon gelingen auch. Zum Beispiel die große Eisfabrik, die das ganze Land mit Eiscreme versorgt!

Doch viele Versuche gelingen nicht. Wer in diesem Land versucht, etwas aufzubauen, wird sofort zur Zielscheibe für Attentate und Korruption. Viele haben deshalb Angst und gehen lieber ins Ausland oder arbeiten als Angestellte bei ausländischen Hilfsorganisationen. NGOs sind nach wie vor mit der größte Arbeitgeber im Land für höher ausgebildete Afghanen.

Die Situation ist sehr kompliziert, und ich bin mir sicher, dass ich dabei erst an der Oberfläche des Problems gekratzt habe. Ich hoffe und bete für eine gute und zukunftsträchtige Lösung für dieses Land. Ich wünsche mir, dass die Afghanen zusammen einen Weg aus der Gewalt finden und dass sie all den Reichtum, den sie haben, für ihr Wohl nutzen können.

Wie dieser Weg aussehen kann, das müssen sie vermutlich selbst herausfinden, denn bisher sind alle Versuche, den Frieden von außen ins Land zu bringen, weitestgehend gescheitert.

Aber zurück ins Hier und Jetzt. Es gab noch ein paar Sachen auf der Liste der Dinge, die ich noch tun wollte, bevor ich das Land verlassen würde.

Vom Chaos in unserem Büro hatte ich schon vorher berichtet. Das war mir nach wie vor ein Dorn im Auge, denn wie sich herausstellte, hatte tatsächlich niemand einen Überblick darüber, und das nervte selbst meine einheimischen Kollegen. So versuchte ich nun einmal etwas Struktur in dieses Chaos zu bringen – wofür bin ich deutsch? Dafür fuhr ich einige Tage nicht mit in die Dörfer, sondern wühlte mich durch die Materialberge, um eine Art Bestandsaufnahme zu machen. Von Schneeketten über grün gewordenes Mehl bis hin zu Nadel und Faden und Verbandsmaterial war eigentlich alles dabei!

Als klar war, wie viel Material tatsächlich noch aufbewahrt werden musste, überlegte ich mir ein neues Regalsystem, das dem Bedarf gerecht werden würde. Die Skizze gab ich dann unserem Schreiner in Auftrag. Es war eines der Dinge, die ich in Afghanistan sehr genossen habe: Wenn man etwas wollte, musste man es immer selbst erfinden und herstellen. Der Fantasie waren somit keine Grenzen gesetzt, und ich konnte das Büro genau so einrichten, wie es dann später gebraucht werden würde!

Unser Schreiner war der Beste. Obwohl meine Zeichnung ziemlich unprofessionell war, verstand er sofort, wie das Regal am Ende aussehen sollte, und machte sich an die Arbeit. Ein paar Wochen später, nur wenige Tage vor meiner Abreise, war es fertig. Feierlich stellten wir die Schränke und Regale eines Mittwochs auf und alle Mitarbeiter kamen, um das Kunstwerk zu begutachten. Es gefiel allen sehr gut, das machte mich natürlich sehr glücklich!

Nun galt es, alles einzuräumen und eine Regel aufzustellen, wie man das alles auch ordentlich hält. Zu meiner Überraschung wollten fast alle meine Mitarbeiter den „Ordnungsdienst" übernehmen. Ich hoffe, das Ganze funktioniert eine Weile!

Die Herstellung der Regale hatte deshalb etwas länger gedauert, weil zwischendurch noch ein anderes Ereignis anstand: der jährliche Ausflug mit dem ganzen Team in den Nationalpark! Der Ausflug wurde einer meiner absoluten Höhepunkte des Jahres in Afghanistan, und ich bin froh, ihn noch kurz vor meiner Abreise miterlebt zu haben.

Das Zentrum dieses Nationalparks war ein großer, tiefblauer See. Umgeben von den charakteristischen Felsen und der kargen, wüstenähnlichen Landschaft war sein Anblick einfach unglaublich schön! Wir waren mit vier randvoll gepackten Autos angerückt (die Mitarbeiter durften ihre Familie mitbringen) und freuten uns auf die gemeinsame Zeit. Nach den ersten Tassen Tee gingen die Interessen zwischen den afghanischen Mitarbeitern und uns Ausländern dann jedoch ein wenig auseinander: Während wir unbedingt die Landschaft und den See erkunden wollten, hatten unsere afghanischen Kolleginnen nur eines im Sinn: Shopping! Es gab in der Nähe unseres Hotels viele kleine Stände mit Modeschmuck aus dem Iran, da schlugen alle kräftig zu und präsentierten uns vor dem Abendessen dann stolz ihre Beute. Und irgendwie war richtige Urlaubsstimmung aufgekommen!

Am nächsten Tag stand Tretbootfahren auf dem Programm. Mitten auf dem See kam dann irgendwer auf die Idee, dass wir alle unsere Boote (in lustiger Schwanenform) zusammenbinden könnten, sodass es eine lange Linie ergibt. Gesagt, getan. Der Spaß war riesig, die Zuschauermenge auch. Ich denke, dass spätestens dann jeder in der Region unsere kleine NGO kannte ... Dann folgte das Mittagessen, das wir wie immer getrennt von den Männern zu uns nahmen. Auf der Speisekarte standen immer dieselben zwei Gerichte: Fleischspieße mit Brot oder Kabuli Palau, ein Nationalgericht mit Reis und Fleisch. Angesichts dieser „großen Auswahl" waren unsere afghanischen Kollegen außer Rand und Band, denn so viel Fleisch gab es normalerweise nie.

Nachmittags stand dann „Baden" auf dem Programm. Ich konnte es kaum fassen, aber als wir schließlich an einer gut abgeschirmten Stelle des Strandes angekommen waren, fielen tatsächlich sämtliche Kopftücher und Oberkleider der afghanischen Kolleginnen ab, und sie hüpften ins eiskalte Wasser! Sie hatten richtig viel Spaß dabei, spritzten sich gegenseitig nass und nutzten einen überstehenden Baumstamm als Sprungbrett. Es war richtig schön, sie so ausgelassen zu sehen! In der Zwischenzeit waren andere Afghaninnen mit ihren kleinen Kindern auf den Spielplatz in der Nähe gegangen, wo die Mütter genauso viel Spaß hatten wie die Kinder, denn Spielplätze sind in Afghanistan noch weitgehend unbekannt.

Im Hotel wurde abends dann getanzt und gesungen. Am nächsten Morgen ging es wieder zurück nach Hause. Auf dem Weg dorthin haben wir jedoch noch dreimal Pause gemacht. Beim ersten Stopp in einer kleinen Stadt wurde erst noch ausgiebig in einer Art Ein-Euro-Laden gestöbert, dann kauften sich alle ein Eis – ein weiteres Highlight, denn zu Hause gab es keine Gefriertruhen. Beim zweiten Stopp wurde jeder von uns mit ungefähr einer halben großen Wassermelone versorgt und beim dritten Stopp wurde ein bestimmtes strauchartiges Gewächs gesammelt, das angeblich die bösen Geister vertreiben soll, wenn man es verbrennt. Dann war der Ausflug vorbei.

Ich war selten so zufrieden und gleichzeitig so fertig wie nach diesem Ausflug! Für mich zeigte er noch einmal so deutlich, wie Afghanistan beziehungsweise die Afghanen auch sein können: Afghanen sind keine Tyrannen, denen es nur darum geht, sich selbst und andere zu zerstören. Sie sind normale Menschen wie alle anderen auch, sie lachen gerne, können ausgelassen sein, haben gerne schöne Sachen, begeistern sich für Schnäppchen und leckeres Eis. Im Alltag sieht man das nur nicht immer, denn da diktieren Armut, (Feld-)Arbeit und strenge Regeln das Zusammenleben. Und der Einzelne fügt sich.

Was sie eigentlich denken, fühlen oder wollen, das kommt nur heraus, wenn die Einzelnen einmal aus diesem engen Netz herauskommen, wenn sie etwas Freiheit spüren. Ich wünsche ihnen mehr von dieser Freiheit und hätte sie gerne noch öfter so ausgelassen und unbeschwert gesehen, doch nun ging es langsam, aber sicher ans Abschiednehmen. Allein der Gedanke daran machte mich traurig.

Ich fuhr noch einmal in alle Dörfer, sah jeden noch einmal. Hörte mir ein letztes Mal ihre Geschichten an. Untersuchte das letzte Mal alle, die es wollten. Ein alter Mann, der vor Kurzem einen Herzinfarkt erlitten hatte, war inzwischen gestorben. Wir machten also noch einmal einen kleinen Umweg und gingen kurz zu seiner Trauerfeier. Der Mann war das Dorfoberhaupt gewesen, deshalb war diese Trauerfeier wesentlich größer als alle, die ich zuvor gesehen hatte. Aber kein Problem, inzwischen wusste ich ja, wie man sich bei solch einem Anlass verhält.

Dann fuhren wir ein letztes Mal über den Pass, aßen das letzte Mal als GLISP-Team Melonen (für jede Person wurde eine halbe Wassermelone berechnet) und für mich fühlte es sich bereits an wie der Beginn meiner Reise.

Eine große Aufgabe hatte ich allerdings noch: eine letzte Mittwochs-Fortbildung im Team. Diese hatte ich lange vor mir hergeschoben, denn ich hatte zugegebenermaßen etwas Angst vor der Reaktion meiner Zuhörer. Warum? Ich wollte die konsanguine Ehe ansprechen, denn in der Region ist es nach wie vor sehr üblich, Cousine und Cousin zu verheiraten. Daraus resultiert eine auffällig hohe Rate an sehr beeinträchtigten oder nicht lebensfähigen Kindern. Das ist ein Leiden, gegen das man etwas tun kann – jedoch würde das eine jahrhundertealte Tradition infrage stellen ... Durfte ich das?

Mir war unwohl dabei, so tief in die Kultur einzugreifen. Andererseits wollte ich meinen Mitarbeitern wenigstens das Wissen um die Risiken an die Hand geben. Was sie letztendlich damit machen würden, war ihre Sache. Im GLISP-Team hatte ich das Thema schon einige Male angesprochen und das Team ermutigte mich stets, die Fortbildung zu halten. Keiner würde mich dafür verurteilen. Durch Zufall fiel das Gesprächsthema sogar in einem Dorf einmal darauf. Auch dort reagierten die Bewohner viel offener, als ich erwartet hätte.

Also fasste ich mir ein Herz und bereitete diese Fortbildung, so gut ich konnte, vor, recherchierte, was das Zeug hielt, und versuchte, komplexere Themen wie Gene, dominante und rezessive Vererbung usw. so zu vereinfachen, dass sie leicht zu erklären und noch einfacher zu verstehen waren. Es war mir wichtig, nicht die Kultur infrage zu stellen, sondern das Problem quasi auf „wissenschaftlicher" Basis zu erklären.

Ich machte mir wochenlang Gedanken und war während der ganzen Vorbereitung ziemlich nervös. Doch irgendwann war ich an einem Punkt, an dem ich dachte, dass es so machbar sein sollte.

Am nächsten Tag, einem Büro-Mittwoch, war es so weit. Schon morgens waren alle furchtbar hektisch, denn sie hatten wohl alle wahnsinnig viel zu tun. Alle regulären Teammeetings sollten ausfallen, stattdessen musste ich meine Fortbildung sofort halten, sonst würden sie heute nicht fertig werden.

Das kam mir sehr sonderbar vor, denn meine Leute hatten eigentlich nicht mehr Arbeit als sonst. Aber auch sie waren total im Stress. Doch ich machte mir nichts draus, denn ich war es inzwischen gewohnt, die Dinge um mich herum nicht ganz zu verstehen. Im Laufe des Tages würde ich die Ursache der Hektik schon noch herausfinden ...

Also hielt ich meine Fortbildung direkt. Zu meiner nervlichen Beruhigung hatte ich noch zwei andere Themen mit hinzugenommen. Nun lautete der Titel der Fortbildung: „Trink genug, schlaf genug und heirate nicht deinen Cousin!" Es wurde entgegen aller meiner Erwartungen ein voller Erfolg. Alle 40 Angestellten waren hoch konzentriert, gut gelaunt und nahmen das Gelernte erstaunlich offen an. Nur unser armer Schreiner wurde ganz blass. Er hatte gerade erst seinen Sohn verlobt ...

Dann gab es wie üblich Tee und Kekse. Alles schien wie immer – bis zum Aufbruch gerufen wurde. Aufbruch? Wohin? Ich wusste von nichts. Plötzlich kamen meine lieben Mädels mit einem Geschenk auf mich zu und forderten mich auf: „Lara, mach das Geschenk sofort auf und zieh es an. Wir feiern heute deinen Abschied!" Deshalb also morgens der Stress! Ich war furchtbar gerührt. Im Geschenk verbarg sich eine traditionelle afghanische Tracht. Sie bestand aus einem kunstvoll bestickten blauen Kleid samt Hose und Kopftuch! Alles passte wie angegossen.

Als ich umgezogen war, fuhren wir mit allen Mitarbeitern und Freunden der Organisation zusammen ein Stück in die Berge hinein zu einer tollen Stelle, neben einem noch nicht ausgetrockneten Bach, an dem noch viele Blumen gediehen. Hier duftete es auch noch wunderbar nach wilden Kräutern. Ich war bereits jetzt vor Rührung total am Ende. Doch die Krönung des Tages kam erst noch:

Einzähnig grinsend kam Malik, einer unserer älteren Mitarbeiter, mit einem festlich geschmückten weißen Esel auf mich zu. Das sei sein Abschiedsgeschenk, meinte er. Kann man sich denn auf der ganzen Welt mehr wünschen? Gemeinsam halfen sie mir aufzusitzen und wir posierten für ein Foto nach dem anderen.

Der weiße Esel war ein interner Witz, weil ich unseren weißen Geländewagen immer „unseren weißen Esel" genannt hatte. Nun saß ich also auf einem echten weißen Esel. Ein tolles Gefühl!

Dann musste ich noch meine Reitkünste unter Beweis stellen. Malik war zwar alt, aber noch sehr fit! Er trieb den Esel immer schneller an, in der Hoffnung, dass ich herunterfallen würde. Alle anderen schauten am Rand der Wiese zu und feuerten dieses spontane Rodeo lautstark an. Aber ich blieb sitzen! Es war mal wieder fast Volksfeststimmung aufgekommen, alle riefen und klatschten, mein Kopftuch verabschiedete sich immer wieder, aber das schien kein Problem zu sein. Nach ein paar Versuchen gab Malik schließlich auf. Das nächste Mal wollte er einen jüngeren Esel für mich organisieren, dann würde ich ganz sicher herunterfallen!

Während des Esel-Abenteuers wandelten unsere Köche das Auto zu einer Küche um, sodass es kurze Zeit später Fleisch und Reis gab. So wie jeden Mittwoch! Es wurde ein herrlicher Tag. Wir machten viele Fotos und es gab viel Zeit zum Genießen.

Nach dem Mittagessen ging jeder seinem Hobby nach. Manche fingen kleine Fische, andere legten sich in die Sonne, wieder andere posierten stundenlang vor der Kamera, gingen spazieren oder sammelten Kräuter.

ABSCHIED NEHMEN

Wenige Tage später wurde es ernst. Der letzte Tag vor meiner Abreise war gekommen. Der lief typisch afghanisch sehr chaotisch ab. Eigentlich hatte ich noch tausend Sachen zu tun, zum Packen war ich noch nicht gekommen. Doch als ich endlich damit anfing, kam Besuch. Und Besuch. Danach noch einmal Besuch.

Außerdem wollte ich noch ein Abschiedsessen für ein paar Kollegen und Freunde vorbereiten. Dafür brauchte ich noch Lebensmittel, die unser Wachmann oft einkauft. Aber der war dann an dem Tag nicht da. Also ging ich selbst.

Sobald ich wieder da war, kam wieder Besuch. Ich war noch nicht fertig mit Kochen, als die Kollegen kamen. Die Besucher waren auch noch da, also aßen sie natürlich mit. So wurde aus einem Essen für fünf Personen eins für 13. Und ans Packen war gar nicht zu denken ...

Die Konsequenz des Ganzen war, dass ich die Wohnung, in der ich gewohnt hatte, in einem furchtbaren, aber sehr fröhlichen Chaos hinterließ ... Es war trotzdem schön, alle noch einmal zu sehen. Als Tara abends noch einmal kam und das Desaster in meiner Küche sah, meinte sie fast lobend: „Jetzt bist du wie Tanja, die hat vor ihrer Abreise noch bei einer Entbindung geholfen und hat das Haus im selben Zustand hinterlassen, mach dir keine Sorgen!" Ich liebe meine kanadischen Kollegen!

Am nächsten Morgen versuchte ich noch schnell fertig zu packen, ging dann mit ins Büro und verabschiedete mich vom

Rest der Bande. Anschließend war noch Zeit, um mit Sam und Brit ein letztes Mal zusammenzusitzen. Es fiel mir schwer, mich von den beiden zu verabschieden. Wir hatten das Jahr gemeinsam begonnen und waren gemeinsam durch viele Höhen und Tiefen gegangen. Gemeinsam hatten wir die Sprache gelernt, Umzüge gemeistert, Freundschaften geknüpft und so viel mehr. Irgendwie fühlte es sich so an, als wären die beiden ein Teil meiner Familie geworden. Die beiden waren es auch, die mich kurze Zeit später zum Hubschrauber begleiteten.

Der nahm mich dann mit. Das war's.

Ein Jahr Afghanistan mit allen Höhen und Tiefen – vorbei. Ich war unendlich traurig und völlig erschöpft. Gleichzeitig unendlich dankbar. So einen großen, reichen Schatz hatte ich hier gefunden. So tolle Menschen kennengelernt. Hatte herausgefunden, wie wenig Besitz man benötigt, um ein gutes Leben zu führen. Dabei hatte ich gelernt zu improvisieren wie nie zuvor.

Ich hatte gesehen, wie man trotz widrigster Umstände fröhlich sein kann, und gelernt, mich von Schicksalsschlägen und Ungerechtigkeit nicht unterkriegen zu lassen. Hatte gelernt, wie ein Frischkäse-Tomatenbrot zu einem Fest werden kann und wie man mit so geringen Mitteln wie ein paar laminierten Bildern zum Lebensretter werden kann.

Ich war dankbar. Dankbar für alles, was ich gesehen und gelernt hatte. Dankbar für die Offenheit, die die Menschen mir entgegengebracht hatten. Noch immer empfinde ich es als ein großes Privileg, dass ein so verschlossenes Land sich mir, der Deutschen, so geöffnet und mir einen so großen Einblick gegeben hat. Mehr noch: Die Afghanen haben mir erlaubt, hier und da sogar in ihr Leben hineinzusprechen. Das empfinde ich als riesengroße Ehre. Selbst großer Luxus oder Reichtum könnten mit diesem Gefühl von tiefer Zufriedenheit und Dankbarkeit nicht mithalten.

Danke, Afghanistan! Und danke, Gott! Er hat mich durch diese Zeit hindurchgetragen. Er war immer da, hat mit mir gehofft, gebangt, mich ermutigt und motiviert und gleichzeitig war er die Ruhe, zu der ich immer wieder zurückkommen konnte.

Ich wollte all das nicht schon so früh beenden. Doch jetzt, wo es so weit war, empfand ich tiefen Frieden. Ich hatte mich so oft hinterfragt. Könnte ich nicht doch noch bleiben? Kann ich es nicht doch schaffen? Doch ich kam immer zum selben Ergebnis.

Ich wünsche mir, dass kommende Generationen von deutschen Missionaren mehr Unterstützung erfahren und so länger in diesem schönen Land bleiben können.

Mission ist keine Last. Es ist ein Segen und eine Freude, die nur zusammen getragen werden kann.

DANKSAGUNG

Dieser Einsatz in Afghanistan wäre mir allein nie möglich gewesen. Auch dieses Buch hätte ich allein niemals schreiben können. Ich danke deshalb allen, die die ganze Zeit über so treu an meiner Seite gestanden sind.

Ich danke allen, die mir Mut gemacht haben; allen, die sich meine Sorgen angehört haben; allen, die den Einsatz finanziell möglich gemacht haben, und auch allen, die mich danach so gut aufgefangen haben! Auf Freunde wie euch kann man wirklich stolz sein! Ich wünsche mir, dass jeder Mensch so tolle Leute um sich hat wie euch!

Danke an meine Familie, ihr habt Nerven wie Drahtseile!

Ich danke auch allen, denen ich in Afghanistan selbst begegnet bin. Danke an alle Kollegen und Kolleginnen, national und international; danke an alle meine Freunde, die mich so herzlich aufgenommen haben, und danke an alle Dorfbewohner, die ich kennenlernen durfte. Ich hoffe, es ist okay, dass ich eure Geschichten hier erzählt habe. Ihr seid alle Helden!

Danke auch an Gerth Medien. Ohne euch hätte ich nicht einmal die Idee gehabt, ein Buch über das alles zu schreiben. Danke, dass ihr dieses Buch ermöglicht und mich beim Schreiben so geduldig begleitet habt! Auch wenn ich euch namentlich nicht erwähnen kann, ihr seid einfach alle toll. Mir fehlen die Worte! Hoffentlich fühlt sich auch wirklich jeder von euch angesprochen!

Vielen Dank, Gott, denn ohne dich geht einfach nichts.

Staunen über Gottes Schöpfung

„Dieser durchgehend farbige, reich bebilderte Reisebericht ist ein Plädoyer für die Bewahrung unserer Erde und das sinnerfüllte Leben in Gemeinschaft mit dem Schöpfer und seinen Geschöpfen.“

Leserstimme

Stefanie Vetter beschließt, ein Sabbathalbjahr in Südafrika einzulegen. Dort macht sie eine Ausbildung zur Rangerin. Neben allen kleinen und großen Abenteuern, die sie in dieser besonderen Auszeit erlebt, ist es vor allem die beeindruckende Schöpfung Gottes, die sie fasziniert und nachhaltig verändert. Sie entwickelt eine ganz neue Achtsamkeit für ihre Umgebung, und die Bewahrung dieser wunderbaren Schöpfung wird ihr ein brennendes Herzensanliegen. In allen Begegnungen mit dem Fremden wird ihr einer umso vertrauter: Gott, der überall auf sie wartet - im Busch genauso wie im Lehrerzimmer

Stefanie Vetter • Nächster Halt: Wildnis
Klappenbroschur • 224 Seiten • ISBN 978-3-95734-612-4

© 2021 Gerth Medien in der SCM Verlagsgruppe GmbH,
Dillerberg 1, 35614 Asslar

Wenn nicht anders angegeben, wurden die Bibelstellen der folgenden
Übersetzung entnommen:
Hoffnung für alle®, Copyright © 1983, 1996, 2002, 2015 by Biblica Inc.®.
Verwendet mit freundlicher Genehmigung von Fontis – Brunnen Basel.
Alle weiteren Rechte weltweit vorbehalten.

Weitere Übersetzungen:
Elberfelder Bibel 2006, © 2006 by SCM R.Brockhaus
in der SCM Verlagsgruppe GmbH, Witten/Holzgerlingen.

Lutherbibel, revidiert 2017, © 2016 Deutsche Bibelgesellschaft, Stuttgart.

1. Auflage 2021
Bestell-Nr. 817665
ISBN 978-3-95734-665-0

Umschlaggestaltung: Mareike Schaaf
Umschlagfoto: Privat
Satz: Greiner & Reichel, Köln
Druck und Verarbeitung: GGP Media GmbH, Pößneck
Nachdruck, auch auszugsweise, nur mit Genehmigung des Verlages
Printed in Germany

www.gerth.de